中社智库 年度报告
Annual Report

新媒体影响力指数报告

（2019-2020）

刘志明　主编

中国社会科学出版社

图书在版编目（CIP）数据

新媒体影响力指数报告.2019—2020／刘志明主编.—北京：中国社会科学出版社，2019.11

（中社智库年度报告）

ISBN 978-7-5203-5207-9

Ⅰ.①新… Ⅱ.①刘… Ⅲ.①企业信息化—研究报告—中国—2019 Ⅳ.①F279.23

中国版本图书馆 CIP 数据核字（2019）第 209226 号

出 版 人	赵剑英
责任编辑	喻 苗
责任校对	胡新芳
责任印制	王 超

出　　版	中国社会科学出版社
社　　址	北京鼓楼西大街甲 158 号
邮　　编	100720
网　　址	http://www.csspw.cn
发 行 部	010-84083685
门 市 部	010-84029450
经　　销	新华书店及其他书店

印　　刷	北京明恒达印务有限公司
装　　订	廊坊市广阳区广增装订厂
版　　次	2019 年 11 月第 1 版
印　　次	2019 年 11 月第 1 次印刷

开　　本	710×1000　1/16
印　　张	19.25
插　　页	2
字　　数	296 千字
定　　价	89.00 元

凡购买中国社会科学出版社图书，如有质量问题请与本社营销中心联系调换
电话:010-84083683
版权所有　侵权必究

主　　编：刘志明

特约编委：
喻国明　北京师范大学新闻传播学院执行院长
祝华新　人民网舆论与公共政策研究中心主任
袁　祥　字节跳动公关政策研究院执行院长
赵　蕾　字节跳动算数中心总监
王彦庆　宜居中国智库理事长　惠达卫浴总裁
高　征　云商企服网络科技（北京）有限公司 CEO
韩家英　百度云生态负责人
王玉娴　百度品牌广告总经理
曾繁文　中国人民大学文化产业研究院执行院长
王金寿　兰州文理学院新闻传播学院院长
徐　达　新奥特科技集团董事长
袁国宝　New Media 联盟创始人
刘兴华　甘肃世研智库秘书长

编辑部：杨斌艳　黄　艾　李蓟昭
　　　　　吕　静　蒲　晓

代序　舆情研究的下半场：
构建新媒体国家影响力指数体系

中国社会科学院中国舆情调查实验室2013年成立时，确定了一个10年计划，按5年为期，分为上下两场，前5年，重点是基础建设，截至2018年，共完成了以下几方面工作：（1）建立全国舆情调查在线概率样本库和舆情监测系统；（2）组建中国舆情调查与研究联盟（由包括人民网、新华网、腾讯、百度、新浪、字节跳动、中国人民大学等在内的26家机构组成），搭建舆情研究合作平台；（3）开展中国舆情指数系列调查和国际舆情指数调查并定期发布成果；（4）出版舆情研究国家智库报告系列，如《中国舆情指数报告》《宜居中国发展指数报告》《微传播指数报告》《旅游扶贫指数报告》等。从2019年开始，中国舆情调查实验室的研究工作按照规划进入下半场，开始全面推进新媒体国家传播影响力指数体系的建设工作。

新媒体国家传播影响力指数是对新媒体时代各种传播媒体及传播者开展传播活动的能力与效果进行综合评价的指数体系，也是用以衡量各种新媒体发展和媒体融合程度的标准。它通过对国家公共政策、重大事件与问题、相关行业及机构的传播活动等开展舆情调查与监测，获取社会各个群体的意见、态度和情绪等相关数据，进而通过舆情大数据挖掘、建模分析、专家研判等形成可视化数据结果，对国家舆论议程设置、舆论传播状况、相关行业或企业的新媒体传播效果开展综合性评估，为准确预测舆情发展变化趋势，提升媒体传播效果提供数据支持与服务。

按照规划，新媒体国家传播影响力指数共分为5个板块，包括舆情影响力、城市影响力、文旅影响力、企业影响力和媒体影响力。《新媒体影响力指数报告（2019—2020）》是对这5个板块研究成果的初步汇总。

舆情，即围绕社会热点事件的发生和发展，受众对此产生的一系列的认知、情绪、态度和讨论意见等的总和。舆情影响力指标则是衡量一个组织、机构或个人在新媒体时代传播效果的指标体系。移动互联网时代舆情常发酵和传播于各种网络场域中，尤其以社交媒体如微信、微博等为代表，且传播速度快，影响范围广，具有转瞬即逝、信息多元和互动性强等特点。

本书在这一板块，收录了中国人民大学新闻学院教授匡文波和博士研究生周偶共同撰写的《2018年网络舆情的生成与传播》一文，通过对大量"两微"数据和案例的挖掘、整理和分析，梳理了2018年的热点舆情，并择其重点进行分析，通过实证的方式进一步对"两微"舆情生成、传播的特点和规律进行学理阐释。

城市影响力是一个城市的综合实力、话语权、吸引力和辐射力。有关城市影响力的研究，本书收录了2篇文章，一篇是中国城市影响力报告课题组撰写的《中国城市影响力指数报告（2018）》，在研究文献基础上，本报告提出中国城市影响力指数（CII）框架，并对全国287个城市的影响力进行了测评。该项研究表明，传统的城市影响力格局正在发生着演化和转型，宜居、文化等因素的重要性在显著上升。结合全球化、信息化进程的挑战和机遇，报告就如何进一步提升我国城市影响力提出了相应的对策建议。另一篇是张婵、吴飞等撰写的《城市形象传播指数报告》，本研究抽取了4个维度描述城市形象在字节跳动平台上的传播效果，分别为传播热度、传播广度、传播深度和传播效度，每一测量维度包含多个测量指标，由此构成分指数，并且选取了重庆和杭州两个城市进行指数试测，对两个城市的形象指数做了初步呈现。

旅游影响力指数是衡量旅游目的地、旅游企业开拓市场并获得利润的能力，以及旅游产业链各个部分综合实力的重要指标。目前，越来越多的旅游企业把互联网等数字媒体作为其营销传播的主要渠道。对旅游影响力和传播力进行评价，是准确把握旅游营销传播效果的必由途径。

研究旅游产业影响力指数对于提升中国旅游传播水平与旅游品质有着重要的意义。

关于旅游影响力研究，本书收录了 2 篇文章，一篇是《中国旅游产业影响力指数报告（2018）》，从旅游目的地影响力、游憩行业影响力、旅游企业影响力和旅游营销影响力 4 个方面，对旅游产业影响力进行了全面分析。另一篇是作为个案研究成果的《大同旅游发展指数》。

企业影响力的核心是品牌影响力，指品牌开拓市场、占领市场，并获得利润的能力。企业影响力是左右顾客选择商品的重要因素。关于企业影响力研究，本书共收录了 4 篇研究成果，包括《企业声誉研究报告》《汽车行业互联网热点传播报告》《中国美妆行业白皮书（2018）》和《今日头条手机行业内容营销报告》。

伴随互联网和新媒体的普及，传统媒体几乎无一例外融入到互联网中。在新的媒体环境下，内容传播渠道得到大幅度扩展，媒体的功能也日益多样化。媒体间在竞争加剧的同时，也出现了新的合作空间。"媒体融合"正从概念变为现实。"融媒体"是对传统概念中的新闻传播、社交信息传播、宣传舆论等的颠覆性的革命。"融媒体"不仅是新闻传播和舆论宣传的变革，更是整个社会信息生产模式、交互模式和社会功能的变革。在这一过程中，如何准确和全面地衡量各媒体的影响力，以及各个传统媒体在网络中的影响力，就有着非常重要的现实意义。

关于融媒体研究，本书共收录 3 篇文章，分别是王丹丹的《中国媒体融合发展报告（2014—2018 年）》、蒲晓的《大众短视频使用情况调查报告》和王婷等的《案例研究：新奥特媒体融合解决方案》。

云计算是信息化发展的重大变革和必然趋势，是信息时代国际竞争的制高点，是构筑国民经济发展新动能的重要基石。近年来，我国企业上云意识不断增强，越来越多的企业采用云计算方式部署信息技术应用、开展业务创新。部分地方先行先试，开展"企业上云"工作，推动企业借助云上的软件应用和数据服务，加快数字化、网络化、智能化改造进程，取得了积极进展和良好的成效。

在云计算及企业大数据服务相关领域，本书收录了 3 篇文章，分别是《百度云服务发展报告》《构建大数据时代的云端企业服务平台》和

《区块链：一场企业组织与管理革命》。

  影响力指数研究是一个系统工程，本书只是对目前阶段初步研究成果的汇总。本年度将有可能在指标体系构建，城市影响力和文旅影响力等领域实现新的突破。在此，对于在数据采集和案例研究过程中给予大力支持的百度、字节跳动、云企服等机构表示衷心感谢！

编者

2019 年 5 月

目 录

2018年网络舆情的生成与传播……………………匡文波　周倜（1）

中国城市影响力指数报告（2018）……中国城市影响力报告课题组（18）

城市形象传播指数报告 …………张婵　吴飞　赵瑜　何苗　邵鹏（49）

中国旅游产业影响力指数
报告（2018）……………中国旅游产业影响力指数报告课题组（66）

大同旅游发展指数………………………………曹占忠　亓芳芳（101）

企业声誉研究报告…………………………………新浪微热点等（111）

汽车行业互联网热点传播报告……………………新浪微热点（131）

中国美妆行业白皮书（2018）…………益普索Ipsos　百度指数（143）

今日头条手机行业内容营销报告……………………张汉卿（151）

中国媒体融合发展报告（2014—2018年）……………王丹丹（175）

大众短视频使用情况调查报告 …………………………………… 蒲晓（197）

案例研究：新奥特媒体融合解决方案 …………………………… 王婷等（230）

百度云服务发展报告 ………………………… 陈寿　王浩　曹亚孟（249）

构建大数据时代的云端企业服务平台 ……………………………… 高征（280）

区块链：一场企业组织与管理革命 ………………… 吴桐　李航（289）

2018年网络舆情的生成与传播

匡文波　周　俐[*]

　　舆情，即围绕社会热点事件的发生和发展，受众对此产生的一系列的认知、情绪、态度和讨论意见等的总和。移动互联网时代舆情常发酵和传播于各种网络场域中，尤其以社交媒体如微信、微博等为代表，且传播速度快，影响范围广，具有转瞬即逝、信息多元和互动性强等特点。本文通过对大量"两微"[①]数据和案例的挖掘、整理和分析，梳理了2018年的热点舆情，并择其重点进行分析，通过实证的方式进一步对"两微"舆情生成、传播的特点和规律进行学理阐释。

第一节　2018年网络舆情热点

　　本研究综合运用了大数据分析和问卷统计等不同研究方法的优势，其中微博的数据来自第三方机构提供的关于舆情传播、用户行为的监测资料，并在此基础上进行了个案的大数据分析；微信群数据无法在公开渠道获得，所以本研究从微信用户的角度切入，开展了关于"新媒体使

---

[*] 匡文波，中国人民大学新闻学院教授、博士生导师；周俐，中国人民大学新闻学院博士研究生。
[①] "两微"即微信和微博的简称，本研究将"两微"并称，一是基于社会普遍认知。政府、媒体、学界在判断和研究舆情时将具有社交性质的"两微"并称，已成通常做法。二是微信与微博在传播特点上虽然有所差异，但在热点舆情生成和传播过程中表现为紧密的联系和互动。

用"的网络问卷调查，问卷中设计了"对不同媒体的信任度""每天阅读新闻使用的终端"等问题，反向补充微信特别是微信群的舆情传播现状。舆情数据统计时间为 2018 年 1 月 1 日至 12 月 31 日，问卷调查时间是 2018 年 11 月 10 日至 12 月 8 日，经过匿名投票、数据检索、专家讨论等若干环节，在 2018 年的所有舆情中筛选出了 122 个网民关注度最高的舆情热点。

我们将 122 个舆情热点按时间顺序进行了排列，每月挑选重点事件进行了重点分析和研究。在同一时间段内就该事件的统一关键词进行微博和微信的热度检索，主要检索内容包括事件发布源、热词、热评、地域、性别、年龄、趋势、热度（包括发文量、阅读量、收藏量、分享量、评论量）等八项内容。如下，我们对山东寿光泄洪事件进行案例分析。

2018 年 8 月 19 日，山东寿光遭遇强降雨，同时受青州临朐等地上游水库泄洪影响，弥河流域河水暴涨。寿光上口镇口子村受灾严重，口子老村水深有 3 米多，北侧房屋已被淹没。23 日，潍坊召开首次防汛救灾新闻发布会：灾情造成直接经济损失 92 亿元，共造成死亡 13 人，失踪 3 人，其中 9 人开车溺亡，群众转移过程中无人死亡。这次受灾，共倒塌房屋 9999 间，20 多万个大棚受损，蔬菜价格上涨。

一　事件回顾

（1）2018 年 8 月 19 日，@山东早知道发布微博："第一次在寿光见到暴雨红色预警。这个台风不一般。"对暴雨做出预警发布。

（2）2018 年 8 月 21 日，@人民日报、@山东早知道接连发布微博，对汛情中落水的辅警、群众进行报道。微博大 V@衣锦夜行的燕公子发布微博提及山东寿光暴雨汛情。

（3）2018 年 8 月 22 日，微信公众号"齐鲁晚报"发布文章报道汛情信息，@延参法师、@新京报、@朱学东、@新浪视频、@头条新闻等微博账号发布微博跟进，舆情传播进入高峰阶段。

（4）2018 年 8 月 23 日，@nownow、@衣锦夜行的燕公子等微博大 V 发博质询汛灾原因，更多微博账号转发跟进，质疑汛情是由上游泄洪造成；随后山东省防汛做出回应。

(5) 2018年8月24日，@美食家大雄发布微博"帮一把，寿光人挺住。寿光市最大的蔬菜集散基地，对北方地区菜市场很重要，这次怕是菜要涨价了"。舆情开始关注对受灾群众的援助以及寿光汛情对蔬菜价格的影响。

二 传播分析

（一）舆情趋势分析

通过对微博和微信相关文章发布数量的时段分析可发现，第一次舆情爆发点出现在2018年8月22日至30日，特别是新闻发布会召开之后，9999间受灾房屋的统计数字等山东寿光暴雨灾情及救灾措施在网络上引起了网民热议，质疑声与科普声交糅混杂。8月31日以后，舆情呈平缓下降趋势。

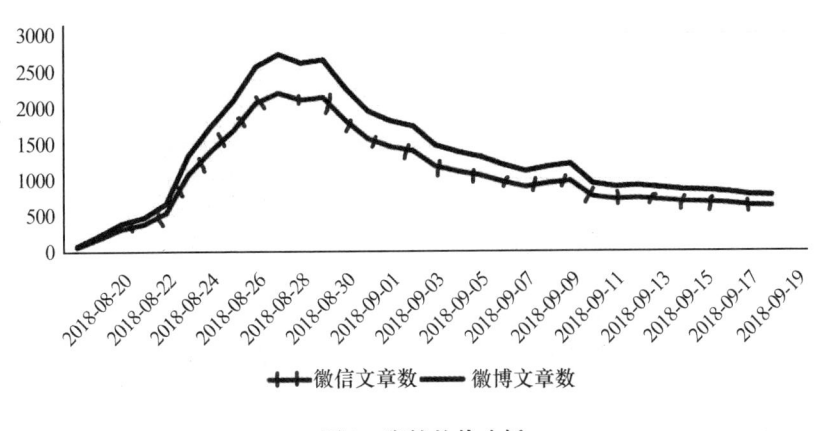

图1 舆情趋势分析

（二）传播平台分析

通过对微博和微信的发布文章数、评论数和阅读数的比较分析可发现，微博是这次舆情的主要场所，在文章数量和阅读量上都占据着更大的比例和优势。在舆情传播的关键节点中，官方微博账号第一时间发声，灾情发生后微博大V纷纷跟进，围绕救灾、援助、灾情原因、灾情影响等多个方面发表言论。而微信的文章数和阅读数所占比例虽然偏小，但是在评论数上占比更大，说明其用户参与度高，在舆情的传播中也占有

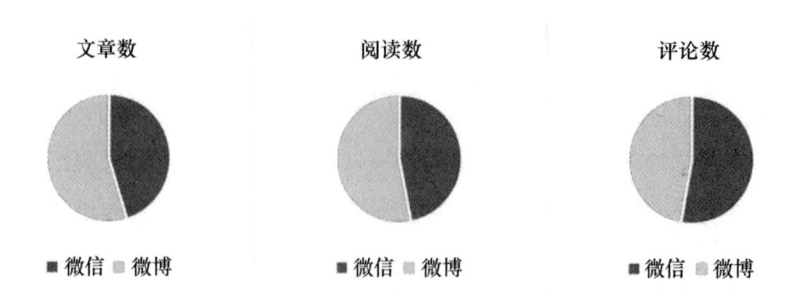

图2 传播平台分析

重要的比重。

（三）传播人群分析

1. 性别渗透度

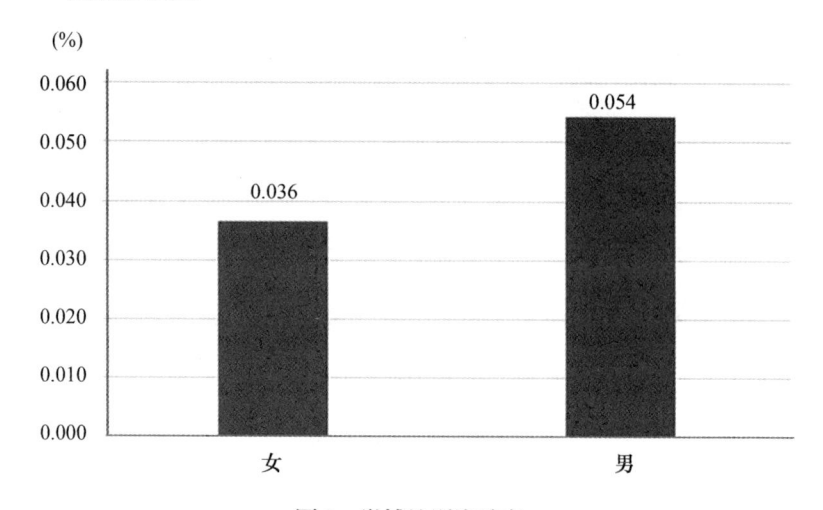

图3 微博性别渗透度

从对传播用户的性别分析来看，男性在这一事件中的参与度相对较高，微博的男性渗透度为0.054%，女性渗透度为0.036%。

2. 年龄渗透度

从对传播用户的年龄段分析来看，关注人群随着年龄的增长渗透度基本呈现逐渐增加的趋势。相较于23岁以下的青少年，24岁以上的人对这一类事件的关注度较高。

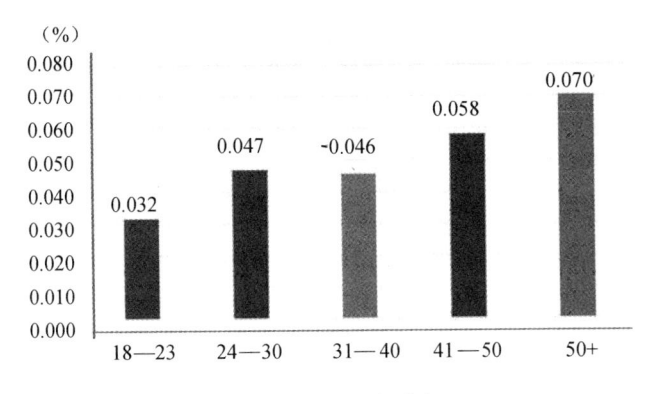

图4　微博各年龄渗透度

3. 地域渗透度

从对传播用户所处地域分析来看，山东地区用户对于这一事件的关注度最高，其次是北京、天津和吉林，这与该事件的地域和影响范围高度相关。整体传播趋势呈现从舆情发生地点向外扩散的趋势。

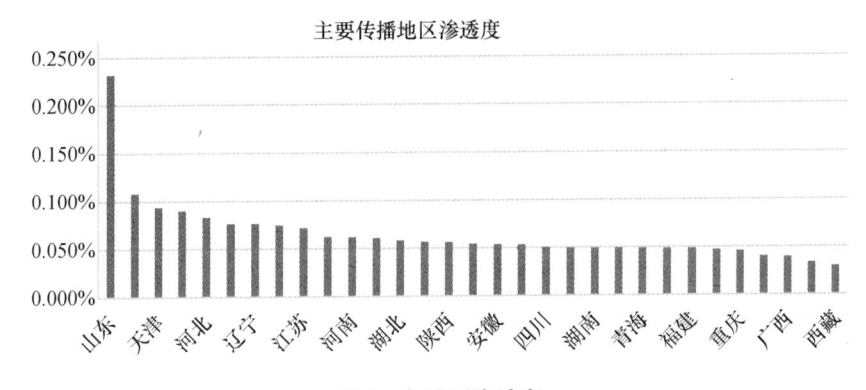

图5　各地区渗透度

（四）热词云图

通过对微博的热词云图分析可知，用户的主要讨论范围集中于寿光、山东、弥河、水库、南宅科村、黑虎山水库等具体地点，原因在于此次舆情事件为自然灾害，公众最为关注的是灾害发生和受到影响的地域。此外，泄洪、洪灾等关键词出现频率也较高，主要体现出公众对于洪灾原因的关注。

图 6　山东寿光水灾热词云图

此外，调研中通过投票在这 122 个舆情热点中评选出了 2018 年度十大网络舆情案例（多选），评选结果见表 1 所示。

表 1　2018 年十大网络舆情案例

序号	月份	事件	投票票数（总人数：20138）
1	4	中美贸易摩擦	19254
2	4	原北大教授沈阳性侵学生高岩事件	13573
3	4	美国商务部禁止美国公司向中兴出售零件七年	9968
4	5	空姐搭乘滴滴顺风车遇害	15264
5	5	崔永元揭明星"大小合同"涉偷漏税	16874
6	7	长生生物等疫苗造假事件	19002
7	8	乐清女子乘坐滴滴顺风车遇害事件	13521
8	8	山东寿光泄洪事件	15489
9	8	"昆山宝马男子砍人反被杀"案件	8963
10	12	华为孟晚舟事件	18652

通过分析网络舆情热点，可知其具有以下特点：

1. 社会类舆情最易引发关注

由表 1 可见，从时间来看，2018 年 4 月、5 月发生的舆情持续时间相比其他月份较长，8 月和 12 月也是 2018 年舆情发生较多的重点月份。此外，将这 122 个舆情热点事件进行了类型划分，共分为社会、政务、灾难、企业和娱乐五类舆情事件，其中社会类 69 件，热点舆情最多，成为网络舆情的高发区；另还有企业类28件，娱乐类10件，灾难类8件，政务类7件，可见2018年热点舆情涉及的范围广泛。

不同类型舆情事件的特点差别大。一是社会类舆情事件涉及面广，涵盖违法犯罪、民生、教育、医疗卫生等众多公共问题，因此传播范围、关注人群、舆情热度等特征较为复杂。总的来说，社会与人们切身利益息息相关的公共议题较易引发高度持续关注，热度消散比较慢，如长生疫苗事件热度时间横跨7月和8月。此外，带有情绪性、争议性的公众人物的言论也容易引起不同观点的争议，引发大范围关注，如俞敏洪发表的关于女性的不当言论。而违法犯罪相关的舆情则因为犯罪事件本身骇人听闻，带有强烈的反常性，在传播中契合人们的猎奇心理，因此传播快、热度高，同时也更容易引发夸大甚至谣言，有的犯罪事件则因其或残忍或卑劣的特点，引发全民愤慨，形成情绪化传播的热潮，如空姐乘滴滴遇害事件、陕西榆林米脂三中恶性伤人事件等。

二是政务类舆情事件在传播中呈现主流媒体引导、社交媒体广泛参与的特征。这类事件往往依赖官方渠道、传统媒体发布较为权威的信息，传统媒体在政务类舆情传播中依旧占据相对较高的地位。同时，政务类舆情事件虽然热度一般不会很高，但通常能够引发较为稳定持续的关注，在涉及国际重大问题时，也会有较多意见领袖参与讨论。

三是灾难类舆情事件呈现出典型的本地化倾向，鲜明地体现为以事发地点为中心、通过网络信息节点向外辐射的舆情散播特征，如福建碳九泄漏事件、山东寿光洪灾等。这是因为灾难类事件在当地引发的影响是最大的，直接关系到当地居民的生命安全，因此距离事发地越近的人们，对事件的关注度就越高。

四是企业类舆情事件的传播以垂直专业化媒体、意见领袖的带动为主，这些具有相对专业背景的传播主体往往在舆情传播中起到较为关键的推动和引导作用。

五是娱乐类舆情事件具有爆发快、热度高、消散快的特点，这是因为娱乐明星自带流量和话题属性，会给舆情带来爆点，但这种热度无法持久。

2. "两微"是许多重大舆情的发源地

笔者还将这122件舆情热点的"首次发布来源"进行了统计，例如

2018年的舆情热点——山东寿光泄洪事件，最早是由新浪微博的用户发布的消息。经统计，122件舆情热点中首次发布源为新浪微博的共计37件（占30.3%），微信共计发布15件（占12.3%），新华社共计发布23件（占18.9%），国外媒体发布9件（占7.4%），商业网站/APP发布9件（占7.4%），新闻网站/APP发布9件（占7.4%），传统媒体发布13件（占10.7%），部委网站等其他渠道发布7件（5.7%）。可见新浪微博和微信平台为舆情发布的主要源头，共计占比42.6%，接近一半。其中，微博平台多以娱乐类、社会类型事件为主，涉及领域较为广泛，例如，崔永元揭明星"大小合同"涉偷漏税、中国游客遭瑞典警察粗暴对待被扔墓地、重庆万州公交坠江事故等引起公众广泛关注的事件。

此外，新华社作为传统媒体代表，也成为重要的信息首发源和引导舆情客观、理性发展的坚实力量。122件热点舆情中有23件是由新华社首发的。这些信息主要是国内外重大事件，如7月份泰国普吉岛游船翻船事件等突发灾害、事故等。新华社首发新闻之后，会在微博和微信平台上引起更多关注和广泛讨论。由于受众对新华社的信任度高，新华社第一时间发布权威信息并及时进行解读后，促进了后续网络舆情走向总体上按照客观、全面、理性的路径发展。这与"两微"平台首发舆情多朝着片面化、情绪化、博眼球的负向演进形成了鲜明反差。同样是首发信息，通过主流媒体与"两微"不同信息源的对比，得出的启示是，首发信息源质量和权威性对整体舆情走向有着重要影响，因此，打造真实客观、具有权威性的网络舆情发布平台异常重要。

第二节　2018年网络舆情的传播特质

一　"两微"是谣言主要传播平台

经统计，首发于微博和微信的年度舆情热点中一半以上的为负面舆情，其中有10件是由于误传、谣言或虚假事实造成的。如发生在2018年1月份的"紫光阁地沟油"事件是由于歌手PG One的粉丝群误将批评其歌曲内容不良的《紫光阁》杂志理解为"中餐饭馆"，并试图以"紫光阁地沟油"为字眼在微博上买热搜的方式对其进行抹黑。这场闹剧"霸屏"虽只持续了短短几天，但这一乌龙事件已经让我们看到粉丝在应援偶像时失去理智，使得娱乐资本操纵舆论。而一旦微博热搜榜可以进行买卖，那么就会失去热搜的真实性，从而成为获取利益的重要渠道，最终使得网络平台失去公众的信任。

再如"中国游客被瑞典警察扔墓地"事件和重庆公交车坠江事件，从被曝光到查明结果的过程中在微博和微信中遭遇了多次反转，受众的情绪被片段式的事实带动、宣泄。更有诸如"二更食堂"等自媒体为了蹭热点、增流量发表了诸如《托你们的福，那个杀害空姐的司机，正躺在家里数钱》等不当言论，完全忘记了自身的责任担当。

此外，问卷调查显示，微信、微博成为了解新闻时事的第一信息源，尤其是拥有庞大用户群体的微信，更是成为社会舆论的新引擎，但是通过对网民的调查表明，45.53%的被访者认为微博负面信息多，40.05%的被访者认为微信群负面信息多，在所有被调查媒体中，位居前两位。特别是那些年逾50岁但仍在经济、社会资源上占优势地位的"银发族"也拥有了自己的"两微"（特别是微信）并积极发声，不仅对社会舆论产生了重要影响，也成为网络谣言的最大传播者和受害者。因为这一群体最关注食品、健康类信息，而这些领域正是谣言最集中的地方。由中央网信办违法和不良信息举报中心主办的中国互联网联合辟谣平台自2018年8月29日正式上线以来，健康、食品、社会类虚假信息、谣言位居前三名。2018年7月，中国健康传媒集团发布《2017年食品谣言治理报告》显示，2017年食品谣言传播最多的渠道是微信，占比高达72%；其次是微博，占比21%[①]。

谣言在"两微"中的快速传播是由于"两微"侧重于群体传播和人际传播，特别是微信，用户之间是强关系，用户黏性和信任度比微博强。调查显示，用户对微信信息的信任度为63%，对微博信息的信任度为36.8%，远高于对报纸（20.7%）、广播（12.6%）、电视新闻（34.2%）的信任度。因此微信群和微信朋友圈常常成为谣言滋生的"温床"，加之

---

① 数据来源：https://baijiahao.baidu.com/s?id=1606342058508983369&wfr=spider&for=pc。

用户自身对谣言的净化能力较弱,导致谣言总是能在微信里广泛扩散。总体上,作为社交媒体的"两微"平台的舆情生成、传播天然具有碎片化、情绪化、非理性倾向,负面舆情占比高,谣言传播广。

二 悲情个体容易成为舆情"爆点"

新媒体作为民意表达的重要平台,在社会中的影响力越来越不可小觑。由于新媒体的匿名性、开放性等特征,有人会借助网络舆情作为情绪发泄的场所,形成一种情绪型舆论,这种情绪包括政治情绪型、社会情绪型、文化情绪型和生活情绪型等。这种情绪型舆论一方面有助于党和政府了解真实民意,成为公共民主生活的推进器,另一方面也存在非理性、消极性、感染性、易扩散性等特点,使舆情呈现出一定的盲目、冲动、偏激等特点。"两微"时代,媒体框架加之众多意见领袖的突起容易让公众的目光得以聚焦,声量得以放大,悲情的个体事件因富于情绪感染力而极易让受众产生共情,从而扩散成为全国性的热点事件和舆情"爆点",但也由于碎片化的特质,同一舆情同质化的内容和意见增多,造成受众的短视和无视,导致悲情个案下理性讨论与非理性声音交混,进而形成群体性情绪舆论爆炸,这是近年来"两微"舆情发展出现的一个新趋势。同时也提示我们,在处理个体利益受损事件时,尤其是带有悲情色彩的个体利益受损事件时,一定要慎之又慎,因为它极易演变成大范围的热点事件。

综观2018年度十大舆情热点,有四件舆情是因个体的悲情结局引发的关注,进而形成了持续时间较长、参与讨论人数众多的舆情风暴。在122件舆情热点中,这一比例也高达26%。例如"汤兰兰性侵案",这本是一起发生在2008年的强迫未成年少女卖淫、强奸幼女案,已由当地法院二审判决,11人获刑。但因其悲情且离奇的结局,2018年1月19日,关于"汤兰兰性侵案"的报道最先由《南方周末》记者王瑞锋在个人微信公众号中发出,由于文章不久后被删,并未掀起舆论波澜。1月30日,澎湃新闻发布报道《寻找汤兰兰:少女称遭亲友性侵,11人入狱多年其人"失联"》,并随后在微博发布,引发了社会公众的广泛关注,舆情量陡然上升。在澎湃新闻发布报道的第二天,也就是1月31日,@新京报发布博文《被全家"性侵"的女孩，不能就这么"失联"着》，文章开始被大量转载传播，不少网民受此影响，认为此案过于离奇，很有可能真的如媒体所说，存在重大冤情。事件热度持续上升。2月1日，黑龙江五大连池市政法委回应"汤兰兰性侵案"，得到@共青团中央、@紫光阁、@人民日报等的转发，形成了一轮强势传播，舆情量达到顶峰。虽然官方回应中"企图翻案"的措辞引发不少媒体质疑，但整个舆情态势得到平息，舆情量开始下降。

由于澎湃新闻报道配图导致受害人信息被披露，再加上媒体官微、微博大V发文质问媒体发文动机，网民对部分媒体和评论员的质疑声越发强烈。@我不是谦哥儿发博怒怼@澎湃新闻和@新京报的博文，获得2万多网民的转发，其观点随之迅速扩散。新京报评论文章作者佘宗明在个人微博进行回应，评论迅速过万。另外，具有上百万粉丝的@共青团中央、@紫光阁、@人民日报在微博平台转发五大连池市就汤兰兰案件的回应，聚焦了上万网民的讨论。值得注意的是，在此事件中，媒体的评论文章对于推动舆情量大幅度攀升具有重要作用。

本是因悲情结局引发关注，但后期却变成因个别媒体盲目追求轰动效应，未严格遵守新闻单位在"不公开审理的案件中不应当公开的信息"的有关规定，造成当事人真实户籍信息等隐私非法外泄，持续引发社会强烈不满，导致网上争论对峙态势不断加剧，社会影响恶劣，遭到网上一致谴责。在进一步分析这些"谴责"声音后，网民并非谴责媒体不能报道类似题材，而是认为掌握"社会注意力"资源的新闻单位在报道时更应懂得"哪些能报""哪些不能报"，同时各方声音甚至开始质疑案件的真实性，形成该案舆情引爆初期造成网上连续争论的基础，"汤兰兰"案在经历连续多日占据舆论风口浪尖后，热点走势、话题讨论均出现不同程度的"异化演变"迹象。

因此，对舆情走向的观察也让我们发现了另一个令人值得注意和深思的现象：一个舆情热点往往裹挟着众多舆情危机，当舆论场的声量足够大时，受众的目光会不断受到各种相关讨论的关联和聚焦，这会让原本未进入媒体和公众视野的人物、事件也有可能被关联放大，成为另一场舆情的导火索。此外，也有一些别有用心的人会有意识地出来"搭车卖货"，把原本未引人注意的负面事情推到媒体的聚光灯下，成为新的热点事件，犹如"流水前波让后波"，一波未平一波又起，从而形成舆情事件中复杂的"波让效应"。① 但这些讨论随着更多细节的曝光和调查分析的深入，通常都能以理性的分析和判断而终止，拥有科学理性分析声音的节点容易成为新的意见领袖。

通过以上总结，微信和微博平台在舆情传播与管理方面仍然存在爆发速度快，合理化规制缺位，负面舆情处理难等风险，但是在一些涉及专业性知识比如疫苗事件的传播中亦承担着健康传播的主要平台角色。

第三节 "两微"舆情引导需协同共治

针对"两微"为代表的舆情传播现状，需要采取一系列有效措施予以应对，以便形成完整的引导机制，为社会发展营造良好的舆论环境。

一 坚持包容与严管并重的治理理念

就如何科学看待网络舆情，习近平总书记做出过专门论述："网民来自老百姓，老百姓上了网，民意也就上了网。群众在哪儿，我们的领导干部就要到哪儿去。各级党政机关和领导干部要学会通过网络走群众路线，经常上网看看，了解群众所思所愿。""让互联网成为我们同群众交流沟通的新平台，成为了解群众、贴近群众、为群众排忧解难的新途径，成为发扬人民民主、接受人民监督的新渠道。""对广大网民，要多一些包容和耐心，对建设性意见要及时吸纳，对困难要及时帮助，对不了解情况的要及时宣介，对模糊认识要及时廓清，对怨气怨言要及时化解，对错误看法要及时引导和纠正。""对网上那些出于善意的批评，对互联网监督，不论是对党和政府工作提的还是对领导干部个人提的，不论是和风细雨的还是忠言逆耳的，我们不仅要欢迎，而且要认真研究和吸取。"

---

① 赵振祥：《微媒体时代舆情生成与演变特点》，《中国社会科学报》2017年1月19日第3版。

政府对网络舆情总体上应持包容、开放的态度，"对广大网民，要多一些包容和耐心，对建设性意见要及时吸纳"，发挥网络舆情"晴雨表""减压阀"功能和对社会治理的促进作用。许多舆情正是在网友的讨论声中从负面走向正面，并促进了事件的最终解决，如"昆山宝马男子砍人反被杀"案件、丁香医生在微信公众号中起底权健保健等。

一方面，网络舆情是政府了解社情民意的窗口，但网络舆论很多时候不能准确反映主流价值理念，两者之间存在偏差，要正确看待具有普遍性的舆情偏差，这主要是由我国网民结构分布的现状导致的。根据《第42次中国互联网络发展状况统计报告》，截至2018年6月，中国网民具有低学历、低阶层、低收入、低年龄的"四低"典型特征。这使网络舆情具有情绪化、非理性倾向。这种舆情倾向往往具有更大的现实危害性，社会动员能力更强。这都使得网络舆情易偏离客观、理性的主流价值理念。对此，政府既要关注网络舆情，吸收其中的合理因素，也要认识到网络舆情的偏差，不能被非理性观点牵着走。另一方面，对特殊性质的网络舆情要区别对待、严加治理。境内外敌对势力操纵的网上违法犯罪活动，要旗帜鲜明严加管控，但在具体执行中要避免"性质认定"扩大化。

政府需要加强推行政务公开，化解信息不对称，尽量避免"塔西佗陷阱"。所谓"塔西佗陷阱"，即指当政府部门或某一组织失去公信力时，无论说真话还是假话，做好事还是坏事，都会被认为是说假话、做坏事。微博微信等新媒体的飞速发展，民众开始能够从更多的渠道获取政务信息，这使得一部分政府的信息公开状况与民众期望之间的差距越来越大，导致严重的信息不对称，给网络负面舆情的滋生提供空间。政府部门需要及时做好政务公开，传播正确的信息，改善自身形象，提高自身在民众中的信任度，将负面舆情控制在萌芽之中。

政府只有通过推行政务公开，及时发布真实的信息，才能够让网络空间里的不实信息、负面猜测失去自己生存的空间，赢得应对网络舆情的主动权。所以政府要能够将热点问题、敏感问题的信息及时、适时地公布于众，满足公众对于此类信息的知情权，这样才能够从根本上消除负面情绪。进一步而言，政府要有不逃避、不回避态度，对于公众关心的事件，政府应该坦诚、实事求是地公布信息，消除公众疑问，回应公众关切，这样才能逐步建立起政府在网络舆情信息场中的权威性和公信力。

推进媒体融合，实现网络舆情治理从被动应对向主动引领转变。例如在突发事件出现的时候，新媒体具有不可比拟的先天优势，运用好新媒体就能够取得先声夺人的效果，及时发布权威正确的信息，从而阻隔谣言传播，来避免其扰乱民心；而传统媒体利用自己的专业性能够进行深度报道和专业解读，在舆论中可以起到加强正面信息的宣传效应。让传统媒体和新兴媒体各有侧重、各展所长，从而在网络舆情事件中充分展现出全面、立体、多样的舆论引导格局，形成合力，一起消除网络空间内的虚假信息和负面情绪。

二 调动意见领袖的正面作用

自媒体的发声在舆情传播中也起到了非常重要的作用。自媒体通过声量形成无数个网络舆情节点，并通过舆论领袖而不断扩张，使更多的人得以关注。因此，自媒体从业人员在舆论传播中需要有一定的职业素养，不能随波逐流，更不能传播一些不良信息。微信公众号因其粉丝量不同、关注点不同，产生的引领方向和引领作用也会有所差异。其中有影响力的意见领袖不容小视，动辄近万名粉丝同时在线就某一议题展开讨论的景象时常发生。例如中国青年报评论员曹林创办的微信公众号"吐槽青年：曹林的时政观察"，粉丝数量早已破百万，因其犀利的观点和客观全面的写作风格受到广大中青年粉丝的追捧，成为不少人心目中的"舆情风向标"。而近日咪蒙系微信公众号"才华有限青年"就因捏造事实、故意煽动感情以制造流量和爆点撰写的《一个出身寒门的状元之死》被众多其他自媒体和网友批评，特别是@虎嗅APP的微博细数了多个疑点并一一"回答"后更是掀起了网友的"抵制潮"。可见，自媒体和舆论领袖应保持自身的警惕，对准舆论的焦点，服务事件本身，服务公众，不应盲目为了追求流量而制造舆情"口水"。

因此，政府在网络舆论监管和引导的过程中，一是要创造出自己的具有公信力的"意见领袖"阵地，如更多地建设像《人民日报》、侠客岛等这样粉丝量巨大且以正能量声音为主的微博号和微信公众号，二是要鼓励与主流价值观相符的意见领袖成长，不断扩大具有理性思维的意见领袖数量，同时也要允许持多元化价值观的意见领袖存在，只要所持观点与主流价值观在意识形态上是非对抗性的，从而达到丰富健康的舆论平衡生态。同时要不断强化意见领袖的责任归属，建立起谣言追责机制，针对不实信息的发布者，能够溯源追踪并依法追责。此外，政府要能够建立起意见领袖的沟通机制，通过常态化联系制度，及时与意见领袖互通有无，并开辟多元表达渠道，让意见领袖理性发声，从而达到有效引导舆论的效果。

三 建立有效的舆情预控机制和个人网络信用体系

将预防为先的思路贯穿始终，针对热点舆情特别是负面舆情事件大多首发"两微"平台并在其上集中传播的现状，应重点监管以微博、微信为代表的社交网络，与相关平台打通对"两微"舆情实时监测的信息渠道和系统接口；通过对舆情事件的时间、地域、分布、网民关注和参与情况等的多维度分析，有效识别舆情演变敏感点和危险点；通过设置智能优化、动态完善的舆情指标、预警阈值，科学确定舆情重要、紧急程度和等级划分的标准，提升重大舆情在萌芽期的有效识别率，为及早预控抢占先机、打下基础。

同时，在合法合规的前提下创新舆情治理思路，结合个人信用体系建设，提高全社会促进网络舆情健康发展的主动性、积极性与前置性。配合国家正在研究建立的互联网领域失信黑名单制度和联合惩戒机制，激发个人守法意识，对网上恶意造谣传谣等失信行为，形成普通个体能够深刻感知、引以为戒、常记于心的有效制衡和惩处机制；促进互联网企业主动加强信息内容管理制度、用户注册和审核机制、网络信用档案、技术甄别手段建设。由于微信舆情的情绪化、隐蔽性、回音室效应更强，舆情引导比微博更有难度，建议政府相关部门优先在微信平台上进行网络失信治理的试点，带动网络空间舆论生态健康发展。

四 促进企业人工智能技术在舆情管控领域运用

互联网企业应通过如设置关键词、情感识别等人工智能技术手段增强对谣言和负面舆情的识别率，主动规避网络舆情风险，树立正确的发展观、技术观、产品观，避免因舆情事件管理不力而带来企业发展风险和商业损失，加强企业内部管理，积极参与行业自律，才能获得最大的商业利益和可持续发展。针对网络舆情传播速度快的特点以及重大网络舆情多为跨平台传播的情况，企业应在目前"内部管理＋政府监管＋社会监督"的治理格局中，引入"行业互助"这一新环节，使企业间在舆情治理这一问题上及时互通信息、及早采取措施，而不是各自为战，甚至"互看笑话"。而在企业内部，特别是"两微"平台，应着力加强人工智能技术建设，积极运用在对负面内容、风险舆情的发现和管控之中。先进的技术方式更能有效防范和破解网络舆情引导难题。

网络平台企业应积极发展信息技术，完善负面舆情散播的阻断机制。信息和舆论的监督管控有较大的困难，作为互联网舆论平台，"两微"等平台企业必须加强制度和技术建设，除了有利于商业发展的技术外，还应该在用于网络信息控制和舆论监督的技术研发方面加大投入，建立完备健全的网络舆情监控系统和阻断机制。其中，最为重要的一点是要加强舆论监控技术的灵敏性，只有及时发现舆论苗头，在舆情传播的第一阶段就进行判断和控制，才能使舆论监管的效果最大化，做到先知先觉，先声夺人，先行发布，权威跟进，澄清真相，遏断谣传，最大限度挤压负面信息传播的空间，抢占舆论制高点，从而实现从源头上阻断负面舆情散播和传输。[①] 在建立灵敏的监督体系的基础上，还应该构建起有效的信息净化机制，及时对不良信息做出反应，对平台上的负面舆论进行有效的清理和管制，真正做到平台的净化和舆论的正向引导。因此，不断加强技术建设，在技术层面上，不仅要重视产品社交功能的完善，还

---

① 毕秋灵：《论社会安全稳定视阈下的"微信"舆情传播特征及其管控》，《管理观察》2016年第23期，第51—53页。

应同样重视舆论监督管理体系的架构，这是网络平台实现自律的重要方面。

五 吸取国外经验教训，确立符合国情的治理模式

重视互联网立法，在互联网服务商的责任、保护个人隐私、数字签名、网络犯罪和保护未成年人、网络实名制度等方面做出明确的法律规定，塑造网络舆情健康发展的制度环境与基础保障，便于依法依规治理。同时对舆情治理可能衍生的问题也要提早采取防范措施，如韩国网络实名制曾引起大范围用户数据泄露，而2018年Facebook的用户数据信息大规模泄露事件也提醒人们，不仅要在信息流通环节重视秩序，在信息保存管理环节也应该充分重视用户权益，保证互联网网民的隐私安全。新加坡、美国、英国对应的网络舆情治理"严格主义""自由主义""折中主义"三种模式，反映出网络舆情治理模式应与本国国情和特定发展阶段相适应，[1] 我国是正在经历互联网舆情发展初期的国家，社会稳定和民族团结应是互联网舆情引导的首要目标。因此，我国在借鉴他国行政管理基础之上也应该结合本国国情，在尊重互联网用户表达权利的基础之上，对于危害国家安全，侵害个人权益等负面舆情发展方向进行及时管制。对网上信息内容传播，在符合社会主流价值观和"九不准"等内容规范前提下，借鉴英国《R3安全网络协议》等分级制度，对法律允许传播的内容进行更精细化、科学化的细分，便于对儿童、成人、老年人等不同群体进行更合理的传播，并发挥"两微"等主要舆情平台在内容"分级"上率先探索、率先推行的带头作用。

---

[1] 毛欣娟、张可、王新婷：《国外网络舆情规制经验及启示》，《中国人民公安大学学报》（社会科学版）2014年第30卷第2期，第116—123页。

中国城市影响力指数报告（2018）

中国城市影响力报告课题组

21世纪既是全球化的时代，也是互联网大规模运用与普及的时代，更是城市化的时代。这就意味着，城市日益成为全球社会经济网络中的节点与极核，成为区域或国家经济增长与竞争力提升的重要体现，作为城市竞争力的核心体现，城市影响力已成为全球性国家间竞争力的重要表征，互联网特别是移动互联网的普及和应用使得城市镶嵌进一个全新的传媒生态体系之中，城市影响力的传统格局随着竞合态势、传媒生态、社会网络和技术条件的变迁而发生天翻地覆的变化，城市开始进入到一个百舸争流的影响力比拼与再造时代。

第一节 城市影响力研究背景

"影响力"是近年来颇具热度的概念，涉及各种主题和领域的影响力研究及排名纷纷涌现，尤其是在互联网和大数据时代，人们对外界相关事物接触更加敏感，更容易受到相关影响的冲击。事实上，城市影响力的概念及其要素迄今为止并无严谨的学术界定和研究累积，根据相关学者的定义，城市影响力作为地区公共事务经济社会发展论域中的一个热词，用以泛指一个城市的综合实力、话语权、吸引力和辐射力，其主要通过城市品牌、城市竞争力、城市软实力、城市形象传播等概念进行表征，涉及城市的经济、文化、投资、旅游、治理、人居、品牌、创新及环境等方方面面。

而当前针对城市影响力的研究主要集中在城市品牌、城市竞争力、城市软实力、城市投资、旅游推广以及城市传播等方面。具体而言，在城市品牌方面，Anholt（2006）年提出了城市品牌指数（CBI），该指数体系由城市声望地位、城市环境素质、城市发展机会、城市活力、市民素质及城市基本条件等6项指标构成，形成"城市品牌六边形"。2008年，赛佛伦（Saffron）品牌顾问公司以"城市资产优势"和"城市品牌优势"两类核心指标为依托，发布了"欧洲城市品牌晴雨表"（European City Brand Barometer）榜单，也产生了较大影响。国内学者刘彦平等（2015）、郝胜宇（2013）、谢耘耕（2015）在城市营销、城市品牌传播及城市形象方面也进行了深入的探究。

在城市竞争力方面，由倪鹏飞教授主持并连续发布的《中国城市竞争力报告蓝皮书》最具代表性，其中《中国城市竞争力报告 No.16——40年：城市星火已燎原》构建了城市综合经济竞争力指数、宜居竞争力指数、可持续竞争力指数，对2017年中国294个城市的综合经济竞争力和289个城市的宜居竞争力、可持续竞争力进行了比较研究，成为城市竞争力领域最具权威性的研究成果。

在城市软实力方面，学者们普遍认为，城市软实力是城市说服力、导向力、凝聚力、吸引力和同化力的总和，其包含的内容错综复杂，既包括文化号召力、教育发展力、科技创新力、政府执政力、城市凝聚力等维度，同时也囊括社会和谐力、商务吸引力、形象传播力、区域影响力、信息推动力、国际沟通力以及法制健全力等多重维度。

在城市投资评估方面，希腊学者Metaxas（2010）基于吸引国外直接投资（FDI）的视角构建了涵盖全球市场环境、城市发展规划、城市营销作用、城市营销的FDI取向、当地环境审计、政策效用、FDI选址的评价、城市品牌管理、FDI贡献、城市品牌资产、城市品牌推广以及FDI投资决策过程等要素的城市品牌化模型。

在旅游评价方面，许峰（2013）、Gartner（2014）等学者对于包括目的地品牌资产、品牌竞争力、舒适度、文化要素及旅游品牌在内的城市旅游营销和旅游目的地评价有着广泛研究。

在城市宜居方面，Zenker 等（2013）发展了市民满意度指数（Citizen Satisfaction Index，CSI），包括文明和多样性、自然和消遣娱乐、工作机会、成本和效率四大类指标，并在欧洲城市中展开实际的对比评测，中国科学院地理科学与资源研究所发布的《中国宜居城市研究报告》的评价指标体系包括城市安全性、公共服务设施方便性、自然环境宜人性、社会人文环境舒适性、交通便捷性和环境健康性等六大维度的 29 个具体评价指标，并对国内 40 个最具代表性的城市进行了实际测评。

在城市传播方面，Hanna& Rowley（2015）对数字时代的城市品牌战略进行反思和理论建构，提出战略性城市品牌管理过程的 7C 要素，包括频道（channels）、杂乱（clutter）、社区（community）、聊天（chatter）、沟通（communication）、共创（co-creation）和联合品牌（co-branding）等，试图将城市数字营销提升到战略营销范畴。国内权威机构发布的"全国地级市以上政府政务微信公号影响力榜单"、《人民日报·政务指数微博影响力报告》，对城市政务微博的传播力、互动力和服务力进行测量和评价，受到舆论好评。

第二节 城市影响力指数的构建及测度

对城市影响力的关键要素进行梳理和剖析，构建符合中国实际的城市影响力评价体系，有助于深入了解中国城市经济社会发展态势，并为理论与实践的互动提供数据支持。此外，基于指标体系的工具价值及其所承载的理论思想，以期为城市的影响力提升提供参考与借鉴，进而引导城市的形象提升与话语权管理，尽早实现从自发到自觉、从粗放到专业、从战术到战略的转型，而城市影响力的具体指标设计与测度方法分别见附件一与附件二。

表1 副省级及以上城市的影响力指数排名

城市名称	总指数	排名	城市文化影响力指数	排名	创新创业影响力指数	排名	生活品质影响力指数	排名	城市治理影响力指数	排名	形象传播影响力指数	排名
北京	0.828	1	0.887	1	0.761	1	0.648	1	0.856	1	0.989	1
上海	0.714	2	0.741	2	0.584	3	0.570	4	0.762	3	0.916	2
深圳	0.656	3	0.630	6	0.534	4	0.611	2	0.766	2	0.740	3
杭州	0.616	4	0.634	5	0.415	6	0.575	3	0.749	5	0.705	5
广州	0.608	5	0.623	7	0.430	5	0.533	5	0.743	6	0.714	4
天津	0.602	6	0.665	3	0.613	2	0.422	39	0.663	11	0.647	9
成都	0.586	7	0.644	4	0.352	10	0.525	6	0.739	7	0.670	6
南京	0.583	8	0.614	8	0.373	7	0.520	7	0.758	4	0.650	8
武汉	0.554	9	0.605	9	0.371	8	0.479	13	0.703	8	0.614	10
重庆	0.546	10	0.595	11	0.343	11	0.490	11	0.639	15	0.663	7
西安	0.538	11	0.601	10	0.340	12	0.472	18	0.672	10	0.604	11
厦门	0.511	13	0.566	12	0.285	14	0.491	10	0.636	16	0.578	13
青岛	0.503	14	0.504	22	0.301	13	0.472	19	0.652	12	0.587	12
宁波	0.495	15	0.511	20	0.268	16	0.497	8	0.651	13	0.548	14
大连	0.461	18	0.492	26	0.230	22	0.450	24	0.611	19	0.519	16
济南	0.455	21	0.514	19	0.240	21	0.426	33	0.605	22	0.490	22
沈阳	0.453	22	0.509	21	0.217	28	0.440	27	0.604	24	0.495	20
哈尔滨	0.450	23	0.475	30	0.225	26	0.463	22	0.578	26	0.511	19
长春	0.427	28	0.487	27	0.220	27	0.425	34	0.566	32	0.435	36

表2 其他地级市的影响力指数前100强排名

城市名称	总指数	排名	城市文化影响力指数	排名	创新创业影响力指数	排名	生活品质影响力指数	排名	城市治理影响力指数	排名	形象传播影响力指数	排名
苏州	0.522	1	0.534	3	0.352	1	0.489	2	0.686	1	0.547	1
长沙	0.480	2	0.551	1	0.251	5	0.470	7	0.614	4	0.515	4
郑州	0.476	3	0.537	2	0.268	2	0.412	23	0.643	2	0.518	2
昆明	0.460	4	0.530	4	0.204	14	0.466	8	0.606	6	0.494	6
合肥	0.457	5	0.494	9	0.244	6	0.442	10	0.615	3	0.488	3
无锡	0.449	6	0.477	11	0.230	7	0.479	4	0.604	7	0.456	7
南昌	0.442	7	0.515	6	0.216	11	0.427	15	0.610	5	0.443	5
东莞	0.439	8	0.470	12	0.257	3	0.479	3	0.553	18	0.434	18
福州	0.429	9	0.483	10	0.181	21	0.455	9	0.572	11	0.456	11
佛山	0.421	10	0.434	24	0.255	4	0.420	21	0.571	13	0.427	13
太原	0.418	11	0.524	5	0.216	10	0.435	13	0.489	55	0.423	55
兰州	0.417	12	0.495	8	0.203	15	0.385	43	0.573	9	0.428	9
中山	0.414	13	0.368	57	0.226	9	0.424	18	0.581	8	0.471	8
贵阳	0.412	14	0.499	7	0.168	27	0.424	19	0.526	26	0.441	26
珠海	0.411	15	0.380	50	0.215	12	0.494	1	0.515	36	0.450	36
常州	0.406	16	0.443	21	0.230	8	0.405	27	0.554	16	0.398	16

续表

城市名称	总指数	排名	城市文化影响力指数	排名	创新创业影响力指数	排名	生活品质影响力指数	排名	城市治理影响力指数	排名	形象传播影响力指数	排名
海口	0.405	17	0.457	18	0.135	49	0.478	5	0.510	41	0.446	41
温州	0.404	18	0.446	20	0.214	13	0.369	64	0.553	17	0.440	17
南宁	0.404	19	0.463	15	0.143	43	0.433	14	0.546	19	0.436	19
石家庄	0.400	20	0.460	16	0.203	16	0.331	113	0.571	12	0.438	12
嘉兴	0.395	21	0.442	22	0.188	18	0.391	34	0.555	15	0.400	15
吉林	0.392	22	0.387	43	0.137	48	0.407	26	0.544	20	0.485	20
洛阳	0.389	23	0.454	19	0.168	26	0.359	78	0.559	14	0.406	14
南通	0.388	24	0.383	47	0.186	19	0.417	22	0.573	10	0.384	10
绍兴	0.383	25	0.432	26	0.156	35	0.423	20	0.529	22	0.376	22
扬州	0.382	26	0.425	28	0.166	29	0.395	31	0.528	23	0.397	23
烟台	0.377	27	0.422	30	0.179	23	0.404	28	0.490	54	0.392	54
乌鲁木齐	0.373	28	0.466	13	0.146	39	0.366	69	0.526	25	0.363	25
泉州	0.373	29	0.388	40	0.157	34	0.425	17	0.514	37	0.382	37
桂林	0.373	30	0.413	33	0.106	86	0.426	16	0.489	56	0.431	56
湖州	0.372	31	0.419	31	0.178	24	0.388	38	0.522	29	0.353	29
黄山	0.367	32	0.356	66	0.089	117	0.474	6	0.507	44	0.410	44

续表

城市名称	总指数	排名	城市文化影响力指数	排名	创新创业影响力指数	排名	生活品质影响力指数	排名	城市治理影响力指数	排名	形象传播影响力指数	排名
徐州	0.366	33	0.380	49	0.184	20	0.361	74	0.535	21	0.372	21
宜昌	0.366	34	0.432	25	0.142	45	0.400	30	0.525	27	0.331	27
金华	0.366	35	0.431	27	0.144	41	0.389	36	0.503	46	0.361	46
银川	0.363	36	0.442	23	0.117	68	0.395	33	0.519	30	0.341	30
潍坊	0.361	37	0.365	59	0.198	17	0.378	52	0.528	24	0.338	24
惠州	0.358	38	0.385	44	0.162	30	0.349	87	0.516	35	0.380	35
三亚	0.357	39	0.377	53	0.067	174	0.403	29	0.462	75	0.475	75
镇江	0.354	40	0.414	32	0.167	28	0.386	41	0.486	57	0.318	57
保定	0.352	41	0.423	29	0.162	31	0.304	163	0.518	33	0.354	33
呼和浩特	0.352	42	0.463	14	0.138	46	0.364	72	0.509	43	0.285	43
大同	0.351	43	0.396	36	0.087	122	0.368	66	0.504	45	0.400	45
威海	0.350	44	0.336	87	0.179	22	0.379	51	0.517	34	0.340	34
台州	0.350	45	0.381	48	0.122	63	0.395	32	0.490	53	0.361	53
舟山	0.345	46	0.459	17	0.104	91	0.385	44	0.474	63	0.303	63
唐山	0.345	47	0.384	46	0.126	58	0.324	125	0.512	39	0.377	39
大庆	0.336	48	0.388	42	0.125	60	0.439	12	0.459	79	0.271	79

续表

城市名称	总指数	排名	城市文化影响力指数	排名	创新创业影响力指数	排名	生活品质影响力指数	排名	城市治理影响力指数	排名	形象传播影响力指数	排名
淄博	0.335	49	0.396	35	0.144	40	0.324	124	0.484	59	0.327	59
临沂	0.334	50	0.361	62	0.124	62	0.332	110	0.519	31	0.337	31
芜湖	0.334	51	0.367	58	0.155	36	0.358	82	0.485	58	0.308	58
延安	0.333	52	0.391	38	0.088	119	0.321	130	0.514	38	0.349	38
九江	0.332	53	0.388	39	0.129	53	0.384	45	0.456	82	0.304	82
绵阳	0.329	54	0.379	51	0.169	25	0.344	96	0.461	76	0.295	76
北海	0.328	55	0.297	132	0.137	47	0.387	40	0.456	83	0.362	83
盐城	0.325	56	0.315	110	0.162	32	0.344	95	0.495	50	0.311	50
柳州	0.324	57	0.362	60	0.128	57	0.364	71	0.460	78	0.307	78
泰安	0.324	58	0.388	41	0.118	67	0.318	134	0.472	67	0.324	67
包头	0.324	59	0.352	70	0.129	55	0.384	46	0.510	42	0.245	42
秦皇岛	0.322	60	0.403	34	0.102	97	0.372	60	0.444	99	0.289	99
日照	0.322	61	0.290	146	0.116	71	0.333	106	0.500	48	0.371	48
西宁	0.321	62	0.393	37	0.110	81	0.359	80	0.461	77	0.283	77
安康	0.321	63	0.300	126	0.107	85	0.367	67	0.522	28	0.308	28
长治	0.320	64	0.360	63	0.104	92	0.366	68	0.496	49	0.274	49

续表

城市名称	总指数	排名	城市文化影响力指数	排名	创新创业影响力指数	排名	生活品质影响力指数	排名	城市治理影响力指数	排名	形象传播影响力指数	排名
济宁	0.317	65	0.339	81	0.161	33	0.333	107	0.452	88	0.300	88
邯郸	0.317	66	0.359	65	0.129	54	0.309	150	0.454	85	0.334	85
鄂尔多斯	0.317	67	0.294	142	0.124	61	0.375	56	0.518	32	0.273	32
丽江	0.315	68	0.339	80	0.041	248	0.389	37	0.429	111	0.376	111
德州	0.314	69	0.316	109	0.132	52	0.292	187	0.512	40	0.320	40
张家口	0.311	70	0.342	79	0.094	107	0.326	119	0.455	84	0.335	84
襄阳	0.310	71	0.348	74	0.151	37	0.346	90	0.408	137	0.296	137
鞍山	0.310	72	0.377	52	0.079	138	0.342	101	0.482	60	0.268	60
开封	0.309	73	0.299	129	0.092	111	0.349	86	0.500	47	0.307	47
新乡	0.309	74	0.345	77	0.115	72	0.306	159	0.490	52	0.288	52
宝鸡	0.308	75	0.350	73	0.102	95	0.343	99	0.473	65	0.274	65
连云港	0.308	76	0.312	112	0.117	70	0.333	109	0.465	73	0.312	73
漳州	0.307	77	0.337	84	0.089	115	0.372	59	0.451	89	0.285	89
江门	0.307	78	0.323	100	0.132	51	0.335	104	0.449	90	0.294	90
马鞍山	0.307	79	0.338	83	0.102	96	0.374	57	0.492	51	0.227	51
丽水	0.303	80	0.266	177	0.077	144	0.440	11	0.426	118	0.308	118
南阳	0.303	81	0.351	71	0.114	73	0.286	200	0.469	70	0.296	70
东营	0.303	82	0.282	157	0.147	38	0.359	76	0.447	95	0.278	95

续表

城市名称	总指数	排名	城市文化影响力指数	排名	创新创业影响力指数	排名	生活品质影响力指数	排名	城市治理影响力指数	排名	形象传播影响力指数	排名
赣州	0.303	83	0.354	69	0.120	65	0.313	143	0.457	80	0.270	80
遵义	0.302	84	0.356	68	0.082	130	0.355	83	0.446	96	0.272	96
岳阳	0.302	85	0.360	64	0.088	118	0.329	115	0.431	108	0.301	108
汉中	0.301	86	0.331	95	0.072	157	0.326	120	0.465	74	0.313	74
三明	0.301	87	0.295	139	0.113	74	0.412	24	0.447	94	0.239	94
廊坊	0.301	88	0.350	72	0.143	42	0.280	212	0.448	91	0.282	91
株洲	0.301	89	0.361	61	0.125	59	0.333	108	0.444	100	0.240	100
安庆	0.301	90	0.322	101	0.093	110	0.363	73	0.453	86	0.272	86
汕头	0.301	91	0.320	104	0.104	90	0.343	97	0.429	114	0.306	114
白银	0.300	92	0.238	215	0.103	94	0.304	164	0.481	61	0.375	61
衢州	0.300	93	0.306	122	0.106	87	0.377	54	0.429	115	0.283	115
泰州	0.299	94	0.278	159	0.143	44	0.343	98	0.470	69	0.263	69
泸州	0.299	95	0.321	102	0.111	78	0.316	140	0.440	103	0.308	103
淮安	0.299	96	0.294	141	0.093	108	0.334	105	0.477	62	0.295	62
湘潭	0.298	97	0.376	54	0.101	98	0.346	92	0.430	110	0.237	110
吉安	0.297	98	0.346	76	0.112	77	0.371	62	0.415	128	0.241	128
十堰	0.297	99	0.338	82	0.109	82	0.345	94	0.430	109	0.262	109
常德	0.295	100	0.333	93	0.080	135	0.347	88	0.425	120	0.290	120

注：排名主要以地级市（副省级城市除外）样本范围为基准。

第三节 2018年中国城市影响力指数排名

2018年的城市影响力指数由5个主题层指标构成,分别为城市文化影响力指数、创新创业影响力指数、生活品质影响力指数、城市治理影响力指数及形象传播影响力指数。城市影响力总指数前十位的城市依次是北京、上海、深圳、杭州、广州、天津、成都、南京、武汉及重庆。这些城市的城市影响力较高,城市发展态势良好。

一 城市文化影响力指数

排名前十强的城市依次是北京、上海、天津、成都、杭州、深圳、广州、南京、武汉及西安,而这些城市在文化底蕴、地域文化的特色性、文化创意产业发达程度、文化包容性与开放性方面具有得天独厚的优势。此外,在总指数前十强城市中,进入城市文化影响力指数前十强的城市就有九个,由此看出,城市文化影响力指数排名和城市影响力总指数排名几乎相同。

二 创新创业影响力指数

排名前十强的城市依次是北京、天津、上海、深圳、广州、杭州、南京、武汉、苏州及成都。这些城市基本位于东部沿海地区,经济基础雄厚,教育科技条件优越,"双创"平台体制较为完善,创新创业活力十足。在总指数前十强城市中,进入创新创业影响力指数前十强的城市同样有九个,由此看出,创新创业影响力指数的优秀排名和城市影响力总指数排名息息相关。

三 生活品质影响力指数

排名前十强的城市依次是北京、深圳、杭州、上海、广州、成都、南京、宁波、珠海及厦门。不难看出,这些城市在城市休闲生活、公共服务、城市生态环境及知名度方面具有较好的优势,居民宜居生活优势较高。在总指数前十强城市中,进入生活品质影响力指数前十强的城市有七个，而珠海、厦门及宁波虽然总指数排名相对靠后，但这些均是国内知名的宜居城市，居民对于城市生活品质认可度较高。

四　城市治理影响力指数

排名前十强的城市依次是北京、深圳、上海、南京、杭州、广州、成都、武汉、苏州及西安，这些城市在居民生活水平、社会安全及政府服务等方面优势明显，在总指数前十强城市中，进入城市治理影响力指数前十强的城市有八个，由此看出，城市治理影响力指数的优秀排名和城市影响力总指数呈现出较高的耦合性。

五　城市形象传播指数

排名前十强的城市依次是北京、上海、深圳、广州、杭州、成都、重庆、南京、天津及武汉，进入城市形象传播指数前十强的城市也均属于总指数前十强城市，这也说明了城市营销传播与品牌化推广是扩大城市影响力的重要基石。

第四节　2018年中国城市影响力的总体态势

一　总体发展态势

（一）城市影响力水平总体较低

通过对2018年287个城市的城市影响力指数得分值分析可以看出，中国城市的城市影响力水平总体较低，其指数得分平均值为0.300。在这287个城市中，仅有110个城市的得分值高于平均值，其余的177个城市得分值低于平均值，这说明超过一半的城市影响力水平均处于较低层次。

（二）城市间影响力水平差异明显，两极分化严重

如图1所示，中国城市影响力水平较高的城市较少，得分值在0.5以上的城市只有14个，仅占总体的4.9%，其中得分值在0.6以上的城市仅有6个，得分值不足0.5的城市却有273个，其中大部分城市城市影响力指数得分值分布在0.2与0.3之间，约占53.7%。具体来看，北京、上海及深圳的城市影响力水平位居前三，其得分值均在0.65以上，而排

名后五位的城市分别为辽源、绥化、双鸭山、鹤岗与七台河,其得分值均不足0.180,显示了中国287个城市的城市影响力水平差异较为明显,两极分化严重,287个城市的CII得分与排名情况如图2所示。

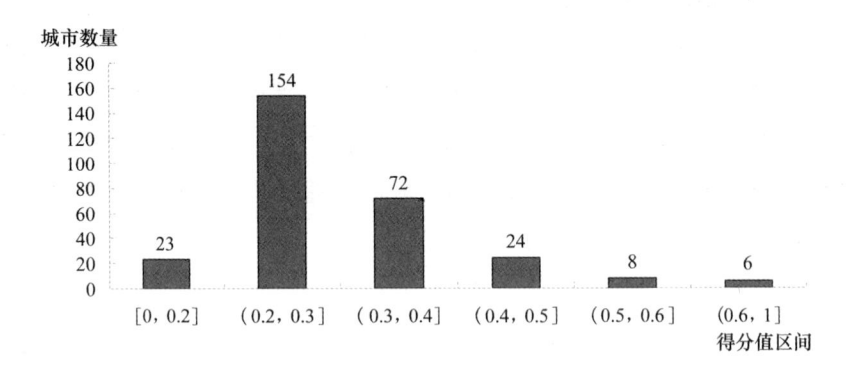

图1 2018年城市影响力指数得分值频数分布

资料来源:中国城市影响力指数(CII)。

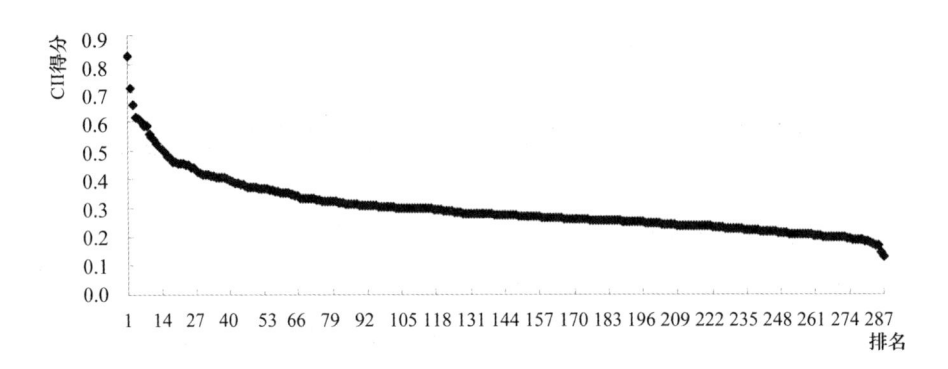

图2 2018年287个城市的影响力指数得分与排名

资料来源:中国城市影响力指数(CII)。

二 区域分布格局

(一)城市影响力发展区域不平衡,总体上呈现出东强西弱、华东突出、东北落后的分布格局

从表3中可以看出,2018年中国城市影响力发展区域不平衡,排名依次为华东、华北、华南、西南、华中、西北及东北,显示了我国城市影响力水平总体呈现由东向西逐渐递减的阶梯式格局。其中华东地区的

城市影响力指数最高，均值达为 0.338，明显高于其他地区。华南地区城市影响力指数为 0.312，与总体均值（0.300）较为相近。而东北地区的城市影响力指数最低，均值 0.255。华东、华北及华南的平均值高于全国的平均值，其余 4 个区域的平均值都低于全国均值，这说明我国城市影响力呈现出区域非均衡特征。

此外，如表 3 所示，就影响力前 50 强城市的区域分布来看，华东地区占据了 21 席，几乎占据了 50 强城市的半壁江山，是强市的高度集聚区。华南地区有 9 个城市入围，是强市的次级集聚区，而东北地区有 5 个城市入围，华北、华中及西南均占 4 席，西北仅占 3 席，这反映了华北地区存在强市较少但影响力突出的特征，即依靠北京、天津几个极少数大城市拉动整个区域城市影响力提升，而东北地区强市较多但优势并不明显，同时华南地区影响力突出的城市较多，但落后城市也较多使其区域均值总体滞后。就区域城市首位度来看，区域首位度的城市影响力得分值由高到低依次为华北、华东、华南、西南、华中、西北及东北，这也与城市影响力水平均值的区域分布格局大致吻合。

表 3　　　　　　　　2018 年中国城市影响力指数区域分析

区域	均值	前 50 强城市入选数	区域城市首位度（最大值）		
			城市	指数	全国排名
华北	0.312	4	北京	0.828	1
东北	0.255	5	大连	0.461	18
华东	0.338	21	上海	0.714	2
华中	0.283	4	武汉	0.554	9
华南	0.302	9	深圳	0.656	3
西南	0.287	4	成都	0.586	7
西北	0.273	3	西安	0.538	11
全国	0.300	50	北京	0.845	1

资料来源：中国城市影响力指数（CII）。

（二）中国城市影响力水平的区域差异呈现出华北与华南较为突出，华中与西北并不明显的格局

2018年，我国城市影响力水平的区域性差异较为明显，具体见图3。我国华北与华南的城市影响力标准差和变异系数均较高，说明无论发展基础还是发展速度，这两个区域城市间影响力水平均存在显著的空间差异。其中，从极差值来看，华北地区的极差值为0.620，位居所有区域的榜首。此外，东北地区标准差较小，但变异系数较高，说明该地区城市影响力总体水平偏低，但存在发展速度上的差异。华东地区由于考评的城市数量最多，城市影响力指数得分极差值较大，仅次于华北地区，高达0.506。华中与西北地区城市影响力指数标准差和变异系数均较低，尤其是华中地区的两项指标是所有区域最低的，无论影响力基础还是影响力提升速度显得最为均衡。

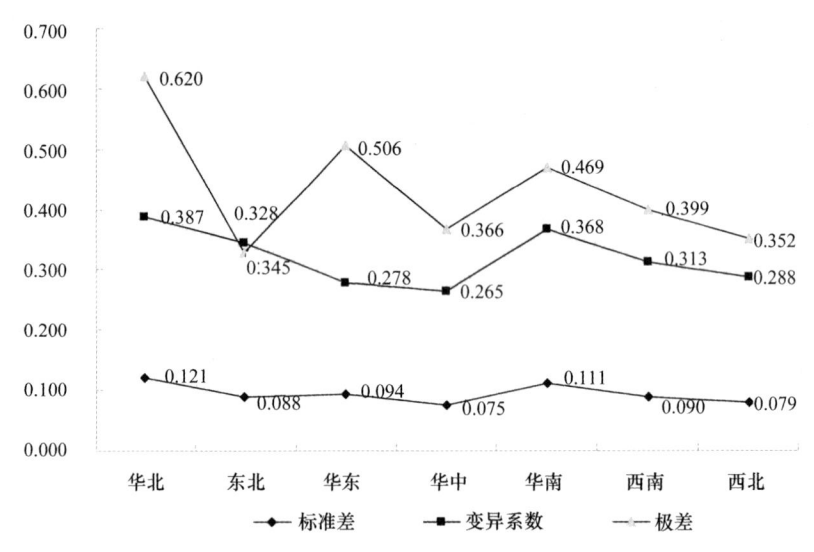

图3 2018年我国城市影响力指数区域差异分析

资料来源：中国城市影响力指数（CII）。

（三）城市影响力指数随城市等级降低而呈梯次递减格局

将样本287个城市按照行政级别的高低依次划分为直辖市、副省级城市、其余省会城市及剩余地级市四个类别，由图4可以发现，我国的城

市影响力指数根据城市的行政级别降低呈现梯次递减态势。具体而言，这四种类型城市城市影响力指数平均得分值依次为 0.673、0.526、0.413 及 0.273，平均排名依次为第 5、第 13、第 36 及第 161。在直辖市中，北京得分最高，排名第一，在副省级城市中，深圳排名最高，得分值为 0.656，排名第三。在剩余省会城市中，长沙排名最高，得分值为 0.480，排名十六，而在其余地级市中，苏州排名最高，得分值为 0.522，排名十二。由此可见，城市行政级别不同，使得它们在资源配置、要素吸引、行政效率、品牌形象等方面存在巨大差异，从而对城市影响力产生不同程度的影响。

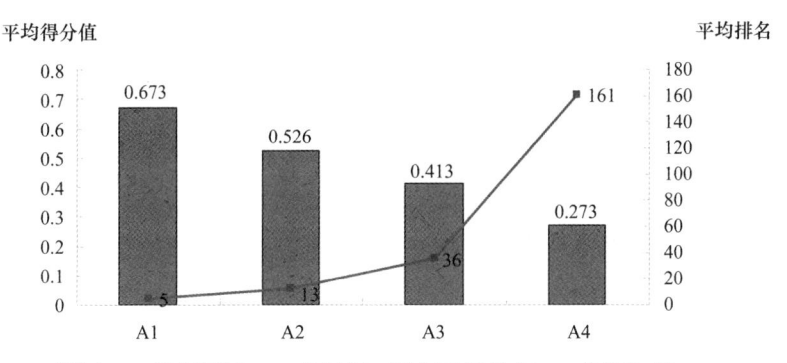

A1 直辖市　A2 副省级城市　A3 省会城市（副省级城市除外）　A4 地级市（前三种类型城市除外）

图 4　不同行政等级城市影响力发展指数得分与排名

资料来源：中国城市影响力指数（CII）。

第五节　2018 年中国城市影响力指数聚焦发现

一　我国优秀城市影响力固化态势日趋明显

由表 4 可以看出，在 2016—2018 年内，北京、上海、广州及深圳四个一线城市持续位居全国城市前五强，天津、杭州、成都及重庆四市也均持续挤进全国十强，这也意味着连续三个年度，有 8 个城市排名全国前十，这充分反映了我国优秀城市影响力排名固化日趋明显的格局，上述城市凭借着区位、资源、经济条件等全方位优势巩固了城市影响力的第一集团地位。

表4 　　　　2016—2018 年城市影响力指数前 10 强排名对比

排名	2016 年		2017 年		2018 年	
	城市	得分	城市	得分	城市	得分
1	北京	0.761	北京	0.845	北京	0.828
2	上海	0.726	上海	0.744	上海	0.714
3	广州	0.604	深圳	0.685	深圳	0.656
4	深圳	0.592	杭州	0.636	杭州	0.616
5	天津	0.589	广州	0.631	广州	0.608
6	杭州	0.572	南京	0.611	天津	0.602
7	成都	0.561	成都	0.609	成都	0.586
8	重庆	0.554	重庆	0.586	南京	0.583
9	苏州	0.548	天津	0.577	武汉	0.554
10	武汉	0.510	西安	0.575	重庆	0.546

二　城市治理影响力与生活品质影响力得分普遍较高，而形象传播影响指数与创新创业影响力指数得分值较低

根据287个城市影响力指数得分排名绘制图5，从中可以发现在城市影响力指数的五个一级指标中，城市治理影响力指标普遍得分较高，均值为0.435，生活品质影响力指标得分略次，均值为0.338。这说明为了提升城市影响力，各城市非常注重宜居城市建设，在强化城市治理与提升居民生活品质方面下了诸多功夫。城市文化影响力指数得分值较为适中，得分值为0.327。形象传播影响力指数得分值相对较低，均值为0.285。而创新创业影响力指数得分值最低，仅为0.114。这表明我国城市在当前的城市品牌建设、双创平台的完善与创新创业的激励与投入等方面仍有待提升。

如图6所示，就区域分布而言，华东地区城市在城市文化影响力、

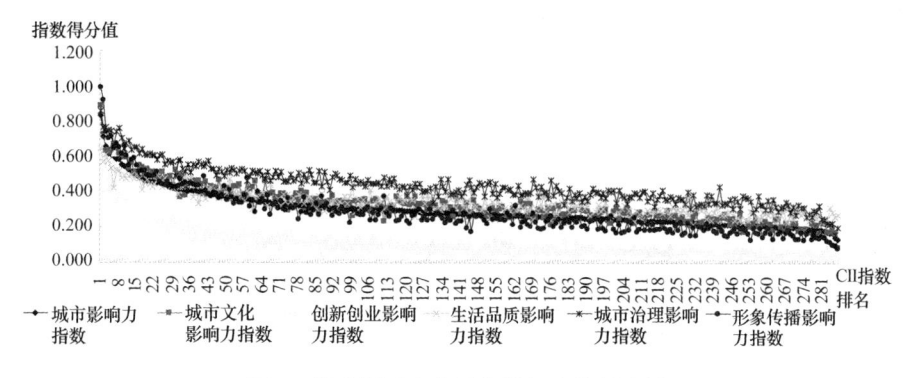

图 5　城市影响力发展指数相应指标分析

资料来源：中国城市影响力指数（CII）。

创新创业影响力、生活品质影响力、城市治理影响力及形象传播影响力方面的得分均值最高，华东地区作为城市经济发展高地，在城市发展的许多方面优势明显。华北地区在文化影响力、创新创业影响力及城市治理影响力方面也存在一定优势，其得分值仅次于华东地区，主要因为该地区城市具有良好的文化教育条件，信息化程度较高，京津冀协同发展战略的深入实施不断提升着城市知名度与品牌形象。而华南地区在生活品质影响力与形象传播影响力方面占据一定优势，主要基于该地区处于对外开放的前沿，城市包容性与开放性水平较高，城市宜居的现代化品质突出，"粤港澳大湾区"战略的实施有助于提升形象传播影响力。西南地区生活品质影响力指数最低，主要跟该地区落后的社会经济条件有关。而东北地区其余 4 个指标得分值在七大区域中均最低，是城市影响力重点提升的区域。

三　城市影响力与五个指标相关性均较强，但形象传播影响力指数及城市文化影响力指数相关性最强

通过利用 SPSS 统计软件进行相关性分析，具体结果见图 7，除生活品质影响力指数外，城市影响力指数与其余四个指标的相关系数值均在 0.9 以上，说明其总体相关程度较高，正向相关关系比较明显。具体而言，城市影响力指数与形象传播影响力指数及城市文化影响力指数相关

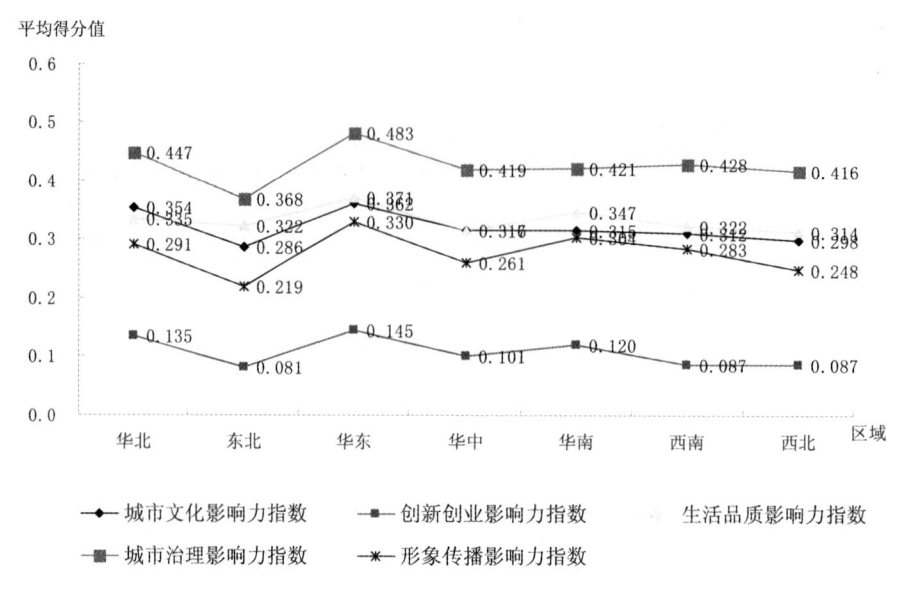

图6 城市影响力发展指数相应指标的区域分析

资料来源：中国城市影响力指数（CII）。

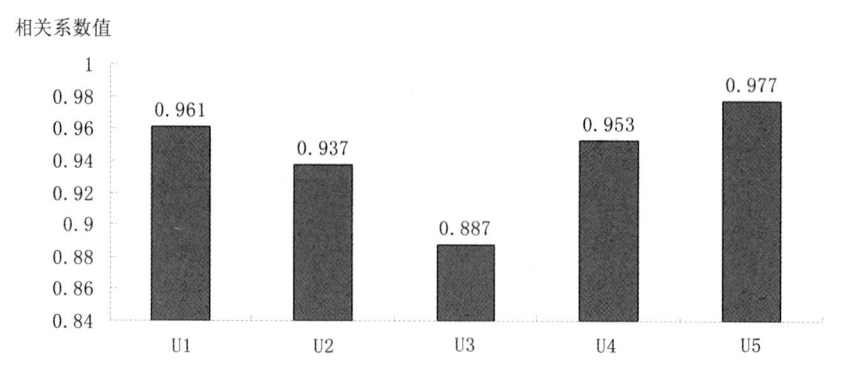

图7 城市影响力发展指数相应指标的相关性分析

资料来源：中国城市影响力指数（CII）。

性最强,其相关系数值分别为 0.977 与 0.961,说明形象传播是城市影响力扩散的重要载体与途径,而文化及创新是城市影响力的底蕴与来源,我国城市的城市影响力的提升主要借助于深厚的文化积淀与发达的形象传播渠道。其次相关程度较高的是城市治理影响力指数与创新创业影响力指数,其相关系数值分别为 0.953 与 0.937,究其原因,城市治理影响力的出发点是"以人为本",这与城市影响力的民生立足点也是高度一致,而"双创"是城市社会经济发展的活力源泉,构成城市影响力与竞争力的重要基石。生活品质影响力指数的相关系数虽然最低,但绝对相关系数值却较高,为 0.887,显示了我国城市宜居生活品质对于城市化影响力的贡献还有待提升。

四 城市治理影响力指数在城市间分布均衡,而其余指标则分布失衡

利用 SPSS 软件绘制城市影响力指数一级指标的频数分布直方图,如图 8 所示,除城市治理影响力指数外,其余各项指标均呈现出偏态分布,城市文化影响力、创新创业影响力、生活品质影响力及形象传播影响力的频数分布数值主要集中在左侧。具体而言,城市文化影响力指数得分值在 0.2—0.4 之间的城市有 215 个,占比为 74.9%;得分值在 0.6 以上的城市仅有 10 个,占 3.5%。创新创业影响力指数得分值在 0.2 以下的城市有 252 个,占比 87.8%;得分值在 0.6 以上的城市仅有北京与天津。生活品质影响力指数得分值在 0.2—0.4 之间的城市有 239 个,占比 83.3%;得分值在 0.6 以上的城市仅有北京与深圳两个。形象传播影响力得分值在 0.1—0.4 之间的城市有 242 个,占比 84.3%;得分值在 0.6 以上的城市仅有 11 个;城市治理影响力指数得分值在 0.3—0.7 之间的城市有 263 个,占比 91.6%,这主要是因为地方政府在城市发展与治理中发挥的主导作用高度一致,对于城市影响力的贡献也较为均衡。同时,从以上数据可以看出我国绝大多数城市在城市文化影响力指数、创新创业影响力指数、生活品质影响力指数及城市形象传播影响力指数等 4 个指标方面水平均较低,发展并不均衡,尤其是创新创业影响力指数方面急需提升。

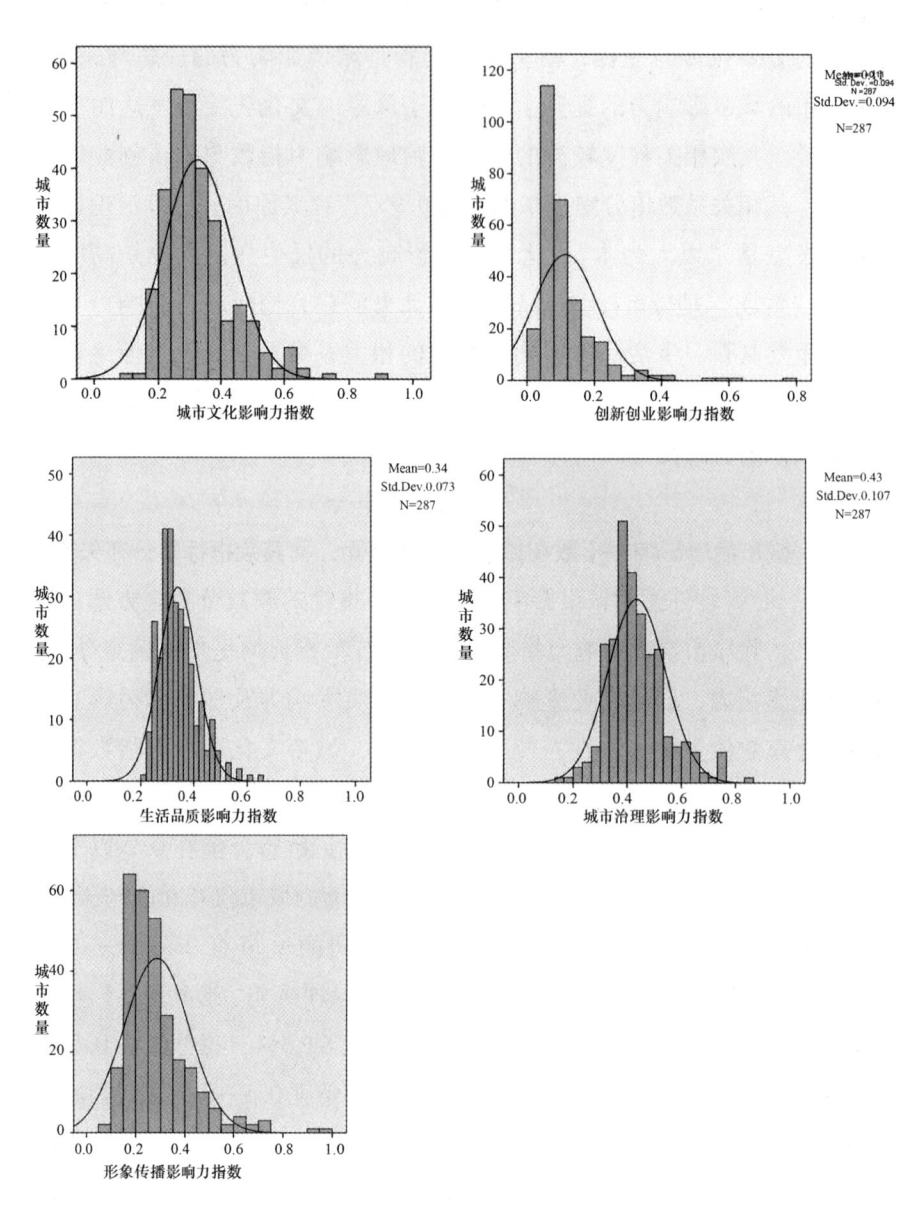

图 8　城市影响力发展指数相应指标的均衡性分析

资料来源：中国城市影响力指数（CII）。

第六节　2018年中国城市影响力的问题与挑战

一　城市形象传播力度有待深化

通过前面的数据分析可知，我国城市影响力指数与形象传播影响力指数相关程度最高，但其得分值却较低，仅高于创新创业影响力指数，这说明城市形象塑造与推广力度不足，对城市影响力的提升形成明显制约，当前，我国城镇化进程较快，其城镇化率由1978年的17.92%提升至2017年的58.52%，年均增长3.4%，但城镇化质量却有待提升，在新常态时期，城市社会经济发展似乎进入瓶颈期，一贯依靠资源要素大规模投入拉动城市经济增长的后劲明显不足，同时由于对城市品牌塑造及形象传播的关注度不足，无法吸引更优质的人才、资源要素贡献于城市社会经济系统，经济社会效益与提升空间有限，城市发展的可持续性较差，其城市影响力提升幅度也较为有限。因此，转变城市发展方式，积极塑造城市品牌形象势在必行。

二　创新创业影响力不足

通过前文的数据分析可知，我国城市影响力指数与创新创业影响力指数的相关程度较高，但创新创业影响力指数得分却最低，这无疑使得城市影响力塑造缺乏有效的内核支撑。众所周知，全球化时代城市竞争的核心是人才竞争，人才才是激发城市影响力与活力的重要源泉，而当前我国大多数城市发展均是依靠资源驱动与大规模劳动力流动，对于人才吸引力度不足，"双创"事业有待完善，在资金扶持、政策审批、市场准入、产业转化及盈利模式等方面仍存在许多不足。导致城市品牌活力不足，无法形成有效的竞争优势，对于提升城市影响力整体水平的贡献度有限。

三　城市影响力区域失衡严重

从我国城市影响力指数分布格局来看，其区域失衡状况较为严重，我国华东、华北及华南等地区城市影响力指数较高，借助于京津冀协同发展战略、长三角、长江经济带及粤港澳大湾区发展战略的带动与辐射，城市营销与品牌塑造力度加强，其影响力不断提升。但西北、东北地区的城市影响力指数较低，较为明显的是，我国城市影响力指数后五位的城市均属于东北地区。西北地区由于社会经济条件落后，其信息化与智能化基础薄弱，城市信息传播媒介与创新创业平台建设相对不足。而东北地区大多数资源型城市面临产业转型，城市创新创业激励、经济活力的激发及宜居生活品质的提升显得较为急迫。此外，我国城市影响力指数分布不均衡，不利于城市整体品牌形象的塑造与对外传播。

第七节 2018年中国城市影响力提升对策

一 实施"互联网+"战略，强化城市品牌内涵

一方面，充分利用互联网对于城市品牌影响力的塑造作用，鉴于互联网对城市的经济、社会、文化格局及城市传播的媒体生态的深刻影响与冲击，运用互联网及新媒体已成为优化公共服务、塑造城市品牌及提升城市影响力的重要手段。现阶段，城市可运用互联网+大数据技术进行舆情监测、城市形象评估、危机预警等来辅助城市品牌形象的打造，未来还可进一步延伸到打造更富吸引力和竞争力的数字品牌资产，提升城市吸引力、城市产品的再造与创新。另一方面，众所周知，城市品牌形象的塑造不仅仅在于设计与传播，更是在于城市发展实践中不断调整与充实，根据城市建设现状与市场需求不断完善。在城市社会经济依靠传统要素投入模式实现增长的空间有限背景下，如何通过完善与扩充城市品牌形象，进而驱动城市影响力的提升显得尤为重要。我国许多知名城市在这方面做出了很好的表率。例如成都在"最佳休闲城市""中国最具幸福感城市""体现国际品质的宜人城市""世界现代田园城市"等城市品牌形象塑造基础上，根据绿色经济发展需要与生态文明建设要求，提出了塑造"世界级公园城市"形象的要求，为成都城市品牌影响力提供新的发展内涵。

二 积极优化城市"双创"环境

积极落实国家"双创"战略,积极打造"城市+双创"发展模式,充分构建培育"双创"人才的系统环境,在降低注入门槛、完善公共服务、深化融资服务、优化双创环境、强化"双创"服务平台建设等方面付诸努力,成都在积极打造区域"双创中心",提升城市影响力方面取得了显著成效,该市积极打造创客坊、创客空间创业茶馆等一批市场化、专业化、网络化的创业服务平台,并积极塑造"菁蓉汇""创交会"等创业交流与推介平台,充分塑造"创业之城、圆梦之都"的城市创业形象。由此可见,在大力发展新经济,实现城市经济有效转型的大背景下,大力推动城市"双创"水平提升能够为城市影响力传承带来强力的精神基因。

三 借助区域发展战略,实现中国城市影响力的均衡提升

一方面,积极与区域发展战略实行有效对接,实现落后城市的影响力提升,比如通过"一带一路"倡议的信息化建设、区域化互联互通及国际交往与合作机制助推西北城市品牌形象有效塑造。通过振兴东北老工业基地战略,在积极推动东北地区资源型城市转型过程中,积极发挥科技创新、大众创业的引领作用,推动城市治理的有效转型,塑造全新的城市发展模式与品牌。另一方面,促进城市的区域性影响力品牌的创建,不断加强城市的联动与协同、城市组团化与集群化发展,对区域经济空间整合及城市群的发展进行科学规划,提升城际之间协同效率,通过合作营销来达成优势互补的集成放大效应,可以有效促进中国城市品牌整体塑造与影响力提升。

参考文献

1. Anholt, S., "The Anholt – GMI City Brands Index", *Place Branding*, Vol. 2, No. 1, 2006.

2. 刘彦平、许峰、钱明辉等:《中国城市营销发展报告(2014—2015):助力可持续城镇化》,中国社会科学出版社2015年版。

3. 郝胜宇:《城市品牌评价》,中国财政经济出版社 2013 年版。

4. 谢耘耕:《中国城市品牌认知调查报告 (2015)》,社会科学文献出版社 2015 年版。

5. 倪鹏飞:《中国城市竞争力报告 No.16——40 年:城市星火已燎原》,中国社会科学出版社 2018 年版。

6. Metaxas, T., "Place Marketing, Place Branding and Foreign Direct Investments: Defining Their Relationship in the Frame of Local Economic Development Process", *Place Branding and Public Diplomacy*, Vol.6, No.3, 2010.

7. 许峰、秦晓楠、张明伟等:《生态位理论视角下区域城市旅游品牌系统构建研究——以山东省会都市圈为例》,《旅游学刊》第 8 期。

8. Gartner, W. C., "Brand Equity in a Tourism Destination", *Place Branding and Public Diplomacy*, Vol.10, No.2, 2014.

9. Zenker, S. S. Petersen and A. Aholt, "The Citizen Satisfaction Index (CSI): Evidence for a Four Basic Factor Model", *Cites*, Vol.31, 2013.

10. Hanna, S. A. and J. Rowley, "Rethinking Strategic Place Branding in the Digital Age", in Kavaratzis, M., G. Warnaby and G. J. Ashworth (eds.), *Rethinking Place Branding*, Springer International Publishing, 2015.

附件一 测度方法

评价指数的构建方法包括逆向指标处理、指标无量纲化、指标权重选取和指数合成等内容。按照指标评估体系的特点,本研究选择了如下评估方法:

1. 样本选择。本研究按照综合发展水平的区域代表性,选取 2018 年中国 30 个省(市、自治区)的 287 个地级及以上城市作为 CII 测评的样本。

2. 逆向指标处理。综合评价指标体系中经常会出现逆向指标,在本研究中,不同性质指标对城市影响力的作用力不同,无法通过直接合成来反映综合结果。因此,要考虑改变逆向指标的数据性质,视情采用取倒数、取相反数、极大值法等方法对其进行正向化处理，使所有指标对城市影响力的作用力同趋化，从而构建一致的、有意义的综合指数。

3. 无量纲化。对于多指标综合评价体系，必须对性质和计量单位不同的指标进行无量纲化处理，以解决数据的可比性问题。无量纲化就是把不同单位的指标转换为可以对比的同一单位的指标数值，用于比较和综合分析。无量纲化函数的选取，一般要求严格单调、取值区间明确、结果直观、意义明确、尽量不受指标正向或逆向形式的影响。无量纲化的方法一般包括标准化法、极值法和功效系数等方法。本研究选取极值法来消除量纲的影响，其计算公式如下：

$$x = \frac{x - x_{\min}}{x_{\max} - x_{\min}} \tag{1}$$

其中，x 为评价指标，$x_{\max}$ 和 $x_{\min}$ 分别对应指标 x 的最大值和最小值。

4. 指标权重。在多指标综合评价中，指标权重的确定直接影响着综合评价的结果，权重数值的变动可能引起被评价对象优劣顺序的改变。权重系数的确定，是综合评价结果是否可信的一个核心问题。在CII 的权重结构中，本研究认为城市文化影响力指数、创新创业影响力指数、生活品质影响力指数、城市治理影响力指数及形象传播影响力指数虽内涵各异，但其对城市总的影响力具有同等的重要性，即上述四个单项指数在计算总指数时应该是等权的。而在每个单项指数内，由于指标数量较少，构成简单，每个子指标合成上一级指标时也采用等权重的方法。

5. 指数合成。确定了各指标及子指数，最后一步就是把这些子指数合成为一个综合指数，从而得到一个城市影响力的综合评价。本研究选择几何平均法进行综合指数的合成，公式如下：

$$X = \prod x_i^{w_i} \tag{2}$$

其中，x_i 为第 i 个子指标，w_i 为第 i 个子指标的权重，X 为合成后的综合指标。

附件二 指标设计

结合数据的可获得性考量，本文尝试构建了城市影响力指数（City Influence Index，CII）的三级指标框架。即城市影响力指数由 5 个一级指标构成，分别为城市文化影响力指数（包括文化活力、文化独特性、文化吸引力及创新氛围 4 个二级指标）、创新创业影响力指数（包括创新创业投入、创新创业产出、创新创业载体及创新创业口碑 4 个二级指标）、生活品质影响力指数（包括城市旅游休闲、城市公共服务、城市绿色体验及城市生活感知 4 个二级指标）、城市治理影响力指数（包括经济治理、社会治理、网络政务及城市治理口碑 4 个二级指标）和城市形象传播影响力指数（包括城市声望、旅游传播及投资传播 3 个二级指标）。每一个二级指标由多项数据合成。在这一指标体系中，城市影响力的总体表现即城市影响力指数表现为 5 个一级指标的复杂互动关系。其中，城市文化影响力是特征指数、创新创业影响力是提升指数，生活品质影响力是趋势指数，城市治理影响力是基础指数，城市形象传播影响力是推动指数，组成一个渐次递进又相互作用的系统结构（见图 9）。

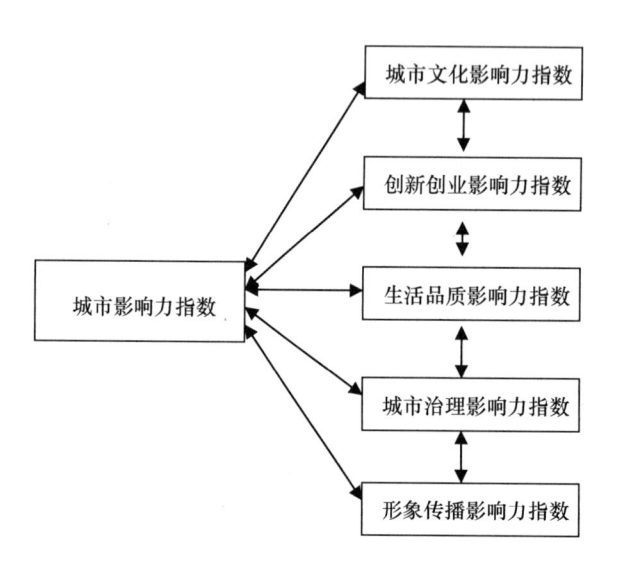

图 9 城市影响力指数的概念关系

CII 的指标体系层次和要素如表 5 所示。

表 5　　　　　　　　　城市影响力指数 CII - 20180410

一级指标	二级指标	三级指标	指标衡量方法
I1 城市文化影响力	I1.1 文化活力	I1.1.1 文化包容	常住人口与户籍人口比
		I1.1.2 文化产业	每万人文化、体育和娱乐业从业人数
		I1.1.3 知识产权	著作权登记数量
	I1.2 文化独特性	I1.2.1 传媒口碑	"城市名 + 文化"纸媒发文量①
		I1.2.2 网络口碑	"城市名 + 文化"全网数据量②
	I1.3 文化吸引力	I1.3.1 旅游吸引力	境内外游客总量
		I1.3.2 网络关注度	"城市名 + 城市文化"百度关注指数
		I1.3.3 研究关注度	"城市名 + 城市文化"知网期刊主题词文章数量
	I1.4 创新氛围	I1.4.1 科技人才占比	科技从业者占城市总人口的比重
		I1.4.2 高校质量	最好大学排名
		I1.4.3 创新活动	创新创业活动场次
I2 创新创业影响力	I2.1 创新创业投入	I2.1.1 科技经费支出占比	科技经费支出占财政收入的比重
		I2.1.2 人均教育支出	—
		I2.1.3 企业/团队当年累计获得投资	—
		I2.1.4 当年获得财政支持金额	—
		I2.1.5 创业教育培训	创业教育培训场次
		I2.1.6 创业导师	创业导师人数
		I2.1.7 提供技术支撑服务	当年提供技术支撑服务的团队和企业数量
		I2.1.8 信息基础设施	每千人互联网用户数

① 全网数据量包括：微信、论坛、博客、微博、APP 新闻、问答、视频、网络新闻传播量（下同）。

② 同上。

续表

一级指标	二级指标	三级指标	指标衡量方法
I2 创新创业影响力	I2.2 创新创业产出	I2.2.1 专利申请量	WIPO 专利申请量
		I2.2.2 众创空间团队拥有的知识产权数	有效知识产权数
		I2.2.3 众创空间新注册企业数	—
		I2.2.4 纳税额	—
		I2.2.5 吸纳就业人数	—
		I2.2.6 双创上市/挂牌的企业数量	—
		I2.2.7 全市大企业数量	—
		I2.2.8 创新创业影响力	"城市名+创新创业"纸媒发文量+全网数据量
	I2.3 创新创业载体	I2.3.1 孵化器数量	—
		I2.3.2 国家孵化器数量	—
		I2.3.3 在国家级高新区的孵化器数量	—
		I2.3.4 国家备案的众创空间数量	—
		I2.3.5 众创空间数量	—
	I2.4 创新创业口碑	I2.4.1 传媒口碑	"城市名+创新创业"纸媒发文量
		I2.4.2 网络口碑	"城市名+创新创业"全网数据量
I3 生活品质影响力	I3.1 城市旅游休闲	I3.1.1 5A 景区数量	每个 5 分
		I3.1.2 4A 景区数量	每个 2 分
		I3.1.3 休闲设施	每万人剧院影院数
		I3.1.4 交通拥堵	交通拥堵指数
		I3.1.5 人均城市道路面积	—
	I3.2 城市公共服务	I3.2.1 公共医疗	每万人拥有医生数、三甲医院得分、每万人医院床位数得分指数
		I3.2.2 公共文化	每百人公共图书馆藏书数量比（市/辖区）
		I3.2.3 国民教育	小学生数量增长率、中学指数、大学指数、教育公平标准化数据

续表

一级指标	二级指标	三级指标	指标衡量方法
I3 生活品质影响力	I3.3 城市绿色体验	I3.3.1 污染排放	单位 GDP 二氧化硫排放量的倒数
		I3.3.2 空气质量	PM2.5
		I3.3.3 绿化面积	建成区绿化面积、人均公园面积
	I3.4 城市生活感知	I3.4.1 美景感知	"城市名+美景"纸媒及全网数据量
		I3.4.2 美食感知	"城市名+美食"纸媒及全网数据量
		I3.4.3 友善氛围感知	"城市名+友善"纸媒及全网数据量
		I3.4.4 城市风貌感知	"城市名+独特"纸媒及全网数据量
I4 城市治理影响力	I4.1 经济治理	I4.1.1 增长预期	"城市名+持续增长"纸媒及全网数据量
		I4.1.2 发展水平	人均 GDP
		I4.1.3 居民收入	城镇居民人均可支配收入增长率
	I4.2 社会治理	I4.2.1 社会保障	全市医疗卫生支出、全市社会保障和就业支出、全市年平均人口、人均社保支出
		I4.2.2 社会治安	每万人刑事案件逮捕人数
		I4.2.3 社会和谐口碑	"城市名+和谐"全网数据量
	I4.3 网络政务	I4.3.1 传播力	发文量
		I4.3.2 服务力	阅读量
		I4.3.3 互动力	点赞量
	I4.4 城市治理口碑	I4.4.1 安全城市口碑	"城市名+安全"纸媒及全网数据量
		I4.4.2 幸福城市口碑	"城市名+幸福"纸媒及全网数据量
I5 形象传播影响力	I5.1 城市声望	I5.1.1 国内知名度	城市名百度新闻搜索信息数量
		I5.1.2 国际知名度	城市英文名称 Google 新闻搜索信息量
		I5.1.3 网络关注度	城市名百度指数
		I5.1.4 研究关注度	城市名知网数据量
	I5.2 旅游传播	I5.2.1 纸媒传播	"城市名+旅游"纸媒发文量
		I5.2.2 网络传播	"城市名+旅游"全网数据量
	I5.3 投资传播	I5.3.1 纸媒传播	"城市名+投资"纸媒发文量
		I5.3.2 网络传播	"城市名+投资"全网数据量

附件三　中国城市影响力指数报告课题组

【课题发起单位】
中国社科院中国城市营销发展报告课题组
中国人民大学中国市场营销研究中心
浙江大学经济与文化研究中心
中国社科院旅游大数据智库
中国社科院舆情实验室

【课题组总顾问】
杜志雄　郭国庆　倪鹏飞　吴　飞　刘志明

【课题组负责人】
刘彦平　许　峰　赵　峥　何春晖

【课题组核心成员 & 报告执笔】
刘彦平　中国社科院财经战略研究院城市与房地产经济研究室副主任、副研究员
许　峰　山东大学管理学院教授
赵　峥　首都科技发展战略研究院副院长、研究员
何春晖　浙江大学传媒与国际文化学院副教授
张巍巍　中国社科院社会发展研究院博士后
王明康　中国社会科学院研究生院 2016 级博士生

城市形象传播指数报告

张 婵 吴 飞 赵 瑜 何 苗 邵 鹏[*]

第一节 数字普惠时代的城市形象

一 城市形象的内涵与意义

城市是人类文明发展的自然聚集，是人类文明进步最好的见证。在全球化与城市化高度发展的今天，"城市形象"已成为城市发展战略中的重要组成部分，是城市竞争不可或缺的要素。

"城市形象"概念最早由美国传播学学者凯文·林奇提出。如今我们普遍将"城市形象"理解为城市在政治、经济、环境和文化等多方面给予公众的综合印象，既包含着如城市建筑、道路等客观存在的物质，同时也包含着对城市文化、风土人情、城市精神文明等部分的感知。

美国社会哲学家刘易斯·芒福德将城市看作文化的容器。作为城市文化的外显，城市形象被看作是城市整体精神风貌的展现，也最能激发人们思想情感的形态与特征。在城市设计、定位、建筑风格日益千篇一律的情况下，城市形象的塑造恰恰就是为了挖掘城市特色、展现城市气质，在提升城市品位、彰显城市魅力、激发城市活力等方面发挥着重要作用。

---

[*] 张婵，浙江大学百人计划研究员，浙江大学影视艺术与新媒体学系教师；吴飞，浙江大学求是特聘学者，浙江大学传媒与国际文化学院教授；赵瑜，浙江大学影视艺术与新媒体学系主任，教授；何苗，浙江理工大学史量才新闻与传播学院院长助理，副教授；邵鹏，浙江工业大学人文学院副教授。

二 大数据与城市形象

（一）字节跳动发展状况

字节跳动公司在图文、视频等领域推出了今日头条、抖音、西瓜视频、火山小视频等多款产品。截至 2018 年 7 月，字节跳动旗下全线产品国内总 DAU 超过 4 亿，MAU 超过 8 亿。时下最热门的抖音 APP 表现更是不俗，截至 2019 年 1 月，抖音日活跃用户数超过 2.5 亿，国内月活跃用户数超过 5 亿。

今日头条作为字节跳动旗下主要产品，拥有海量激活用户，而"头条指数"正是基于头条大数据进行分析，反映用户在智能分发下的阅读及互动趋势。同时，大量 UGC 内容展示出城市形象的多元性和在地性，政务机关进驻今日头条和抖音等平台，通过政务号发布城市宣传信息，弘扬城市形象。

（二）"字节跳动"内容数据中的城市形象

2018 年 9 月，抖音、头条指数与清华大学城市品牌研究室联合发布《短视频与城市形象研究白皮书》，以抖音内容数据为基础，对城市形象短视频符号载体进行归纳与数据分析。同年 10 月，字节跳动公共政策研究院发布《为什么是成都——成都建设世界文化名城研究报告》，以今日头条和 TopBuzz 客户端海量信息为数据源，以量化方法呈现文化元素的传播质量，总结成都形象的传播载体、成都品牌的营销状况。

在城市形象的测量过程中，字节跳动旗下平台累积的内容大数据，正在给传播过程与传播效果中更加具体的量化指标抽取，及其评估和分析带来全新的变化，帮助重新认识、评价城市形象建设成果，并为后续工作带来思考的新起点。

三 数字普惠时代的城市形象提升

（一）数字普惠时代的城市形象传播

数字媒体技术从创立之初就寄望于创造一个普惠的网络传播环境，对于城市形象的塑造作用主要表现在建构与传播两个维度：从建构来看，数字平台的低语境叙事决定了其传达出来的城市图景是一种市民化、日常性的文化，不仅展示城市居民社会关系，并且有助于归属感和身份认同的产生；从传播来看，数字平台具有双向传播特性，能使用多层级传播、即时交互和多元主体传播方式，实时了解城市信息，及时调整现存问题，促进城市建设。

(二) 提升数字平台城市形象的意义

数字平台时代，受众的信息接收和交互行为产生了巨大变化，也为城市形象建设提供了多重便利：首先，全要素动态呈现。突破既有线性媒体传播的单向性，以动态的方式、以图文视频等全要素呈现城市多重属性的形态。其次，多语态融合散布。数字平台活跃用户突破了传播者的单一性，极大回归城市本体，呈现语态多元性和互文性。最后，全域性整合传播。网络传播扩大了信息影响范围，实现了"地球村"式的传播设想。

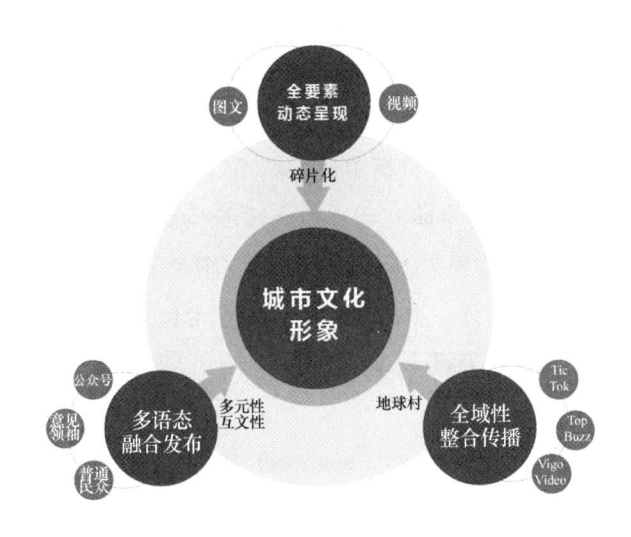

图1 数字时代的城市文化形象传播

第二节 城市形象指数构建

一 指数构建的基本框架

基于文献资料和字节跳动内容数据库的结构特征，本研究抽取四个维度描述城市形象在字节跳动平台上的传播效果，分别为传播热度、传播广度、传播深度和传播效度，每一测量维度包含多个测量指标，由此构成分指数。计划基于2019年上半年的字节平台内容数据，对四个分指数进行因子分析，确立权重，最终综合构成描述城市形象传播效果的总指数。

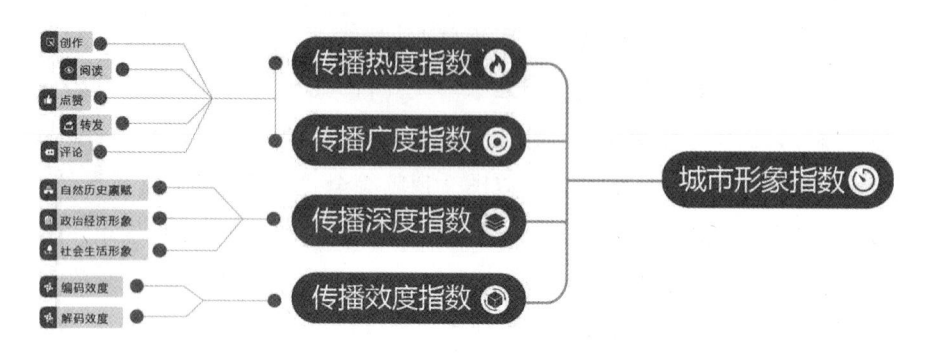

图2 城市形象指数结构

研究对象：

本研究的所有指标最终分析单位为城市（即按照国家统计局划分的，全国所有市、地级市）。本研究定义一个城市形象指数为该城市在字节跳动旗下所有平台上与其相关的文章、视频、图片等，以及由此产生的用户内容，包括转、赞、评。本报告所统计的平台包括今日头条、抖音、西瓜视频、火山小视频、TikTok。

指数构建方法：

本研究使用因子分析（factor analysis）的统计方法，先后构建城市形象的传播效果的四个分指数和城市形象的传播效果的总指数。

因子分析的本质是一种降维的统计方法，目的是从众多可测（observable）并且相关（correlated）的变量当中提取出来较少数量的不可测（unobservable）不相关（uncorrelated）的变量，这些模型提取出来的潜在的不可测的变量即为因子。通过因子分析的结果确定每个可测变量对因子的贡献，即权重（weights）。

本研究选取因子分析的其中一种方法，验证性因子分析法（confirmative factor analysis）。

二 分指数计算方法

(一) 城市形象传播热度分指数 (Pop$_i$)

数字平台时代的城市形象必须以城市的传播力为基础,具体可以被细分为城市相关文章、图片、视频的创作数、阅读数、点赞数、转发数和评论数。将统计在字节跳动平台上所有内容数据叠加,包括今日头条、抖音、西瓜视频、火山小视频、TikTok。

指标	定义
城市相关内容创作数 (X_i)	字节跳动旗下所有平台上与该城市相关的文章、视频、图片等的总创作数
城市相关内容阅读数 (V_i)	字节跳动旗下所有平台上与该城市相关的文章、视频、图片等的总阅读数
城市相关内容点赞数 (L_i)	字节跳动旗下所有平台上与该城市相关的文章、视频、图片等的总点赞数
城市相关内容转发数 (F_i)	字节跳动旗下所有平台上与该城市相关的文章、视频、图片等的总转发数
城市相关内容评论数 (C_i)	字节跳动旗下所有平台上与该城市相关的文章、视频、图片等的总评论数

图3 城市形象传播热度分指数指标

其中创作数、阅读数是城市传播量的有效反映指标,而转、赞、评则是受众卷入程度的反映,两个维度结合,能够大致反映具体城市在字节跳动平台的传播热度。

指标说明:

i,代表第 i 个城市。

X_i,为字节跳动旗下所有平台上与该城市相关的文章、视频、图片等的总创作数。

$V_i = \sum_{j=1}^{x_i} V_{ij}$,其中 V_{ij} 为第 i 个城市,第 j 个文章、视频、图片,产生的阅读数。

$L_i = \sum_{j=1}^{x_i} L_{ij}$,其中 L_{ij} 为第 i 个城市,第 j 个文章、视频、图片,产生

的点赞数。

$C_i = \sum_{j=1}^{x_i} C_{ij}$，其中 C_{ij} 为第 i 个城市，第 j 个文章、视频、图片，产生的评论数。

$F_i = \sum_{j=1}^{x_i} F_{ij}$，其中 F_{ij} 为第 i 个城市，第 j 个文章、视频、图片，产生的转发数。

（二）城市形象传播广度分指数（$Spread_i$）

传播广度分指数，探讨的是具体城市在国内和国际的影响力。研究以所有与研究城市相关主体的区域分布多样性程度，计算城市的影响力范围。研究假设，城市之外，越多的人参与城市文化形象的创作、阅读、点赞、转发和评论，城市的国内外影响力越强。

传播广度分指数包含四个分布度，分别描述与城市有关的创作分布，以及由此产生的阅读分布及转、赞、评分布。每个分布进一步分为国内（占70%权重）和海外分布（占30%权重），分别描述在国内地理分布（以省级行政区划分）和国家地理分布（以国家为划分）的多样程度。四个分布度的具体计算方法详见图4。

指标	定义
城市相关内容创作分布度（X_spread）	所有主题与该城市相关的内容创作的地理分布多样程度
城市相关内容阅读数分布度（V_spread）	所有主题与该城市相关的内容产生的阅读地理分布多样程度
城市相关内容点赞数分布度（L_spread）	所有主题与该城市相关的内容产生的点赞地理分布多样程度
城市相关内容转发数分布度（F_spread）	所有主题与该城市相关的内容产生的转发地理分布多样程度
城市相关内容评论数分布度（C_spread）	所有主题与该城市相关的内容产生的评论地理分布多样程度

图4 城市形象传播广度分指数指标

指标说明：

由于 X_spread_i，V_spread_i，L_spread_i，C_spread_i，F_spread_i 的计算

方式相同。所以这里仅以 X_spread_i 为例说明。

$$X\_spread_i = 70\% \times X\_spread_{i,d} + 30\% \times X\_spread_{i,f}$$

其中，$X\_spread_{i,d}$ 为与该城市相关的内容创作在国内的地理分布的多样程度，$X\_spread_{i,f}$ 为与该城市相关的内容创作在海外的地理分布的多样程度。

本研究采用 Simpson's Diversity Index，具体计算方法如下：

$$X\_spread_{i,d} = \sum_{j=1}^{34} \frac{X_{ij}(X_{ij}-1)}{X_i(X_i-1)}$$

其中，X_{ij} 为与该城市相关的内容创作来自第 j 个省级行政区的数量。

$$X\_spread_{i,f} = \sum_{j} \frac{X_{ij}(X_{ij}-1)}{X_i(X_i-1)}$$

其中，X_{ij} 为与该城市相关的内容创作来自第 j 个国家的数量。

采用这个指标的主要原因是它的易于解释性。在极端状况下，如果关于一个城市的内容近乎来自这个城市所在的省，那么 $X\_spread_{i,d}$ 接近 1；当关于一个城市的内容在地域上分布越多，这个指标的值越大。

（三）城市形象传播深度分指数（$Depth_i$）

传播深度测量和评估城市文化形象的多元性，一个城市的个性越清晰、文化形象越多元，其传播效果也更佳。研究将传播深度区分为城市的自然历史禀赋、政治经济形象、社会生活形象三个维度。其中自然历史禀赋测量城市传播主题中与自然风光、名胜古迹、历史文化遗产相关的内容数量，及其效能。政治经济形象测量城市政府形象、可持续发展、知名企业等相关的内容数量，及其效能。社会生活形象包括美食、市民精神等相关内容数量，及其效能。本研究采用传播形象鲜明性和多元性两个指标，描述城市文化形象三个方面的结构特点。

指标	定义
形象鲜明性（S_depth_i）	城市传播主题在自然历史禀赋、政治经济形象、社会生活形象上的鲜明性
形象多元性（V_depth_i）	城市传播主题在自然历史禀赋、政治经济形象、社会生活形象上的多元性

图 5　城市形象传播深度分指数指标

（四）城市形象传播效价分指数（$Valence_i$）

此部分选取与每个城市相关的创作中阅读量最大的前十条，从创作者（编码）和接收者（解码）两个解读分别进行效度分析。

编码角度是考察点击量较大的内容其传播导向和情绪属于正面还是负面。如果一个城市点击率最高的前十条内容，都是关于城市负面形象的传播，传播量越大，其传播结果越负面。解码则是抓取用户评论态度的情感正负度，同理，评论态度越正面效果越好，越负面则传播结果越负面。这一指数能有效矫正单纯基于传播数量的测量和评估。

本研究用编码效价和解码效价两个指标分别描述传播的情绪效价（valence）。

指标	定义
编码效价（EC_i）	关于一个城市阅读/点击量最大的前十个创作中，阅读量加权后的综合编码效价
解码效价（DC_i）	关于一个城市阅读/点击量最大的前十个创作中，阅读量加权后的综合解码效价

图 6　城市形象传播效价分指数指标

指标说明：

$$EC_i = \frac{\sum_{k=1}^{10} X_{i,k} \times Valence_{i,k}}{\sum_{k=1}^{10} X_{i,k}}$$

，其中，$Valence_{i,k}$ 为第 i 个城市，阅读量排名第 k 的创作的编码效度。这个效度为人工对这个创作的正负面的判断。$Valence_{i,k}$ 的值在 [-1, +1]，其中 +1 代表非常正面，-1 代表非常负面，0 代表中性。

$$DC_i = \frac{\sum_{k=1}^{10} X_{i,k} \times avg\_Valence_{i,k}}{\sum_{k=1}^{10} X_{i,k}}$$

，其中，$avg\_Valence_{i,k}$ 为第 i 个城市，阅读量排名第 k 的创作的解码效度。$avg\_Valence_{i,k}$ 为关于这个创作评论效度的均值。由于评论的长度通常较短，本研究每个评论的效度有三个可能的取值［-1，0，+1］，其中+1代表正面，-1代表负面，0代表中性。

人工赋值。$Valence_{i,k}$的值在［-1，+1］，其中+1代表非常正面，-1代表非常负面。

第三节 城市形象指数试测（以重庆、杭州于抖音平台的相关创作为例）

根据2018年抖音平台内容数据，课题组以重庆和杭州两个城市为例，做了指数试测。课题组分析了这两个城市阅读量排名前100的视频要素，综合测试了上文抽取的四个城市形象分指数。选择重庆在于其城市传播量于2018年在抖音平台位居第一，数据的显示度较高，也是一线城市的代表。杭州2018年的短视频播放量位于全国第11名，在同类城市中表现上乘，可以作为二线城市的代表予以分析。

在重庆、杭州相关数据的统计分析基础上，课题综合参考了字节跳动相关数据报告的现有结论，对城市形象指数做了初步呈现，以期把握其信度和效度。

一 城市形象传播热度分指数呈现

课题组用四个指标即阅读、点赞、转发、评论来描述热度的四个维度。从结果来看，阅读、点赞、转发、评论这四个维度的数量级明显不同。以Top100的视频的这四个指标的中位数为例，阅读量是转发数和评论数的千倍，点赞是转发数和评论数的百倍。

		阅读数(V_A)	点赞数(L_A)	转发数(F_A)	评论数(C_A)
总数	重庆	477673w	12554w	378w	329w
	杭州	420830w	17717w	266w	461w
中位数	重庆	3324w	94w	1w	2w
	杭州	3459w	114w	1w	3w

图7 重庆、杭州2018年传播热度（数量以万为单位）

为了证明四个指标的独立性和测量效度，分别对这两个城市的指标进行了相关性分析。

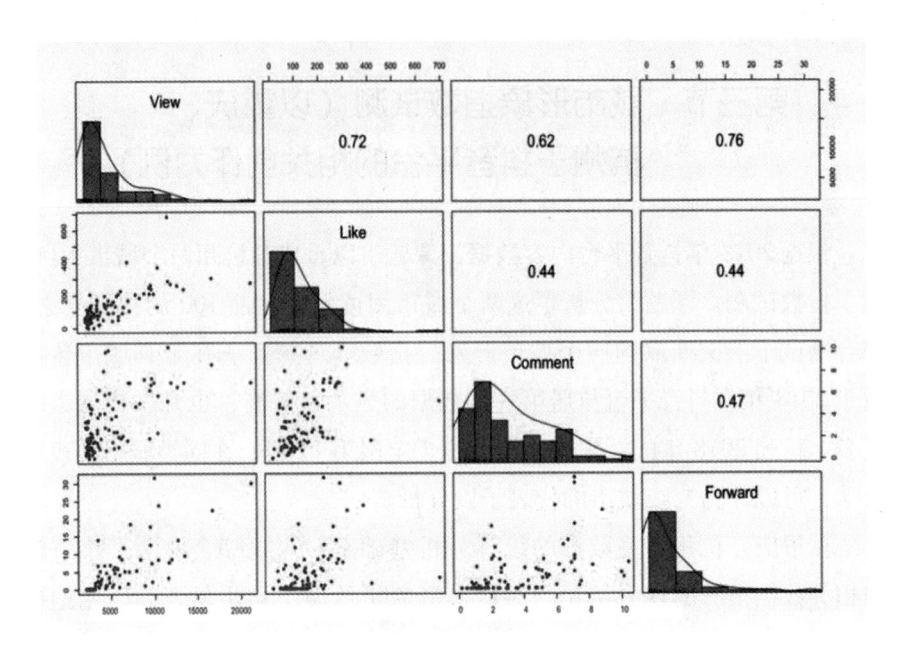

图 8　重庆市传播热度四个指标相关性分析

从上面的相关性分析可以看出，这四个指标之间具有一定的相关性。其中，阅读量和其他三个维度的相关性相对较高（在 0.6—0.8 之间）。杭州的数据说明点赞数和评论数的相关性很高，达到 0.8，仅次于阅读量和点赞数之间的相关系数。

综合而言，阅读、点赞、转发、评论这四个维度既具有一定相关性，又各自具有特性，将这四个维度结合起来，可以综合描述传播的热度。

字节跳动平台现有内容数据模块已经可以测量单一城市的传播热度变化趋向，以及在某一时间阶段全国区域性传播热力分布。未来在城市历史数据和不同城市横向比较数据的综合掌握下，可以进一步予以因子分析赋权不同指标，从而进行城市传播分指数计算和排序。

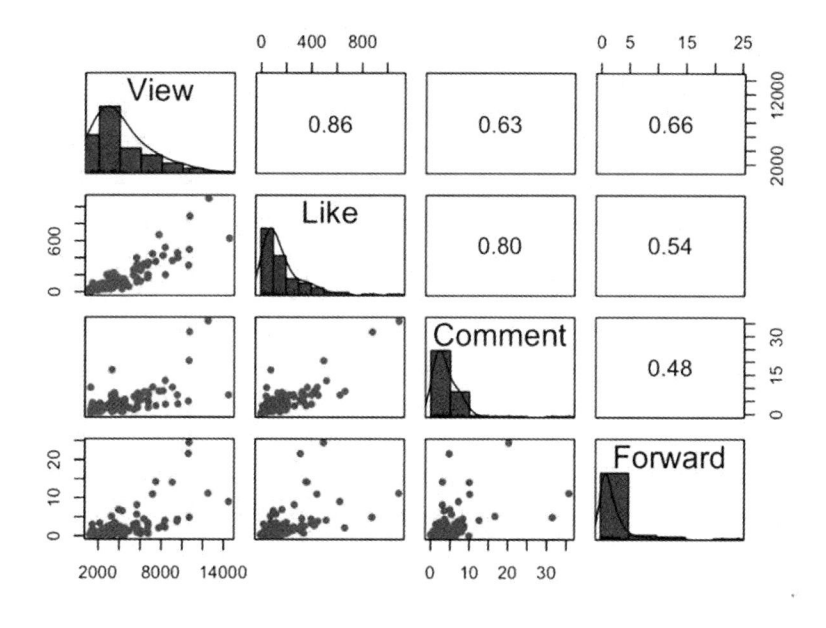

图 9　杭州市传播热度四个指标相关性分析

二　城市形象传播广度分指数呈现

根据 2018 年的创作者归属地分析，Top100 的视频中，来自本地（重庆）的创作占约三分之一（34%），这个比例明显高于其他城市。排名第二的是北京（7%）。其中，北京的 7 个创作中，3 个来自中央媒体（环球网、人民视频、CGTN），1 个来自地方媒体（BTW 新闻）。

重庆相关视频创作多样指数（Simpson Diversity Index）为 0.165253，而杭州的创作多样性指数为 0.58。该指数在 0 和 1 之间，1 代表完全同质，即所有创作来自一个城市，0 代表完全多样，即每个创作都来自不同城市。从这两个指数的比对来看，杭州的创作大多来自本地居民，这部分解释了杭州传播热度数据中点赞率与评论数之间的高相关性，说明本地居民对城市的高认可。相较而言，重庆视频创作的外向性和多元性比例更高，从侧面反映出城市当年度在网络的影响力较大。

研究假设认为，创作者区域来源越多元，越有利于城市文化形象的广度传播。虽然城市传播的基础往往来自于本地居民对城市形象的认知和传播，但是在数字传播全球化的背景下，城市的知名度、影响力也可以从非本地居民对其形象的主动传播获得侧面验证。在此理论假设下，重庆的城市传播活力高于杭州，关注重庆的全国人口分布更加广泛。相对而言，杭州的关注度很大程度来源于本地和东部沿海地区，其影响力进一步提升的增量恐在于进一步开拓中西部地区的认可度。

2018年字节跳动公司也曾对稻城亚丁的传播广度做过描述，抖音指数显示，成都、甘孜、重庆是"打卡"稻城用户最多的三个来源，北京、广州、深圳等一线城市用户紧随其后。

从上述三个不同层级城市传播广度的大致描述，可以看出这个指标具有较强的说明性。未来这一指数的计算不在于其绝对值及比较，而在于国内综合影响力和本地凝聚力两个维度之上的综合呈现，并由此对城市形象建设提供决策参考。

三　城市形象传播深度分指数呈现

根据重庆城市形象传播数据的拟合，课题组认为有两个维度可以说明城市传播深度分指数：创作者类型分布和创作内容分布。

2018年两个城市的视频创作主要来自个人，这也符合短视频平台对个体的数字赋能功能。相比而言，重庆受到更多的中央媒体关注，而杭州更得自媒体青睐。

课题组对两个城市阅读量Top1000的视频题目，根据TF（词频）-IDF（逆文档频率）算法进行提取关键字。根据TF-IDF算法，如果某个词在语料库中比较少见，但是它在分析的文本中多次出现，那么它很可能就反映了分析文本的特性，即关键词。

计算获得重庆2018年相关创作中TF-IDF值最大的15个关键词，分别是：火锅、坠江、小姐姐、轻轨、万州、公交车、网红、美食、崖洞、公交、滑轮、好吃、司机、解放碑、妹儿。这些词除了当年度的典型新闻事件，主要分为美食、交通、风景名胜、市民形象，基本吻合课题组假设的自然历史禀赋、政治经济形象、社会生活形象三个主要维度。

课题组对Top100的视频按照内容和创作者类型进行分类。所有视频中，来自个人的社会生活形象类型的视频最多，占约一半。

01 火锅	02 坠江	03 小姐姐	04 轻轨	05 万州
06 公交车	07 网红	08 美食	09 崖洞	10 公交
11 滑轮	12 好吃	13 司机	14 解放碑	15 妹儿

图10　2018年重庆抖音视频创作关键词

| 1 美食 | 2 小姐姐 | 3 街拍 | 4 西湖 | 5 发型 |
| 6 宋城 | 7 长腿 | 8 网红 | 9 下雪 | 10 偶遇 |

图11　2018年杭州抖音视频创作关键词

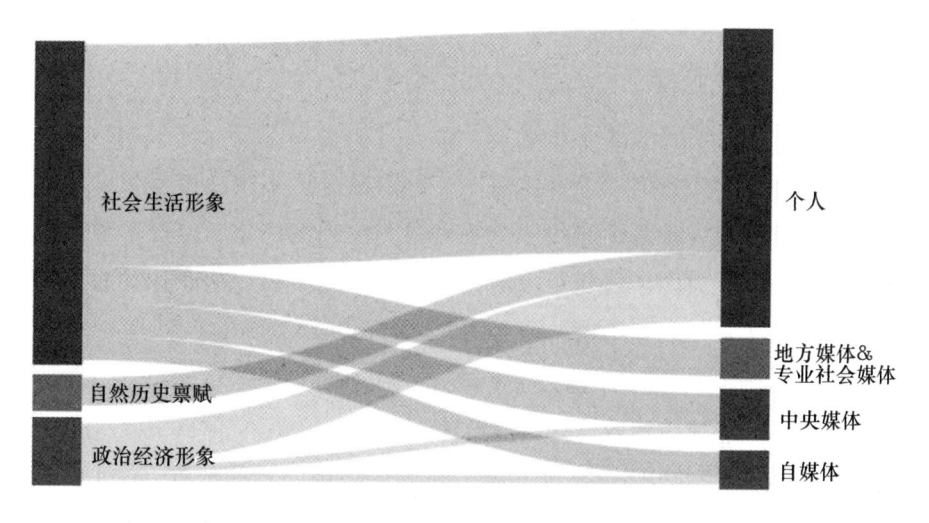

图12　重庆2018年Top100视频创作内容和创作者类型

部分源自重庆美食的美誉度，关于重庆城市形象的创作，大部分集中在社会生活形象中。杭州同样的社会生活形象上得分较高，但是美食的比重却并不是那么高，相对来说，人的形象和生活方式，获得了更高的关注度。与此同时，重庆的政治经济形象比重也高于杭州，这体现出城市层级、区域定位之间的区别。

如果综合比较其他城市，每个城市形象的突出维度并不统一。例如商业区域"打卡"型创作，上海的短视频创作就集中到商业街区，充分

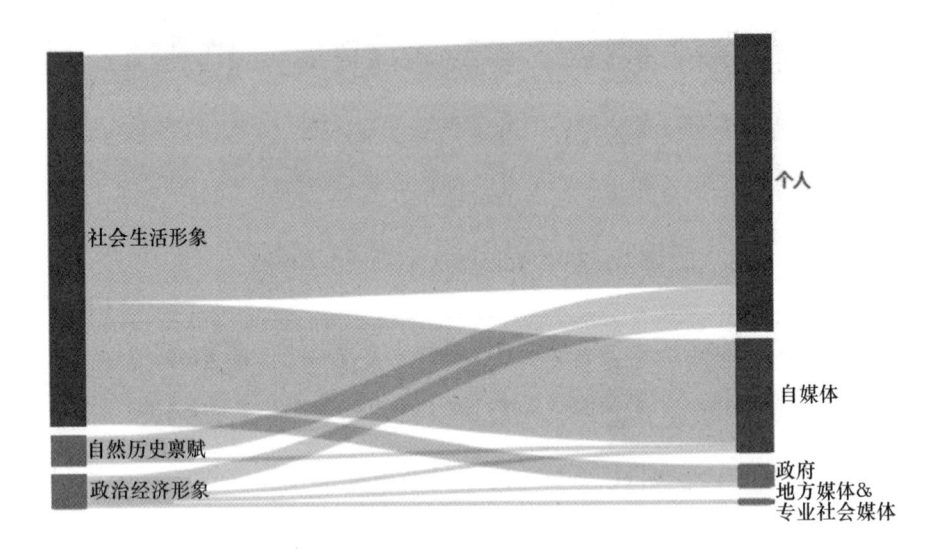

图 13　杭州 2018 年 Top100 视频创作内容和创作者类型

显示出这个城市活跃的商业形象。

未来在内容大数据的综合比对下，可以区分出不同城市形象内容的离散和聚合模式，并且比较每一个维度最为突出的城市，以及形象最为综合的城市。经过因子分析可以对不同特质予以赋值，从而达到对城市传播深度的综合呈现和比较。

四　城市形象传播效价分指数呈现

根据编码员对 2018 年关于重庆、杭州的传播内容的分析，属于正面情绪和中立情绪的内容为绝大多数，据此计算出经过阅读量加权的重庆传播效价分指数为 0.24。杭州的传播正面性更高，效价分指数为 0.48。

	正面情绪比例	负面情绪比例	效价	效价（阅读量加权）
创作传导情绪（编码效度）	56.5%	17.4%	0.39	0.24

图 14　重庆 2018 年传播效价描述

（基于每个城市阅读量最高的 100 个创作）

	正面情绪比例	负面情绪比例	效价	效价(阅读量加权)
创造传导情绪（编码效度）	63.9%	5.2%	0.59	0.48

图 15　杭州 2018 年传播效价描述

（基于每个城市阅读量最高的 100 个创作）

未来在大规模的城市创作效价机器判别和评论文本情绪分析的基础上，该指数将综合呈现城市形象的情感维度，从而有效修正既往依赖阅读、转发、点赞、评论绝对值的模型。

第四节　总结

著名的社会学家曼纽尔·卡斯特曾指出："作为一种历史趋势，信息时代的支配性功能与过程日益以网络组织起来。网络建构了我们社会的新社会形态，而网络化逻辑的扩散实质地改变了生产、经验、权力与文化过程中的操作和结果。"从文化生产的维度看，传统的文化生产的模式也因为传媒技术的演进，而发生了巨大的变化，各种社会阶层的人们可以通过自己喜爱的方式来呈现自己的日常生活。无论是抖音还是头条，抑或是其他的信息平台，都提供了多样化符号呈现形式，让生活在每一个社会角落的人们得以用自己的方式来展示才华，而这也成为本就融汇各种不同自然风貌、风俗习惯、文化方式的中国的文化记忆场。生老病死，爱恨情仇，风花雪月，大到家国天下，小到鸡毛蒜皮，都是真实的当代中国普通民众的生活脉络和现实境况。其中，抖音类短视频模式的出现，让普通人的日常能够以更广泛、更原生态的方式呈现出来，这对文化生产和传播而言，是一次有意义的探索和突破。

透过这些原生态的文化产品，我们可以看见一个城市、一个社区的文化模式。大数据的分析，让这种看见变得更科学、更易得且更可视化。卢卡奇在《审美特性》的"前言"中曾有言："如果把日常生活看作是一条长河，那么由这条长河中分流出了科学和艺术这样两种对现实更高的感受形式和再现形式。"也就是说，人在日常生活中的态度是第一性的，日常生活领域对于了解科学、艺术等更高的反映方式极为重要。换言之，透过抖音之类的短视频平台，是一种更为真实地掌握、理解普遍人日常生活方式、情感方式和价值与美的追求的渠道。

在目前的网络传播中，城市作为一个始终在场的元素，时而是地域性的，时而是历史文化性的，时而是政治经济性的，但它始终包容着多种的文化表达形式，与此同时，网络多元化的创作，也逐渐构筑起全新的城市形象要素。轻轨、摔碗酒、花田，这些元素被赋予了"网红"的传播效能，它们使得静态的历史风物与现代生活有了轻快活跃的交集。形式只是由于负载了情感含义才能成为"有意味的形式"，城市不单单是人类生存的物理空间，更重要的是它所呈现、建构和唤醒的集体记忆是以怎样的面貌呈现于我们眼前。在数字信息构筑的拟态环境中，各种主体、各种渠道和各种内容的信息共同完成了一个城市空间和时间的聚集和对话。而数字文本的开放性，使得这一聚集更加具有包容性和多元性，至此，古老的城市迎着时代的节拍迎来新的生长点，晚近的城市在多元建构的话语体系之中快速获得发力点……在数字普惠时代，城市形象获得了更加多元的传播渠道，其传播内容和传播语态也更加适合普通民众的参与，因此让社会的每一个个体都获得了相对平等的表达权。在此基础之上构建的城市形象，更加平衡而真实。

数字平台不仅是城市形象传播的良好的载体，数字底层技术所具有的数据化、结构化特色，使在此平台的内容具有很高的分析参考价值。数据科学家舍恩伯格在《大数据时代》一书中指出，人类产生的数据将以每三年翻一番的速度增长，而大数据正在改变我们生活以及理解世界的方式，成为新发明和新服务的源泉。目前单以字节跳动科技有限公司为例，在今日头条、抖音短视频、西瓜视频等平台上，公司持续累积了海量的城市形象实时互动内容数据，这些数据对于我们理解城市形象要素，明晰城市传播要点，关切城市治理要务，都有很高的参考价值。当然，数据价值和意义的呈现并不是一个自然生成的过程，其中需要根据研究目标，进行分析维度抽取、数据挖掘和统计分析。指数化是其中一种数据结构化的呈现模式，通过指数的赋值和综合比较，不仅可以将离散的数据予以综合呈现,并可通过数据的描述性统计和分析性统计,回答研究问题,提出研究对策。此类分析模式,将数据的一个个节点,融汇为统一的分析线索,综合呈现面上情况,对于把握趋势具有尤为可贵的参考价值。

课题组综合上述两个分析起点,在综合分析数字平台城市形象表达特性的基础上,以字节跳动公司为模板,提出城市形象指数结构,通过传播热度、广度、深度、效度四个维度,综合分析城市形象的传播力和影响力。根据抖音短视频部分数据的试测和拟合,表明大数据可以综合呈现这些维度的城市形象构建效果,并且具有一定的代表性、区分度和预测力。未来在更大范围数据挖掘的基础上,更加可以为指数的综合赋值提供科学的依据,最终为城市形象传播效果的决策参考,提供来自大数据分析的客观依据。

综上,数字平台提供了城市形象传播的多元化平台,已经给诸多城市带来了新的文化增长点。在数字技术和数字伦理的综合把握下,现有数字平台积累的大数据,已经可以为我国300多个地级市提供形象传播效果的动态呈现。根据字节跳动平台的相关内容数据,本课题抽取了城市形象指数结构,为进一步呈现和评估城市形象在字节跳动平台的表现状况,提供了分析起点。在城市自身的历史维度比较,和横向同类城市的比较中,大数据能够持续为城市的建设和传播思路,提供全新的逻辑起点和策略建议。

中国旅游产业影响力指数报告（2018）

中国旅游产业影响力指数报告课题组

研究概要

一 研究背景

（一）中国旅游的大众化时代

按照国际发展规律，一个国家或地区人均 GDP 超过 5000 美元，旅游就会进入大众化日常性普遍消费阶段。目前，我国人均 GDP 超过 9000 美元，正处于旅游消费需求爆发式增长时期。

过去 10 多年来，中国国内游一直处于快速增长状态。2005 年，国内旅游人数为 12.1 亿人次，2017 年增加到 50 亿人次，一直保持两位数的快速增长。而这种趋势还将在未来很长时间保持下去。

（二）众媒时代

我们所处的时代也被称为"众媒"的时代，其突出特点就是智能手机以及相应移动应用的普及带来的媒体多样性。手机媒体拥有移动性、便携性、私密性、分众性和交互性等特征，能够通过移动互联链接一切，为用户带来一种全新的生活方式。让用户从静态的、被动的信息接收方转为动态的、主动的信息互动方，并可以自助选择和发布信息，拥有一部手机，任何用户都有可能成为媒体，用户的自主地位大幅度提升。

其中，微信的广泛应用和自媒体的兴起使得传播形态和网络舆论格局发生了重大改变。在社交媒体上，人们通过不断地交互，参与到对话

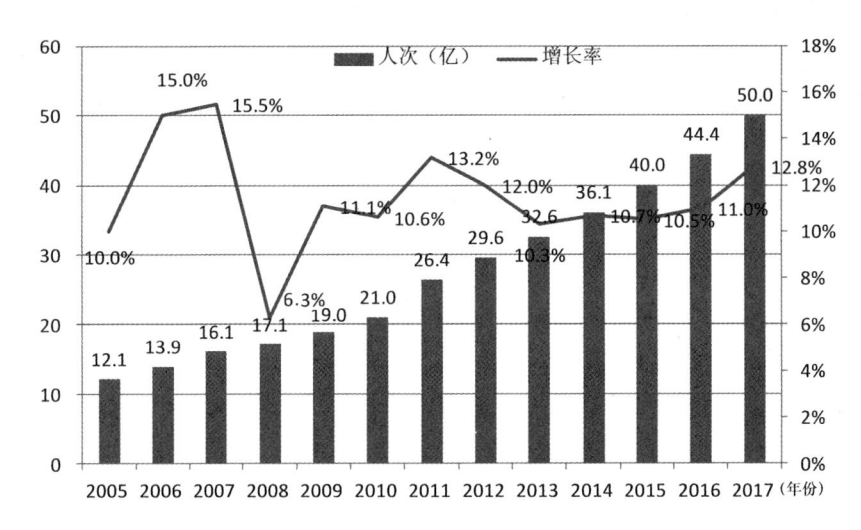

图 1　2005—2017 年国内旅游人次数增长及增长率

资料来源：原国家旅游局。

当中，就某个议题进行辩论或者达成共识，其影响的速度、深度和广度是其他任何媒体都无法比拟的，自媒体、网红经济、粉丝经济也随着社交媒体的发展而发展。与此同时，随着社交媒体的普及，互联网媒体对传统媒体信息源的依赖程度也大幅度下降，网络开始成为热点事件的发酵地甚至是原发地，而传统媒体则成了二次传播者。中国社会科学院舆情实验室的调查显示，自 2014 年后，依靠新媒体获取信息的比例超过 70%，开始全面超越传统媒体，而且每年呈上升趋势。其中，30 岁以下年轻群体，以朋友圈和微信群等社交媒体和自媒体获取信息的比例更高。

（三）旅游即传播

新媒体正在以人们始料未及的速度改变着旅游组织方式、市场经营模式以及游客的出游方式和消费方式。旅游在线服务、网络营销、网上预订、网上支付等智慧旅游服务成为众多旅游者出游的首选，游客也越来越多地感受到了更多智能化、个性化、信息化的旅游服务。

旅游舆情智库的调查显示，有超过 9 成的游客会利用手机移动客户端或互联网在"食宿行游购娱"等环节进行消费，旅游在线化已成为主流消费者的普遍行为。

在这个过程中，任何人利用手机，通过微信、微博或跟帖、评论，都可以发布自己的所见所闻、所思所感。旅游者、消费者也就成为旅游传播者。旅游成为人们与社会沟通、与好友沟通、与朋友圈沟通的重要的话题。

旅游过程就成为一个传播过程。包括出行前的机票酒店预订、出行、住宿餐饮、游玩舆论、购物甚至旅游厕所，都可能成为传播源或传播要素。这些信息也构成了各个旅游目的地或旅游企业的口碑传播。

（四）影响力构成旅游产业核心竞争力

在信息过剩的时代，注意力和影响力成为稀缺品。对于旅游企业来说，谁获得了消费者的关注和好感度，谁就有了制胜的法宝。

新媒体的发展让精准营销成为可能。企业利用新媒体技术进行大数据挖掘，便可分析出用户的年龄、性别、所在地区、消费水平、喜爱偏好等，这些数据便可以帮助企业进行产品定位、精准广告投放以及采取不同的营销组合策略。与此同时，新媒体将传统的单一线性销售模式改变为互动交流式的销售模式，同时将消费者也纳入企业盈利的价值链当中，实现了双方合作共赢的局面。同时利用消费者的反馈来进行私人订制、产品升级与产品营销，不仅节约成本，还做到了效果最优化。

对于传统企业来说，衡量企业核心竞争力的指标是经济效益，如利润和经营收入。对于旅游产业来说，其核心竞争力并非经济效益，而是影响力。一个旅游景区、旅游企业可以暂时没有利润，但不能没有影响力。反过来说，影响力是利润和收益的前提条件。没有影响力也就很难有好的经济效益。

总体来看，对于旅游影响力的重要性，以及提升旅游影响力意义的认识正在旅游行业形成广泛共识。但对于如何构建旅游影响力的评价体系，目前还处于探索的初级阶段。因此，通过定量与定性相结合的方式，持续对旅游影响力开展研究，对旅游行业的健康发展有着重要的现实意义。

二 中国旅游产业影响力分类

（一）旅游产业定义

旅游业并不是一个单一产业，而是一个产业群，由多种产业组成，具有多样性和分散性。传统意义上的旅游产业要素就是人们经常提到的"食住行游购娱",而广义的旅游产业则包括景区、旅行社、旅馆服务业、餐饮服务业、交通业、娱乐业和其他众多相关行业。随着我国旅游业的迅速发展,传统的旅游产业要素进一步扩展,各要素相互交织形成了一个紧密的旅游产业链。

游客在旅游目的地,不仅要进行旅游观光等消费,还涉及交通、饮食、娱乐、游乐、运动、购物等,进一步可能涉及医疗、保健、美容、养生、养老、会议、展览、祈福、培训、劳动等非旅游休闲的延伸性消费。旅游产业具有跨行业的综合复杂性以及多环节配合的服务消费特性,旅游产品之间的相互依赖非常强,需要服务链各个环节的提升与质量保障。

目前,我国旅游产业体系正逐渐从单一向多元化转变。横向上,旅游产品由单一的游览观光发展为不同主题的游览,如乡村旅游、休闲度假、自驾旅游、康养旅游等;纵向上,"旅游+"带来泛旅游产业的融合,如农业、大健康、体育、地产、文创等,形成众多旅游新业态。

(二) 旅游产业影响力指数分类

旅游产业影响力指数是衡量旅游目的地、旅游企业开拓市场并获得利润的能力,是衡量旅游产业链各个部分综合实力的重要指标。目前,越来越多的旅游企业把互联网等数字媒体作为其营销传播的主要渠道。对旅游影响力和传播力进行评价,是准确把握旅游营销传播效果的必由途径。研究旅游产业影响力指数对于提升中国旅游传播水平与旅游品质有着重要的意义。

旅游产业影响力指数根据分析维度的不同,可以划分为数十类。本报告依据研究对象的不同和旅游传播的差异,将旅游产业影响力分为四大类12小类。第一大类:旅游目的地影响力,包括旅游城市、旅游县区、自驾游目的地等3个小类;第二大类:游憩行业影响力,包括景区、度假区、主题公园3个小类;第三大类:旅游企业影响力,包括社会责任企业、装备制造企业、民宿3个小类;第四大类:旅游营销影响力,包括营销推广活动、微信公众号、旅游院校社会实践项目3个小类。

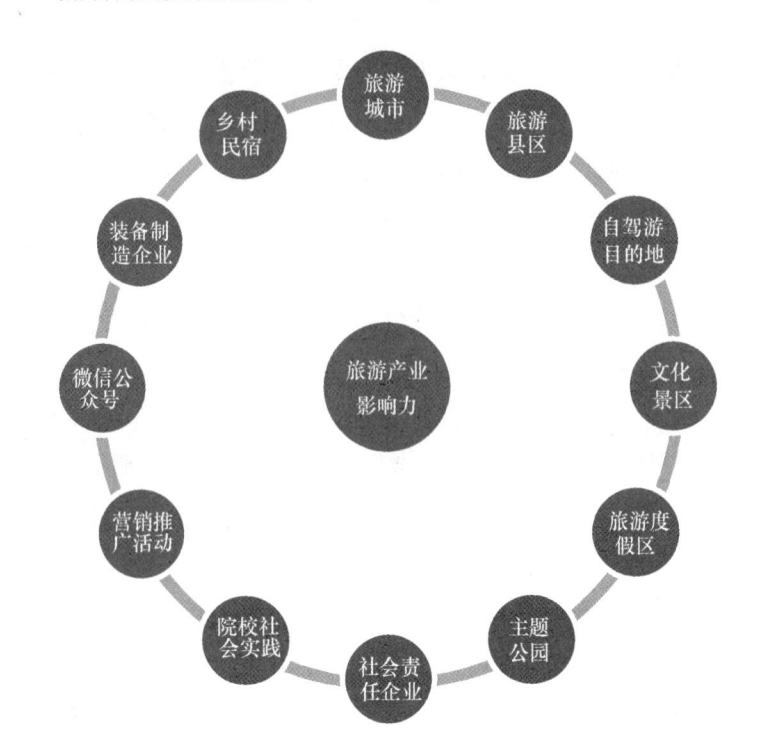

图 2 旅游产业影响力指数分类

三 旅游产业影响力评价指标体系

由于旅游产业具有多样性和分散性的特性，所以，对其影响力的评价，很难有统一的标准。总体来看，旅游产业影响力主要由两部分组成，即旅游产业竞争力和旅游产业传播力。

（一）旅游产业竞争力

旅游产业的竞争力是影响力的基础与核心。根据世界经济论坛（WEF）的标准，旅游竞争力指数（TTCI）有四个评估维度。分别为：

第一维度：外部环境，包括商业环境、安全保障、公共卫生状况、人力资源与劳动力市场、信息技术成熟度5个方面，进一步细化为40个实际测量指标。

第二维度：旅游政策和有利条件，包括旅游业的优先程度、国际开放度、价格竞争力和环境可持续性4个指标，进一步细化为23个实际测量指标。

第三维度：基础设施，包括航空运输基础设施、地面和港口基础设施、旅游服务基础设施3个指标，进一步细化为17个实际测量指标。

第四维度：自然和文化资源，包括自然资源、文化资源和商务旅游2个指标，进一步细化为10个实际测量指标。

以上旅游竞争力指数主要用于国家旅游竞争力评价。而本次报告的评价主体除了旅游目的地，还包括旅游产业链的旅游机构、旅游营销活动或旅游产品的综合发展水平的体现。其中，广义的旅游机构包括旅游管理部门、旅游景区、旅行社、住宿业、娱乐业、旅游服务企业等；旅游营销活动是指根据旅游目标市场需求、设计使顾客满意的产品，制定顾客认可的价格，通过广告、人员推销、严格控制产品质量等手段以树立良好形象和扩大市场占有率的一系列对外经营活动，如各种旅游创意策划、营销与传播活动；旅游产品由实物和服务构成。包括旅行商集合景点、交通、食宿、娱乐等设施设备、项目及相应服务出售给旅游者的旅游线路类产品，旅游景区、旅游饭店等单个企业提供给旅游者的活动项目类产品、旅游安全产品和旅游纪念品等。

基于以上研究，关于旅游产业竞争力一级指标，主要分为两个维度，一是旅游资源环境，二是旅游管理。

1. 资源力

关于的旅游资源包括旅游吸引物、旅游发展规模两个部分。其中，旅游吸引物既包括旅游目的地的旅游资源，也包括接待设施和优良的服务因素，以及舒适快捷的交通条件。

旅游目的地资源是旅游业发展的前提，主要包括自然风景旅游资源和人文景观旅游资源。自然风景旅游资源包括高山、峡谷、森林、火山、江河、湖泊、海滩、温泉、野生动植物、气候等，可归纳为地貌、水文、气候、生物四大类。人文景观旅游资源包括历史文化古迹、古建筑、民族风情、现代建设新成就、饮食、购物、文化艺术和体育娱乐等，可归纳为人文景物、文化传统、民情风俗、体育娱乐四大类。

关于旅游规模，从旅游目的地来看，主要由游客数量、旅游收入、旅游企业数量、旅游从业者人数等指标构成。其中，旅游收入是指旅游部门和交通部门向旅游者提供旅游设施、旅游物品和旅游服务等所获得的货币收入的总和，即旅游者在旅游过程中必须支出的费用，包括交通费、食宿费、游览费等。通常，基本旅游收入与旅游者的人次数、停留时间成正比例变化，由此可以大致估量一个地区旅游业的发达程度。从旅游企业来说，企业规模则由资产、年收入、利润、员工人数等指标构成。

2. 管理力

旅游管理可以分为政府部门管理、企业管理和项目管理三个部分。其中，政府旅游管理体制是指对整个旅游经济活动和运行进行协调与管理的组织形式、机构设置、职权划分和管理制度的总和。旅游管理体制是旅游管理的基础和核心，其渗透到旅游管理的各环节、各领域和各个方面，是旅游经济活动正常开展和旅游经济有效运行的重要保障，旅游管理水平的高低也是衡量旅游主体影响力的重要指标。一般说来，旅游业管理由 4 个子系统组成。即旅游管理决策系统、旅游管理监控系统、旅游管理信息系统和旅游管理组织系统。一方面，各子系统有自身相应的组织机构，充分发挥各自的管理职能，保证旅游决策的科学性、调控的有效性、监督的严格性、信息的及时准确性；另一方面，各子系统能互相沟通，围绕着统一的宏观旅游管理目标而运行，共同完成旅游管理的目标。旅游企业和项目的管理则包括体制、服务水平、危机应对、投诉处理等。

（二）旅游产业传播影响力

旅游产业传播影响力是指通过传播产生的影响受众态度乃至行为的能力，用于衡量各个旅游目的地和旅游机构利用各种媒体开展营销传播的能力与产生的效果。

1. 传播力

衡量传播能力的指标主要有传播广度、深度、互动性和创新力。广度是指利用各种传播手段进行覆盖的范围。旅游传播手段既包括传统媒体的传播，如报纸、杂志、电视、广播等，也包括各类网络媒体和微媒体，如网站、微博、微信、聚合客户端、机构自有APP。传统媒体的衡量标准主要为发行量、收视率，而新媒体则主要包括订阅数、粉丝数、点击率等指标。传播深度是指受众接触传播内容的时间,接触时间越长,说明受众从传媒接收的内容越多。互动性包括用户点赞、留言和发帖数量、转发数量等。

创新是指人为了一定的目的,遵循事物发展的规律,对事物的整体或其中的某些部分进行变革,从而使其得以更新与发展的活动。人类的所有进步都是人类自身创新的结果,而所有创新都是基于人性求新、求变的需求发生的。旅游的核心就是要追求差异化的兴奋点和体验奇观,因此,创新性、创意性是旅游产品的核心竞争力所在。旅游创新有三层含义,一是更新,就是对原有的东西进行替换;二是创造新的东西,就是创造出原来没有的东西;三是改变或改进,就是对原有的东西进行发展和改造。创新能力的高低,直接决定了旅游主体的影响力大小。

2. 营销力

营销力等同于旅游传播的效果。指传播活动,包括大众传播、新媒体传播或活动传播对受传者和社会所产生的影响和结果的总体。衡量指标包括:传播主体的知名度、美誉度、忠诚度、品牌占有率等。

而从旅游传播来看,其效果往往通过口碑或舆情的形式体现出来。由于存在产品信息的不对称性,尤其是无形服务所带来的决策风险,消费者在购买旅游产品或服务时倾向于接收口碑信息,甚至主动搜寻口碑传播。当口碑传播信息与口碑接收者自身感知的产品或服务质量基本吻合,口碑信息易影响口碑接收者的购买决策,最终促使其产生与口碑信息相一致的购买行为。即在口碑传播褒扬效应的作用下,消费者会接受传者推荐的产品或服务,而在口碑传播负面效应的作用下,消费者会放弃对传者抱怨产品或服务的选择。

旅游舆情是指来自于旅游消费者(游客及潜在游客)对旅游目的地、旅游企业和旅游过程的印象、评价、需求,以及其他与旅游相关的意见、态度等相关信息的综合,是旅游大数据的有机组成部分。它包括游客在旅游信息获取、旅游计划决策、旅游产品预订支付、享受旅游和回顾评价旅游的整个过程中所产生的各种信息,以及游客对旅游目的地、相关旅游行业的意见、态度、评价等。

我国游客市场规模极大,每年数十亿人次,其中,90%以上为散客,大多采用自助游的形式。在旅游准备、预订、出行、游玩、住宿及事后点评的各个环节，都会产生大量数据。此外，旅游产业涵盖领域广泛，除旅行社外，还包括餐饮、酒店、交通、零售、娱乐等行业。各种基于互联网的传播活动，也会产生大量舆情数据。

四　数据来源

旅游产业影响力评价数据来源主要分为四大类，分别是：行业统计数据、互联网大数据、用户调查数据和专家调查数据。

图3　旅游产业影响力评价数据类型

（一）行业统计数据

行业统计包括城市和县域统计数据、旅游行业统计数据等。具体包括人口、劳动力及土地资源、综合经济、工业、交通运输、邮电通信、贸易、外经、固定资产投资、教育、文化、卫生、人民生活、社会保障、市政公用事业和环境保护、游客人数、旅游企业、旅游机构等。

（二）互联网大数据

互联网大数据包括网络公开数据采集以及通过智慧旅游系统获取的大数据。首先是利用中国社会科学院舆情实验室的舆情采集系统，采集旅游相关数据。采集范围覆盖两万多家新闻和旅游专业网站、论坛博客、微博以及主要微信公众号等，采集有效数据上亿条。

其次是百度搜索和百度数说的相关数据。数据维度包括：客源城市、

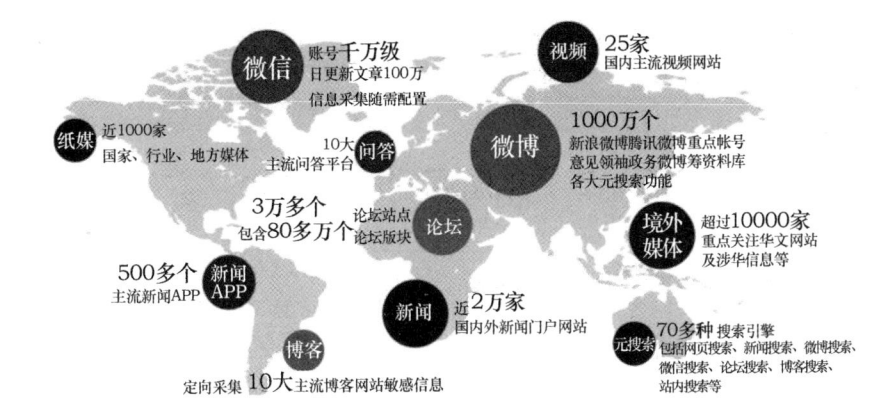

图 4　旅游数据采集系统

游客年龄占比、游客出行时长、景区关注度、住宿区域、特色商品、特色美食、文化符号等。

智慧旅游大数据则主要来自于通过智慧旅游系统及在线旅游服务机构以及交通部门、电信、金融部门获得的相关数据，如客流数据、游客信息、游客消费、旅游服务等数据。

（三）用户调查数据

"中国旅游影响力"用户调查数据主要包括两部分，一是全国调查，覆盖338个地级市。由中国社会科学院舆情调查实验室、问卷网（上海众言网络科技有限公司）、世研智库合作实施。对象为问卷网和社科院舆情实验室样本库的500万概率样本。

二是基于景区CEM游客体验管理系统采集数据。CEM是近年兴起的一种崭新的顾客管理方法和技术，英文全称是Customer Experience Management，即顾客体验管理。将CEM系统与景区管理相结合，可以帮助景区实时监控游客对景区的评价，并通过可视化的图表展示让景区管理者实时掌握运营情况，及时处理游客的疑问和不满，高效率地提升游客的游览体验，从而提升景区口碑，提升景区的影响力。目前，该系统已经与安徽齐云山、河南黄柏山、山东台儿庄古城、安徽西递景区、山西介休绵山等上百个景区开展合作定期进行数据采集。

（四）专家调查数据

基于旅游大数据联盟、新媒体与大数据联盟的专家资源，选取城市、旅游、产业、营销和媒体专家 200 人开展调查，对遴选出的最具影响力企业和项目进行点评分析。

第一节　旅游目的地影响力

一　旅游目的地影响力评价指标

（一）旅游目的地研究的意义

旅游目的地是旅游活动的中心，也是旅游接待的载体，是建立旅游者所需要的旅游吸引物和服务设施的所在地。旅游目的地把旅游的所有要素，包括需求、交通、供给和市场营销都集中于一个有效的框架内，是旅游活动中最重要和最有生命力的部分。

现代旅游业的发展改变了人们的旅游方式和旅游目的地的管理重点，所以旅游目的地的概念也在发生变化。人们对旅游目的地概念的认识与旅游需求的内容有关，旅游需求的变化导致对目的地内涵与外延认识的不断调整，目的地的管理重点和营销重点也随之发生变化。

旅游目的地形象是游客选择旅游地的重要判断依据。一个旅游地良好、清晰的形象使其容易在众多的旅游目的地中凸显出来，引起消费者的注意和偏爱，促使其了解并购买旅游地产品。而保持持久的良好形象，是旅游目的地确保稳定客源的基础。旅游地只有不断地开展营销活动，提升自己的良好形象，才能获得稳定的客源。

旅游目的地形象一般认为是旅游者、潜在旅游者对旅游地的总体认识、评价，是对目的地社会、政治、经济、生活、文化、旅游业发展等各方面的认识和观念的综合，是旅游地在旅游者、潜在旅游者头脑中的总体印象。旅游目的地形象研究的任务是要挖掘旅游地的核心资源，找准当地的资源特色，提炼出能充分展示地方自然特性和历史文化底蕴的形象理念；通过开发特色产品，突出特色，在旅游者心目中形成鲜明独特的印象。

旅游目的地形象可以分为三类，即初始形象、诱导形象和复合形象。初始形象（Original Image）指个体通过教育或非商业营销性质大众文化、公众传媒、文献等信息源形成的目的地印象，是内生的。诱导形象（Induced Image）指受目的地有意识的广告、促销、宣传推动影响产生的形象。复合形象（Compound Image）指旅游者到目的地实地旅行后，通过自己的经历，结合以往的知识所形成的一个更加综合的目的地形象。

（二）旅游目的地影响力评价指标

在国内外，旅游目的地影响力评价体系还基本处于空白状态。与之相关的有全球城市综合实力指数和潜力指数、全球城市实力指数、城市品牌指数、市民满意度指数等。

国际管理咨询公司科尔尼自2008年开始编制发布全球城市指数（GCI），全面评估全球主要城市的综合实力水平，基于贯穿五个维度（商业活动、人力资本、信息交流、文化体验、政治参与）的27个指标对城市的现状进行排名，是评价全球各大城市影响力、发展程度及核心竞争力的重要依据。与此同时，科尔尼还编制全球潜力城市指数（GCO），基于四个维度（居民幸福感、经济状况、创新、治理）的13个重点指标对城市未来的潜力进行排名。通过对这些指标如环保表现、基础设施配套、创新能力的评估，帮助投资者考量该城市的长期投资潜力和成功可能性。

在城市品牌指数研究方面，影响最大的是安霍尔特（Simon Anholt）构建的六维度"城市品牌指数"。包括：（1）存在度，被访者对该城市的熟悉程度、是否到过该城市；（2）地点：是否适合旅游、市容、地理环境；（3）潜力：适合就业、适合经商、适合接受优质教育；（4）活力：令人兴奋的、容易找到感兴趣的事情；（5）居民：对外来者热情友好、文化团体、安全感；（6）先决条件：宜居程度、居住条件、公共设施（如学校、大众交通、运动设施等）。通过每年对全球知名城市进行追踪调查定期发布城市品牌榜单。

关于城市竞争力，最具代表性的研究成果是由中国社会科学院倪鹏飞教授主持的中国城市竞争力研究。城市竞争力主要指城市在竞争、合作和发展过程中与其他城市相比较所具有的吸引要素，利用环境，发展产业，生产产品，提供服务，占领市场，更多、更高效、更快地创造财富，为其居民提供福利的能力。目前，该报告使用宜居、宜商、和谐、生态、知识、城乡一体化、信息和文化等8个方面一级指标来构建城市可持续竞争力指数。

本报告采用的旅游目的地影响力评价体系，共由四个一级指标，即资源力、管理力、传播力、营销力和 20 个二级指标构成。旅游资源和旅游管理是衡量旅游目的地的竞争力的指标；传播力和口碑力则是评价旅游目的地传播力的指标。

表1　　　　　　　　旅游目的地影响力指标构成

一级指标	权重	二级指标
资源力	25%	旅游资源
		城市环境
		旅游交通
		旅游设施
		文化资源
		游客数量
管理力	20%	旅游政策
		管理体制
		旅游收入
		服务水平
		智慧旅游
		创新能力
传播力	25%	传播渠道
		传播量
		互动性
		危机应对
营销力	30%	知名度
		美誉度
		忠诚度
		品牌占有率

二　最具影响力旅游城市 Top10

（一）城市影响力研究的意义

城市影响力是一个城市综合实力的体现，体现为吸引外来资本、人才和游客的能力。在中国经济面临结构性转型，城市的可持续发展面临严峻挑战的今天，影响力正在成为城市核心竞争力的重要组成部分。

与此同时，由于互联网和新媒体的普及从根本上改变了信息流通和传播的方式，使得各级政府对信息传播的控制力受到很大限制，采用传统的传播方式已难以有效提升城市自身的形象与影响力，而各种负面舆情则很容易通过网络传播扩大并形成一边倒的形势，造成城市舆论危机，给城市形象传播、矫正等工作造成极大困扰。

城市影响力与一个城市的各种相关要素密切相关，外在的如自然地理环境、建筑景观、公关设施的完善程度；内在的如经济发展水平、社会治安、政治清廉、历史文化传统、市民的文明程度等要素作用于公众，并使公众形成对某城市认知的印象总和。城市影响力既是一种客观的社会存在，又是一种主观的社会评价。构建城市影响力传播指标体系，具有这样几方面意义：

（1）从多层次、多角度就影响城市形象的关键要素进行梳理和剖析，构建城市影响力综合评价体系，有助于各地城市横向比较发现本城市在软实力建设中的差距，从纵向比较中了解各项传播工作的成果，并以此为基础，为构建城市影响力传播体系提供数据参考；

（2）为民众提供出行参考，同时为旅游投资提供科学依据；

（3）对人际传播、群体传播与大众传播在城市公关传播和形象打造中发挥的作用进行客观评价，总结分析利用新媒体开展城市形象传播的方法和规律，进而提升城市传播力和影响力；

（4）以城市影响力指数为指导，通过进行全媒体的舆情实时监测，建立科学的、制度化的预警机制，为城市旅游舆情管理和危机管理服务。

（二）最具影响力旅游城市 Top10

在338个地级以上城市和行政区中，首先遴选出符合以下条件的城市：（1）旅游资源富集，旅游产品富有特色；（2）对旅游业发展有明确且重要定位（如支柱产业、龙头产业、优先发展的重点产业等），高度重视并积极发展全域旅游；（3）旅游产业规模（即旅游总收入、旅游外汇收入等）与同级城市相比居领先水平；（4）旅游配套设施齐全，旅游推广和营销成效显著，具有良好知名度和品牌形象；（5）注重环境保护和生态文明建设，两年内未受到有关环保或生态保护方面的处罚；（6）两年内未发生过重大旅游事故。在此基础上，根据旅游目的地影响力评价指标，综合各方数据评选出最具影响力旅游城市Top10。

前三位城市分别为北京、杭州和成都。北京在旅游资源和旅游传播两项上占据明显优势，杭州则在旅游管理和旅游传播上居领先地位，成都在四个领域的能力都比较平均。

除此之外，苏州和西安两座古城在旅游资源上有着绝对优势，而广州和厦门的特色则是营销。

表2　　　　　　　　最具影响力旅游城市Top10得分

城市	资源力	管理力	传播力	营销力	综合得分
北京市	24.6	17.6	22.4	29.2	93.8
杭州市	21.1	19.1	22.9	28.1	91.2
成都市	22.8	18.3	21.5	26.9	89.5
广州市	20.7	17.5	20.3	24.9	83.4
苏州市	23.5	16.2	20.7	22.4	82.8
西安市	23.8	16.9	18.6	21.8	81.1
厦门市	21.6	17.3	18.5	23.2	80.6
三亚市	21.8	15.9	17.4	24.1	79.2
哈尔滨市	19.2	16.9	18.6	22.6	77.3
长沙市	18.9	16.4	16.5	22.7	74.5

三　最具影响力旅游县区Top10

（一）县域行政区概况

按照中国现行的行政区划，县级行政区包括地级市的市辖区、县级市、县、自治县、旗、自治旗、特区、林区等八种。截至2018年9月26日，全国共有县级行政区划单位2851个（不包括港澳台）其中，970个市辖区、375个县级市、1335个县、117个自治县、49个旗、3个自治旗、1个特区、1个林区。

地级市的市辖区适用于城市化程度高，第二产业和第三产业发达的地区，地理上位于中心城市范围内。县级市适用于第二产业和第三产业发展较快的地区，但地理上距离中心城市较远，暂时无法连成一片。目前，我国实行市带县的管理体制，县级市一般由地级市直管或代管。县适用于开发历史悠久，农业和农村人口比重大的地区。自治县适用于民族自治地方，少数民族人口聚居较多。旗、自治旗适用于内蒙古地区内，相当于县级行政区划，其中自治旗是指内蒙古境内的达斡尔族、鄂伦春族、鄂温克族的聚集地，也相当于县级行政区划。

(二) 最具影响力旅游县区Top10

在2851个县域行政区中，首先遴选出符合以下条件的地区：(1) 旅游资源富集，旅游产品富有特色；(2) 对旅游业发展有明确且重要定位 (如支柱产业、龙头产业、优先发展的重点产业等)，高度重视并积极发展全域旅游；(3) 旅游产业规模 (即旅游总收入、旅游外汇收入等) 与同级目的地相比居领先水平；(4) 旅游配套设施齐全，旅游推广和营销成效显著，具有良好知名度和品牌形象；(5) 注重环境保护和生态文明建设，两年内未受到有关环保或生态保护方面的处罚；(6) 两年内未发生过重大旅游事故。在此基础上，根据旅游目的地影响力评价指标，综合各方数据评选出最具影响力旅游县区Top10。

其中，重庆市渝中区、江西省婺源县、河北省正定县居前三位。总体来看，县域地区的旅游资源力得分占比都不算高。获得较高评价的地区往往在旅游传播和营销上有其突出特色。

表3　　　　最具影响力旅游县区Top10得分

县域	资源力	管理力	传播力	营销力	综合得分
重庆市渝中区	22.7	18.6	23.8	26.8	91.9
江西省婺源县	21.8	16.5	21.8	26.5	86.6
河北省正定县	18.9	17.7	22.3	24.6	83.5
贵州省凯里市	19.4	18.9	21.2	22.7	82.2
浙江省宁波市奉化区	22.2	17.4	18.7	23.5	81.8
四川省都江堰市	21.9	18.1	20.8	20.1	80.9
黑龙江省哈尔滨市松北区	18.6	16.7	20.5	21.4	77.2
山东省青州市	17.7	17.8	18.5	20.3	74.3
湖南省衡阳市南岳区	18.3	18.2	19.1	16.8	72.4
宁夏回族自治区盐池县	16.6	16.9	19.7	16.9	70.1

四 最具影响力自驾游目的地 Top10

（一）自驾游发展概况

自驾游是伴随旅游大众化和私家车迅速普及而出现的一种旅游方式，与传统的集体参团旅游相比，自驾游具有自由化与个性化、灵活性与舒适性及选择性与季节性等内在特点。自驾游的兴起，符合年青一代的心理，他们不愿意受拘束，追求人格的独立和心性的自由，而自驾游恰恰填补了这种需求。

中国社会科学院中国舆情调查实验室与世研智库、问卷网于2018年10月实施的有关自驾游调查显示，90%以上的车主有过自驾游体验，从年龄结构上看，自驾游游客中中青年占到了总量的81.2%；从经济特征上看，该群体普遍具有较高的消费能力和可支配收入，是城镇居民中的中高收入者；从文化程度上看，绝大部分具有较高的受教育程度，拥有较强的旅游意识和旅游素养。

此外，从不同地区看，北京、上海、成都等经济发达、交通便捷、旅游资源丰富的地区，自驾游最为发达，而内陆偏远地区或经济欠发达地区，自驾游比例则相对偏低。

（二）最具影响力自驾游目的地 Top10

入选最具影响力自驾游目的地 Top10，首先需要符合以下条件：(1) 具备自驾游接待能力、相关基础设施完善的旅游目的地；(2) 高度重视发展自驾游，具备自驾游专项规划；(3) 将发展自驾游纳入地方经济和社会发展规划、旅游产业发展规划，在城乡规划、交通规划、土地利用规划等相关规划中充分考虑自驾游发展需要；(4) 有统筹协调自驾游发展的专门机制或机构；(5) 具有良好的知名度和品牌形象，市场热度高；(6) 两年内未发生过重大自驾游事故。

在此基础上，根据旅游目的地影响力评价指标，综合各方数据评选出最具影响力自驾游目的地 Top10。

表4　　　　　　　　最具影响力自驾游目的地 Top10 得分

自驾游目的地	资源力	管理力	传播力	营销力	综合得分
青海省	23.1	17.3	21.5	27.4	89.3
海南省	22.6	16.9	22.8	25.1	87.4
黄山市	24.5	16.4	22.3	23.3	86.5
重庆市璧山区	19.8	17.1	19.7	24.2	80.8
烟台市	20.7	17.9	18.3	22.6	79.5
长白山	19.7	17.8	19.5	21.3	78.3
鄂尔多斯市	20.8	16.4	18.7	20.4	76.3
普洱市	18.6	15.7	16.9	20.7	71.9
贵州省雷山县	20.3	15.1	14.1	20.7	70.2
湖南省平江县	17.6	15.2	14.5	19.8	67.1

第二节　游憩行业影响力

一　游憩行业影响力评价指标

（一）游憩行业定义

游憩按其功能可分为生态类游憩、文化类游憩、康体类游憩和游乐类游憩，及前四类中的任意组合；按其空间可分为游憩城市、游憩乡村、游憩景区、游憩度假区四类。

一方面，"游憩"中的"游"可基本等同于"旅游"，"憩"可基本等同于"休闲"。当然，"旅游"与"休闲"之间的关系不在我们这一定义的考虑范围内。另一方面，"景观"对于所在地居民而言，属"休闲"的对象；"景观"对于所在地之外的旅游者而言，属"旅游"的对象。因而，"游憩"从其外延来讲，可将"旅游""休闲""景观"等一系列概念纳入其范畴内。

具体来说游憩行业包括了景区、公园、娱乐区、游乐区、主题公园、体育园区、康疗区、城市游憩商业区等众多类型。

其中，城市游憩商业区是游憩商业区在城市游憩业发展中的具体体现，同时也是城市游憩业发展的重要形式之一。城市商业游憩区的形成是以城市原有的商业区为基础的,一般认为是商业区内涵丰富、空间拓展、功能提升、结构稳定的高级发展阶段。

商业跟旅游业有着非常密切的联系。现代旅游是以"游"为中心,吃、住、行、游、购、娱各个要素相互协调补充的商业消费过程。旅游的发展和繁荣能为商业带来人流,而商业的进一步发展又带动当地人文景观的开发和发展,为旅游业的发展提供新的旅游资源。

(二)游憩行业影响力评价指标

游憩行业影响力评价指标体系由资源能力、管理能力、传播能力和传播效果4个一级指标和18个二级指标构成。其中,资源能力包括交通区位、景区类型、旅游资源、旅游设施、游客数量等指标。

表5 　　　　　　　　游憩行业影响力指标构成

一级指标	权重	二级指标
旅游资源	25%	交通区位
		景区类型
		旅游资源
		旅游设施
		游客数量
旅游管理	20%	管理体制
		服务水平
		财务指标
		创新能力
		信息化水平
传播力	25%	传播渠道
		传播量
		互动性
		危机应对
营销力	30%	知名度
		美誉度
		忠诚度
		品牌占有率

二 最具影响力文化旅游景区 Top10

（一）文化旅游景区发展概况

旅游景区是以旅游及其相关活动为主要功能或主要功能之一的空间或地域。具有参观游览、休闲度假、康乐健身等功能，具备相应旅游服务设施并提供相应旅游服务的独立管理区。包括风景区、文博物馆、寺庙观堂、旅游度假区、自然保护区、主题公园、森林公园、地质公园、游乐园、动物园、植物园以及工业、农业、经贸、科教、军事、体育、文化艺术等各类旅游景区。

旅游景区大体上可以分为三个类型：第一类是自然景观的旅游景区；第二类是人文景观的旅游景区；第三类是人造景观的旅游景区。以自然景观资源为依托的旅游景区，包括风景名胜区、自然保护区、森林公园和部分旅游度假区。

旅游与文化密不可分，文化是旅游的灵魂，旅游是文化的重要载体。文化旅游的过程就是旅游者对旅游资源文化内涵进行体验的过程，它给人一种超然的文化感受，这种文化感受以饱含文化内涵的旅游景点为载体，体现了审美情趣激发功能、教育启示功能和民族、宗教情感寄托功能。

景区是人们体验传统文化，感受中华文明，收获文化自信的重要舞台，是我国弘扬中华优秀传统文化、发扬社会主义先进文化、培育和践行社会主义核心价值观的有效载体。文化和旅游部部长雒树刚多次提出，要大力推进文化和旅游产业融合发展。一定要注重发挥景区独特的资源利用、展示模式、传播方式等优势，主动承担起推动中华优秀传统文化创造性转化、创造性发展的重要任务。景区在发展过程中，要始终坚持讲品位、讲格调、讲责任，打造一批文化旅游精品唱响主旋律，传播和放大正能量，引导树立积极向上的文化审美。要注重强化文化引领，以文化引领景区发展方向，通过深入挖掘历史文化、地域特色文化、民族民俗文化、传统农耕文化等，不断提升景区旅游产品供给质量、增进旅游消费的文明程度，有效增加景区发展的文化"含金量"。

发展文化旅游产业是市场经济条件下，发展经济，繁荣文化，满足人民群众物质和精神文化需求的重要途径。随着我国经济社会发展和人民收入水平的提高，文化旅游业已进入快速发展时期。

中国文化旅游景区可分为三大类，即以文物、史记、遗址、古建筑等为代表的历史文化景区；以现代文化、艺术、高科技、游乐园等为代表的现代文化景区；以传统文化、地方特色、生活习俗为代表的民俗文化景区。

（二）最具影响力文化旅游景区 Top10

入选最具影响力文化旅游景区 Top10，首先要满足以下前提条件：（1）国家 4A 级及以上景区；（2）景区文化主题及文化旅游产品富有特色，旅游服务设施配套齐全；（3）具有良好的知名度和品牌形象，市场热度高；（4）高度重视旅游厕所建设，近两年"厕所革命"取得显著成效；（5）两年内未发生过重大旅游事故。

表6　　　　　　　最具影响力文化旅游景区 Top10 得分

城市	资源力	管理力	传播力	营销力	综合得分
故宫博物院	24.6	18.8	24.1	28.2	95.7
布达拉宫	23.6	17.9	23.4	26.9	91.8
敦煌莫高窟	22.7	18.5	22.7	23.3	87.2
武夷山	22.8	16.7	18.9	26.5	84.9
庐山	22.1	17.2	19.6	22.2	81.1
皇城相府	20.6	16.4	19.3	22.5	78.8
炎帝故里	19.9	15.7	20.5	21.4	77.5
中国桃花源	19.7	16.8	18.3	19.1	73.9
神仙居	18.1	15.9	18.6	20.6	73.2
红旗渠	16.8	16.1	17.1	19.3	69.3

三　最具影响力旅游度假区 Top10

（一）中国旅游度假区发展概况

旅游度假区是一种综合性旅游目的地，以满足游客休闲需求为主要目标，以完备的设施与服务为主要特征，资源环境与区位也是其关键要素。从世界范围看，旅游度假区的普及已有半个多世纪的历史，现已成为旅游发达国家旅游业经营的半壁江山。据统计，法国的度假旅游者已占全国人口的58%，英国这一比例高达70%，而美国的度假旅游者占出国旅游者的60%左右。同时，度假旅游的浪潮也正在席卷广大第三世界国家，其大众化趋势越来越明显。

我国的国家级旅游度假区是指符合国际度假旅游要求、接待海内外旅游者为主的综合性旅游区，有明确的地域界限，适于集中设配套旅游设施，所在地区旅游度假资源丰富，客源基础较好，交通便捷，对外开放工作已有较好基础。与国家级风景名胜区等自然保护区域不同的是，国家级旅游度假区属于国家级开发区。创建国家级旅游度假区是促进和引领旅游行业由观光型向休闲度假型转变的一项重要工作，对我国旅游产品体系的建设和完善具有重要意义，对我国旅游业今后长期发展有深远的影响。

（二）最具影响力旅游度假区Top10

入选最具影响力旅游度假区Top10，首先要满足以下前提条件：（1）国家级或省级旅游度假区；（2）旅游发展数据（旅游接待人次、度假区收入、过夜游客占比等）居全国领先水平；（3）度假区旅游产品富有特色，旅游服务设施配套齐全；（4）具有良好的知名度和品牌形象，市场热度高；（5）高度重视旅游厕所建设，近两年"厕所革命"取得显著成效；（6）两年内未发生过重大旅游事故。

表7　　　　　　　最具影响力旅游度假区Top10得分

旅游度假区	资源力	管理力	传播力	营销力	综合得分
海棠湾国家海岸	23.1	18.3	21.5	25.9	88.8
大连金石滩国家旅游度假区	20.6	17.1	22.4	25.3	85.4
扬州瘦西湖旅游度假区	23.4	18.8	20.9	21.6	84.7
林芝市鲁朗小镇旅游度假区	17.5	18.5	22.3	22.9	81.2
万科松花湖度假区	17.7	18.9	20.7	20.8	78.1
万佛湖旅游度假区	19.5	16.3	20.8	19.6	76.2
鼓岭旅游度假区	18.2	17.7	19.6	20.1	75.6
明月山温汤旅游度假区	17.7	15.1	20.3	19.3	72.4
黑山旅游度假区	16.8	16.4	19.5	18.2	70.9
唐山国际旅游岛	15.3	15.9	17.1	18.6	66.9

四 最具影响力主题公园Top10

(一) 主题公园概况

根据旅游体验类型,主题公园可分为游乐类、景观类、动物园类、民俗风情类及情境模拟类五大类型。从主题公园发展现状来看,游乐类、情景模拟类主题公园广泛使用大型游乐设施,部分动物园类、景观类或民俗风情类主题公园也引入了结合主题的大型游乐设备等项目。

表8　　主题公园类型

主题公园类型	特点描述	代表公园
游乐类	提供各种刺激的室外机械游乐设施	深圳欢乐谷、北京石景山游乐园、长隆欢乐世界
景观类	浓缩了一些著名景观或特色景观,让游客在短暂的时间欣赏最具特色的景观	深圳世界之窗
动物园类	各式各样的水族馆和野生动物公园	香港海洋公园、广州长隆野生动物园
民俗风情类	向游客展现不同的民族风俗和民族色彩	北京中华民族园、杭州宋城、曲江文旅
情景模拟类	由应用现代科技技术成果的骑乘类游乐设施、特种电影、特效表演等构成,追求文化、科技与游乐的完美结合	迪士尼乐园、环球影城、方特欢乐世界

十多年以来,我国主题乐园领域得到长足发展,培育和形成了如华侨城欢乐谷、华强方特、长隆旅游、宋城、万达等一批本土高端主题公园品牌。目前,华侨城和方特这两个主题乐园品牌的年入园人数均已位居世界前五名。

(二) 最具影响力主题公园Top10

入选最具影响力主题公园Top10,首先要满足以下前提条件:(1) 知名度较高的主题公园;(2) 主题突出,富有创意,旅游服务设施配套齐全,具有良好的品牌形象;(3) 深受市场欢迎,区域联动发展作用显著,取得良好的经济和社会效益;(4) 高度重视旅游厕所建设,近两年"厕所革命"取得显著成效；（5）两年内未发生过重大旅游事故。

表9　　　　　　　　最具影响力主题公园Top10得分

主题公园	资源力	管理力	传播力	营销力	综合得分
上海迪士尼乐园	24.1	19.7	24.9	28.8	97.5
长隆欢乐世界	22.7	18.1	24.2	26.4	91.4
郑州方特欢乐世界	22.6	17.6	23.7	27.2	91.1
三亚·亚特兰蒂斯	24.3	18.9	21.5	25.1	89.8
杭州Hello Kitty主题乐园	22.9	16.3	20.8	26.4	86.4
中华恐龙园	20.6	17.2	19.5	24.9	82.2
乐岛海洋王国	19.7	15.6	18.7	25.2	79.2
泉城欧乐堡梦幻世界	19.1	16.4	19.2	23.1	77.8
东台董永七仙女文化园	18.5	16.7	19.6	22.7	77.5
天津泰达航母主题公园	18.8	15.9	16.1	19.8	70.6

第三节　旅游企业影响力

一　旅游企业影响力评价方法

（一）旅游企业的类型

旅游企业是从事旅游经济活动的独立单位。根据国家统计局《国家旅游及相关产业统计分类（2018）》的规定，共有9个大类、27个中类和65个小类列入旅游及相关产业统计分类之中。本分类分为直接旅游业和旅游相关产业两大部分。直接旅游业是指直接为游客提供出行、住宿、餐饮、游览、购物、娱乐等服务活动的集合，包括旅行社、饭店、餐馆、旅游商店、交通公司、旅游景点、娱乐场所等。旅游相关产业是指为游客出行提供旅游辅助服务和政府旅游管理服务等活动的集合。

近年来，旅游企业的一个突出变化是跨界融合，如旅行社企业向酒店业、景区延伸，景区企业向旅游综合体延伸，线上企业向线下延伸。综合旅游企业或集团正在成为大型旅游企业的主体。传统上不属于旅游行业的企业如飞机制造、轮船和汽车企业，也正在形成新的旅游装备制造业。

(二）旅游企业影响力的评价指标

旅游企业影响力的评价也是由竞争力和传播力两个板块构成。传播力的评价和旅游目的地等基本相同，而对竞争力的评价则有所不同。

旅游企业的竞争力是指在竞争性市场条件下，企业通过培育自身资源和能力，获取外部可寻资源，并综合加以利用，在为顾客创造价值的基础上，实现自身价值的综合性能力。

企业的竞争力分为两个层面：第一层面是资源能力层面，包括各经营管理要素组成的结构平台、企业内外部环境、资源关系、企业规模、财务指标、产品生产及质量控制能力、企业的服务、成本控制、营销、研发能力。

第二层面是管理能力，即核心层面，包括以企业理念、企业价值观为核心的企业文化、管理体制、稳健的财务、企业创新能力、信息化水平等。第一层面是基本竞争力，第二层面是核心竞争力。

综合以上分析，旅游企业影响力评价体系共由四个一级指标即资源力、管理力、传播力、营销力和18个二级指标构成。资源环境和政策管理是衡量旅游目的地竞争力的指标；传播能力和营销力则是评价旅游目的地传播力的指标。

表10　　　　　　　　　　旅游企业影响力指标构成

一级指标	权重	二级指标
资源力	25%	经营环境
		企业规模
		产品研发能力
		人力资源
		服务能力
管理力	30%	企业文化
		管理体制
		财务指标
		创新能力
		企业社会责任

续表

一级指标	权重	二级指标
传播力	20%	传播渠道
		传播量
		互动性
		危机应对
营销力	25%	知名度
		美誉度
		忠诚度
		品牌占有率

二 最具影响力旅游社会责任企业Top10

入选最具影响力旅游社会责任企业Top10，需要满足以下条件：（1）在资本市场上市或在业内具有重要影响力的涉旅企业；（2）能够履行旅游扶贫、环境保护等企业社会责任，积极参与社会公益项目；（3）具有较强的成长性和可持续发展能力；（4）在行业内业绩显著，创新性强，具有较高社会声誉，对全国旅游产业发展做出了创新性、引领性贡献。

表11　最具影响力旅游社会责任企业Top10得分

企业	资源力	管理力	传播力	营销力	综合得分
华侨城集团	22.3	26.9	18.3	23.2	90.7
浙江省旅游集团	21.5	24.3	17.4	22.7	85.9
陕西旅游集团	19.8	23.3	17.8	21.3	82.2
开元旅业集团有限公司	19.9	25.1	16.2	18.7	79.9
苏州同程文化旅游发展有限公司	20.6	20.3	17.1	20.1	78.1
北京字节跳动科技有限公司	18.5	21.9	17.3	18.9	76.6
祥源控股集团	17.9	20.7	16.7	19.4	74.7
四川旅发环保科技有限公司	19.4	18.4	16.3	17.6	71.7
湖南天岳幕阜山旅游开发股份有限公司	18.3	21.1	14.7	15.5	69.6
河北百悦文化旅游投资集团有限公司	17.8	20.3	14.2	13.5	65.8

三 最具影响力旅游装备制造企业 Top10

（一）旅游装备产业概况

随着旅游产业优化与升级，创新业态的旅游产品也应运而生，自驾游、亲水游、低空旅游、户外探险、冰雪旅游都成为热点领域。这也催生了对游艇、低空飞行器、索道缆车、游乐设施等高端旅游装备的需求。旅游装备产业正在成为下一个爆发式增长的新引擎。

旅游装备制造业企业可以分为三类：一是高端旅游交通装备；二是旅游基础设施装备；三是户外旅游运动装备。伴随着工业体系与相关产业链的完备，中国正在从制造业的低端向高端延伸，作为制造业的核心组成部分，装备制造业在中国也正走向成熟。这无疑为旅游装备制造业的发展提供了坚实的产业基础条件。

旅游装备制造业因其成长性高、附加值高、产业链条长、带动作用大、市场前景广阔而受到广泛重视。过去10年，国家相关部门先后出台了多项政策法规，提出要大力发展旅游装备制造业，强调以市场需求为导向，以重点装备为核心，立足自主发展并结合引进消化，进一步强化创新驱动，完善配套体系，健全标准规范和检验检测体系，不断提高装备的质量、品牌和服务，培育专业化、规模化的骨干企业，形成具有较强国际竞争力的产业体系，有力支撑我国旅游业改革和发展。

（二）最具影响力旅游装备制造企业 Top10

入选最具影响力旅游装备制造企业 Top10，需要满足以下条件：（1）具有良好的经济和社会效益；（2）产品批量生产且在市场上有明确的销售渠道和销售场所；（3）产品品质高，在质监、工商等部门无不良记录，在社会有一定认可度。

表12　　　　最具影响力旅游装备制造企业 Top10 得分

企业	资源力	管理力	传播力	营销力	综合得分
陕西博翔航空科技有限公司	20.3	23.9	16.5	21.7	82.4
江西昌河飞机工业（集团）有限责任公司	19.1	23.2	16.4	22.4	81.1

续表

企业	资源力	管理力	传播力	营销力	综合得分
湖南地球仓科技有限公司	17.2	22.7	18.9	21.9	80.7
上海聚佳堡游乐设备有限公司	20.3	21.6	16.7	20.8	79.4
新疆华通泰克游乐设备有限公司	18.7	21.7	15.8	21.1	77.3
亚光科技集团股份有限公司	17.3	20.9	14.4	21.5	74.1
湖北程力专用汽车股份有限公司	16.5	19.7	16.2	20.3	72.7
烟台海威游艇制造有限公司	18.1	20.5	14.1	17.6	70.3
天石（天津）户外用品有限公司	17.2	16.5	16.1	18.4	68.2
北京大地溪客露营建筑科技有限公司	17.9	18.4	15.2	16.1	67.6

四 最具影响力乡村民宿 Top10

（一）中国民宿产业发展概况

随着城镇化推进，汽车普及、休闲时间增加、消费升级以及政策资本推动，乡村旅游已经从简单的农家乐发展成为一种追求乡村生活方式的潮流。加之契合了城市人群逃离都市、回归自然、休闲养生等方面的需求，"乡村旅游"热潮将持续很长时间，并成为中国旅游业的重要发展基础。而民宿则成为乡村旅游发展的新产物和重要载体。

民宿是指利用自用住宅空闲房间，结合当地人文、自然景观、生态、环境资源及农林渔牧生产活动，为外出郊游或远行的旅客提供个性化住宿场所。除了一般常见的饭店以及旅社之外，其他可以提供旅客住宿的地方，例如民宅、休闲中心、农庄、农舍、牧场等，都可以归纳成民宿类。

近年来，民宿的平台化成为新的趋势。中国民宿市场已经形成了以外资巨头 Airbnb、途家为代表的分享住宿平台和以美团榛果为代表的后起之秀之间相互竞争的局面。精品民宿酒店市场中，则涌现了裸心集团、花间堂、西坡、花筑等品牌。

2018年11月15日，由国家信息中心分享经济研究中心牵头组织的共享住宿领域行业自律标准《共享住宿服务规范》（以下简称《规范》）在京发布。《规范》对共享住宿活动做了具体界定，并对平台、经营者

（房东）及消费者（房客）三方主体的行为提出了具体的要求和规范，内容涵盖房源审核、安全保障、用户隐私保护、交易与争议解决等诸多方面，并探索建立行业"黑名单"制度。其旨在提升共享住宿服务的标准化和品质化，强化行业自律，规范行业发展秩序，营造行业发展的良好环境。

（二）最具影响力乡村民宿 Top10

入选最具影响力乡村民宿 Top10 的企业需要满足以下前提条件：（1）集独特性、文化性和体验性于一体的乡村民宿；（2）能够给住客别致、良好的服务体验，具有良好的口碑，受到市场认可和广泛欢迎；（3）具备乡村旅游特色资源，旅游服务设施配套齐全；（4）带动当地脱贫致富成效明显，具有示范作用；（5）具有良好的知名度和品牌形象；（6）两年内未发生过重大旅游事故。

表 13　　　　　　　　最具影响力乡村民宿 Top10 得分

乡村民宿	资源力	管理力	传播力	营销力	综合得分
夕霞小筑	22.4	24.1	17.3	22.7	86.5
东山岛隐民宿	20.9	22.4	15.8	21.8	80.9
大地乡居系列民宿	18.4	20.7	16.8	20.5	76.4
篁岭晒秋美宿	17.1	19.3	16.5	19.4	72.3
安吉双鱼堂民宿	17.7	16.9	15.6	18.5	68.7
天柱福元乡村民宿	16.3	16.5	15.9	18.8	67.5
喜林苑客栈	17.2	19.1	12.8	16.6	65.7
慧润民宿	16.6	17.4	13.6	15.8	63.4
云舍村民宿	16.7	16.3	14.2	15.9	63.1
马山县特色民宿	17.5	16.2	12.6	16.4	62.7

第四节　旅游营销影响力

一　旅游营销影响力评价方法

（一）旅游营销定义

旅游营销是指通过分析、计划、执行、反馈和控制这样一个过程来以旅游消费需求为导向，协调各种旅游经济活动，从而实现提供有效产品和服务，使游客满意，使企业获利的经济和社会目标。旅游市场营销的主体很广，包括所有旅游企业及宏观管理的旅游局。如：旅游景区、景点、旅行社、宾馆酒店以及旅游交通部门等。

旅游营销的最终目标就是增加旅游市场销售额，拓展新的市场，发展新的游客，培养和强化游客的忠诚度，增加及扩大旅游产品的价值，提高公众的兴趣，争取旅行社及其他中间商的支持，创建良好的旅游形象等。

旅游营销的主要方法主要有：旅游活动营销、新媒体营销（如网络、微信、微博、短视频等）、旅游品牌营销、旅游体验营销、旅游整合营销、旅游互动营销等。

（二）旅游营销影响力评价指标

表14　　　　　　　　　旅游企业影响力指标构成

一级指标	权重	二级指标
营销资源	20%	营销主体规模
		覆盖范围
		参与人数
		持续时间
项目管理	15%	项目策划
		管理团队
		创新性
		获得奖项
传播力	30%	传播渠道
		传播量
		互动性
		危机应对
口碑力	35%	知名度
		美誉度
		忠诚度
		品牌占有率

二 最具影响力营销推广活动 Top10

入选最具影响力旅游营销推广活动 Top10 的项目需要满足以下前提条件：(1) 根据市场新形势开展的具有创意的旅游营销活动；(2) 通过营销新举措取得良好市场效果；(3) 活动获得媒体、公众广泛赞誉；(4) 获得全国性奖项优先。

表15　　　　最具影响力营销推广活动 Top10

活动内容	资源力	管理力	传播力	营销力	综合得分
"熊猫走世界——美丽中国"大型全球营销活动	17.9	14.3	25.8	33.6	91.6
"锦绣潇湘"走进"一带一路"文化旅游合作交流系列活动	17.3	13.6	25.7	31.5	88.1
"吉林很美·我在等你"创意营销活动	16.1	12.1	24.3	30.7	83.2
"壮族'三月三' 相约游广西"品牌活动	15.2	12.8	22.7	27.6	78.3
"诗画浙江·百县千碗"旅游美食系列推广活动	16.3	11.2	21.1	26.5	75.1
"美丽中国·乡约江西"主题宣传推广活动	14.7	10.9	19.9	26.1	71.6
"秀美南疆·浪漫滨海"区域旅游合作宣传推广活动	13.9	11.4	21.7	23.5	70.5
"丰收了·游甘肃"冬春旅游市场推广活动	14.5	12.7	20.4	22.6	70.2
"中国两极穿越"自驾游活动	11.8	11.6	20.6	23.5	67.5
"乐享河北·开启旅游新时代——2018河北旅游发布"活动	10.6	10.9	18.5	24.3	64.3

三 最具影响力旅游微信公众号 Top10

目前微信已然成为智能手机的"标配"，而根植在微信中的公众号也成为网民们获取资讯的重要渠道。旅游微信公众号的开设主体包括：各地旅游部门、景区、旅游企业、旅游媒体、个人等。入选最具影响力旅游微信公众号 Top10 的企业需要满足以下前提条件：（1）各地文化和旅游部门、旅游企事业单位的微信公众号；（2）持续运营超过一年的；（3）具有较高社会声誉，在行业内有一定的影响力；（4）用户量、阅读量和转发量较大。

表 16　　　　　　最具影响力旅游微信公众号 Top10 得分

城市	资源力	管理力	传播力	营销力	综合得分
江苏微旅游	17.6	13.8	27.5	32.1	91
北京旅游	17.1	13.2	25.8	33.6	89.7
乐游上海	16.4	11.6	26.4	31.7	86.1
广东旅游	15.8	12.7	25.9	30.5	84.9
好客山东之声	14.2	13.2	24.7	29.7	81.8
江西风景独好	15.1	12.4	23.8	28.3	79.6
苏州旅游总入口	16.7	12.4	23.2	26.2	78.5
云台山景区	13.5	11.3	24.4	25.4	74.6
黑龙江省旅游发展委员会	12.9	13.1	22.5	23.8	72.3
新疆是个好地方	11.7	12.5	21.7	22.9	68.8

四　最具影响力院校社会实践项目 Top10

（一）旅游院校概况

2018 年全国开设旅游管理类本科专业（主要包括旅游管理、酒店管理和会展经济与管理等 3 个专业）的普通高等院校 608 所，开设旅游管理类高职专业（主要包括旅游管理、导游、旅行社经营管理、景区开发与管理、酒店管理、休闲服务与管理和会展策划与管理等 7 个专业）的普通高等院校 1086 所，开设旅游相关专业（主要包括高星级饭店运营与管理、旅游服务与管理、旅游外语、导游服务、会展服务与管理等 5 个专业）的中等职业学校 947 所。

（二）最具影响力院校社会实践项目 Top10

入选最具影响力院校社会实践项目 Top10 的企业需要满足以下条件：（1）科研、企业实践、社会公益、旅游赛事等院校相关社会实践项目；（2）主题突出，遵循旅游产业发展规律，具有较强的创新性和社会实践价值；（3）能够增强参与者的历史使命感和社会责任感，提升其专业能力和技术水平；（4）对旅游产业的发展、旅游行业的人才储备具有一定的推动作用。

表 17　　　　最具影响力院校社会实践项目 Top10 得分

项目	得分
第二届红色旅游线路设计大赛（北京第二外国语学院）	86.4
"街巷中国"城市调查（中国人民大学）	83.2
服务乡村振兴战略　助力万村景区建设（浙江旅游职业学院）	80.7
"为再造绿水青山输送优秀旅游人才"塞罕坝社会实践（河北旅游职业学院）	78.5
"乐途有你"大学生德育实践项目（湖南师范大学旅游学院）	74.3
走进汉绣，深入文化传承（武汉理工大学）	72.5
户外运动旅游规划与运营实践（四川旅游学院）	70.7
2018 年全国职业院校技能大赛高职组"导游服务"赛项（南京旅游职业学院）	68.3
乡村"百村调研"活动（华南理工大学）	67.2
乡村旅游与南岭瑶族新型农村社区建设研究（桂林理工大学）	65.1

第五节　中国旅游产业影响力研究规划

中国旅游产业影响力的研究，是一个长期持续的过程，2019 年，将分成 6 大类，30 个小类开展研究。这 6 大类分别是：旅游目的地影响力、旅游景区影响力、旅游企业影响力、旅游住宿业影响力、旅游营销影响力、旅游国际营销影响力。在指标设计上，将充分吸纳各方意见不断完善，同时扩展新的数据来源，以期为旅游行业的发展，提供更有价值的数据解决方案。

表 18　　中国旅游产业影响力指标构成

大类	序号	小类
旅游目的地影响力	1	城市旅游目的地影响力
	2	县域旅游目的地影响力
	3	山岳旅游目的地影响力
	4	海岛旅游目的地影响力
	5	避暑旅游目的地影响力
	6	冰雪旅游目的地影响力
	7	自驾游目的地影响力
旅游景区影响力	1	文化旅游景区影响力
	2	生态旅游景区影响力
	3	主题公园影响力
	4	旅游度假区影响力
	5	旅游特色小镇影响力
	6	非遗旅游影响力
旅游企业影响力	1	旅游企业综合影响力
	2	企业社会责任影响力
	3	旅游投资机构影响力
	4	旅游规划设计企业影响力
	5	旅游装备制造企业影响力
旅游住宿——影响力	1	精品酒店影响力
	2	经济型酒店影响力
	3	商务酒店影响力
	4	民宿影响力
旅游营销影响力	1	旅游营销推广活动影响力
	2	旅游媒体影响力
	3	旅游微信公众号影响力
	4	旅游商品影响力
	5	旅游创新影响力
旅游国际营销影响力	1	旅游国际推广影响力
	2	一带一路传播影响力

附件一　课题组构成

本报告研究团队由中国报业协会、中国旅游报社与中国社会科学院中国舆情调查实验室等共同构成。

1. 编委会成员

胡怀福　中国报业协会秘书长

唐绪军　中国社会科学院新闻与传播研究所所长

赵天晓　中国社会科学院中国舆情调查实验室主任

徐　行　中国旅游报社社长

金启宁　中国旅游报总编辑

邓效锋　中国报业协会副秘书长

付　蓉　中国旅游报副总编辑

2. 课题组成员

刘志明　中国社会科学院中国舆情调查实验室首席专家

杨斌艳　中国社会科学院中国舆情调查实验室秘书长

曾繁文　中国人民大学文化产业研究院执行院长

郭晓波　问卷网（北京）CEO

郑明军　旅游舆情智库研究分析师

李蓟昭　中国社会科学院中国舆情调查实验室研究助理

蒲　晓　中国社会科学院中国舆情调查实验室调查分析员

吕　静　中国社会科学院中国舆情调查实验室调查分析员

大同旅游发展指数

曹占忠　亓芳芳[*]

第一节　总指数运行

一　年度指数走势

2018年大同旅游热度显著上升，淡季不淡，旺季热度持续性高涨，节庆活动亮点多。

2018年，大同旅游热度总体呈现显著上升态势。指数运行结果显示，2018年大同旅游指数平均值为1217.86点，最高值达到2200.31点，其中，游客流量、消费热度和关注热度都有不同程度的上升。

从季节因素来看，具有淡季不淡，旺季更旺，旅游热度的持续性更强的特点。2018年三季度仍然是全年的旺季高峰，但与2017年相比热度呈明显持续性高涨态势，指数均值同比上涨30.49%，日均客流量（市外游客）达到21万人。四季度旅游热度虽然较三季度有明显下滑，但旅游热度也同比上涨24.42%，且指数运行走势平稳。总体说明，大同旅游业的发展已迈向一个新台阶。

从节日因素来看，法定节假日带来了大同旅游热度高峰。传统节假日期间，春节与国庆来大同旅游热度相当，五一劳动节的带动性稍弱。

---

[*] 曹占忠，中国经济信息社产经指数首席经济分析师、新华指数副总经理。亓芳芳，中国经济信息社文旅指数高级研究员。

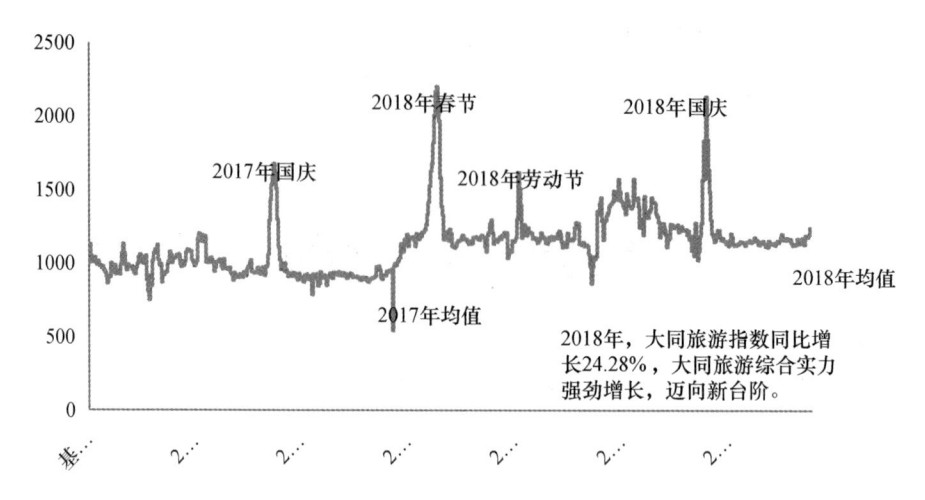

图1 基期以来大同旅游发展指数走势图

2018年国庆黄金周期间，指数最高达到2134.05点，同比增长27.23%，旅游人次与收入均呈现井喷式增长趋势，其中，市外日客流量达到55.9万人，较去年国庆高峰值增长38.59%。

从项目活动来看，大同举办的重大节庆活动是旅游热度持续高涨的主要因素。云冈文化旅游季期间大同旅游热度小高峰不断，成龙电影周、2018中国（大同）国际汽车文化嘉年华等活动引爆市场关注。7月22日成龙电影周闭幕，旅游发展指数达到了1572.74点，来同的市外游客量达到29.69万人，"大同市"单日网络搜索量接近9700次。国际汽车文化嘉年华期间，8月4日指数值为1574.45点，接待市外游客量达到36.24万人。

二 指数监测

国庆小长假引爆旅游热度。

通过指数走势监测，不仅可以反映大同旅游的综合发展趋势，同时也能通过数据异常点的监测，反映旅游相关事件及各种活动对旅游热度的影响程度。

2018年国庆期间，大同旅游热度迅速拉升。指数监测显示，2018年国庆黄金周期间，大同旅游发展指数在1450—2200点之间高位运行。10

图2 2017年与2018年国庆黄金周指数走势

月4日指数达最高值2134.05点，较2017年国庆高峰值增长27.23%，已接近2018年春节的高峰值2200.31点。

旅游人次与收入均呈现井喷式增长趋势。据大同市旅发委数据统计，国庆黄金周期间，大同市共接待游客897.67万人次，同比增长37.3%，实现旅游收入40.94亿元，同比增长38.52%。其中，一日游游客673.25万人次，同比增长37.23%；过夜旅游者224.42万人次，同比增长37.51%。

市外日客流量最高达到55.9万人，较去年国庆高峰值增长38.59%，平均每日接待市外客流量达到37.8万人。10月1—7日，累计来同市外日客流量达到264万余人，平均日市外客流量达到37.8万人，较去年日均值增长2万多人。其中，10月4日最高日客流量达到55.9万人，较去年国庆高峰值增长38.59%。

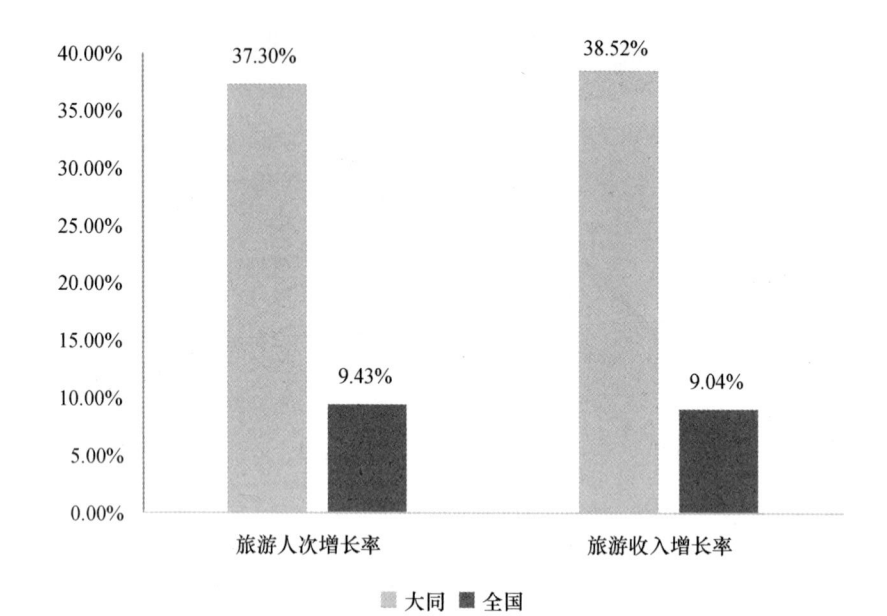

104 / 新媒体影响力指数报告（2019—2020）

图3 大同与全国的黄金周旅游人次、收入增长率

表1　　　　　10月1—7日来同（市外）游客量（单位：人）

日期	日游客量	日流入量	日流出量
2018年10月1日	340741	150156	67962
2018年10月2日	443744	134881	105500
2018年10月3日	311299	151418	128560
2018年10月4日	559008	189662	206731
2018年10月5日	417764	85018	134381
2018年10月6日	336611	63643	126856
2018年10月7日	238167	44681	100806
累计	2647334	819459	870796

• 10月份，国庆假期开始，便引来一波旅游热度高峰，10月4日，指数达到2113.03点，当日接待市外客流达到55万人。

• 10月8—20日，国庆假期结束，来同游客数量减少，指数较为稳定平缓。10月10日，《天下大同》栏目开播，为大同文旅振兴再添专业媒体新助力。

大同旅游发展指数 / 105

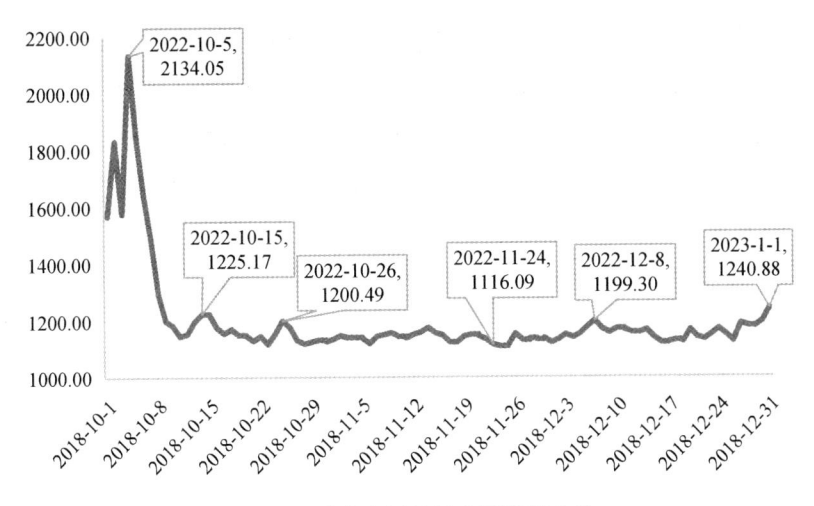

图 4　四季度大同旅游发展指数走势

- 10 月 23 日,"中国古都,天下大同"大同旅游推介会在北京举行。
- 11 月 23 日,"不同·2018 中国大同雕塑双年展"在大同中国雕塑博物馆开幕。

三　指数预测

2019 年古都灯会期间,大同全市客流量预期将同比增长四成左右。

中国大同古都灯会为广大市民及游客提供视觉盛宴,全力打造大同文化旅游经典品牌,塑造大同美好形象。2018 年古都灯会于 2 月 8 日至 3 月 10 日举办,登上古城墙观灯的游客达 127 万人次,全市共接待国内外游客 596.42 万人次,同比增长 35.67%,旅游总收入达 32.38 亿元,同比增长 36.22%。综合旅游季节性因素和指数模型,大同市国内外游客将达到 800 万人次左右,增长率在 40% 左右。

2019 年,大同旅游热度将持续提升。

大同市旅发委数据显示:2018 年,大同市旅游业绩增长的势头不减,全市接待入境旅游者 8.23 万人次,同比增长 11.56%;接待国内旅游者 6903.92 万人次,同比增长 28.24%;旅游外汇收入 4907.9 万美元,同比增长 14.54%;国内旅游收入 614.45 亿元,同比增长 27.93%;旅游总收入 617.73 亿元,同比增长 27.86%。

大同文化和旅游局显示：根据指数综合预测模型测算，预计 2019 年大同旅游发展指数将为 1500 点左右，同比增长率预期将在 26%—32% 区间内浮动，全年大同市接待国内外游客预计将在 8700 万—9100 万人次间浮动，旅游总收入预计将在 780 亿—810 亿元间浮动。

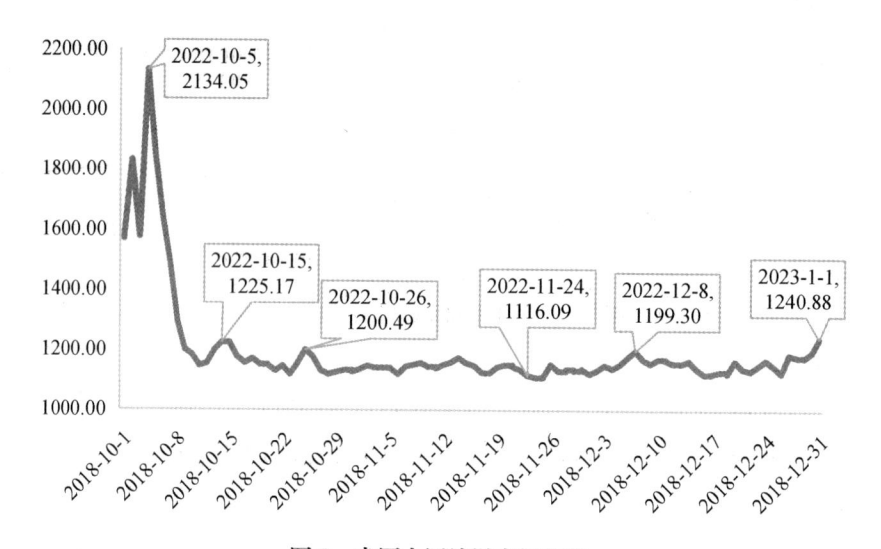

图 5　中国大同旅游发展指数

表 2　　　　　　　　　　　大同旅游收入与人次

年份	旅游总收入（亿元）	国内外游客人次（万人）
2013	200.33	2355.83
2014	238.7	2757.98
2015	281.2	3201.07
2016	363.3	4048.47
2017	483.1	5391.08
2018	617.73	6912.15

资料来源：大同市历年国民经济和社会发展统计公报。

表 3　　　　　　　　　　　大同旅游主要指标预测

预测指标	2018 年实际值	2019 年预测值
旅游总收入（亿元）	617.73	780—810
国内外游客人次（万人）	6912.15	8700—9100
大同旅游发展指数（点）	1217.86	1574（上下浮动 10%）
指数同比增长（%）	24.28	26—32

第二节 分指数运行

大同旅游发展指数主要从游客流量热度、旅游消费热度和关注潜力热度三个角度，精确解读大同旅游发展状况。

一 游客流量热度：2018年大同游客流量热度指数稳中有升

游客流量热度指数，是由游客流量与驻留时间两个指标加权计算得出。

2017年以来，大同游客流量热度指数稳中有升。从市外游客流量来看，旺季客流量增长迅速，淡季客流量保持稳定。从游客驻留时长来看，游客平均停留时长历史变化趋势不大，基本保持在3天左右。

从市外游客流量来看，旺季客流量增长迅速，淡季客流量保持稳定。2018年大同日均接待市外客流量约为18.6万人，其中三季度旅游旺季日均客流量达到21万人，同比增长34.09%，四季度旅游淡季日均市外客流量为15万人，较去年同期回调1.1%。

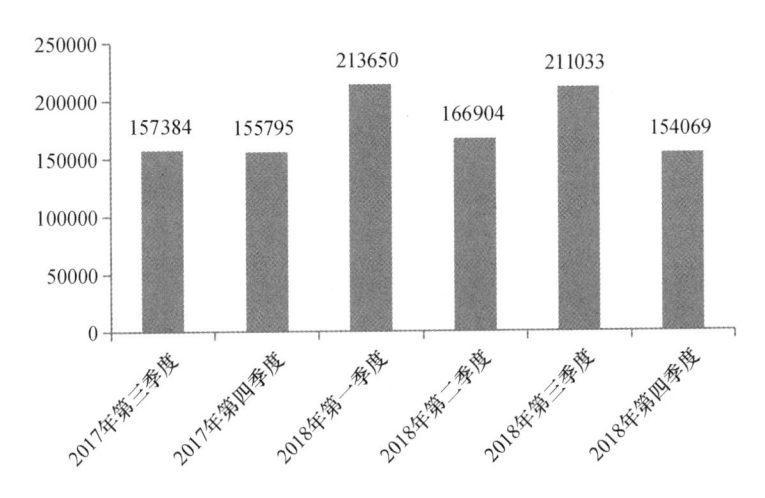

图6 大同日均接待市外客流量（单位：人）

游客平均停留时长历史变化趋势不大。四季度来同市外游客平均停留时长为3.02天，与2017年同期平均值基本持平。来同游客仍然以短期旅游为主，旅游停留三天以下的游客占比高达72.07%。

二 旅游消费热度：2018年旅游消费热度显著提升

旅游消费热度指数，是由游客平均刷卡频次与平均消费潜力等级两个指标加权计算得出。

2017年以来，来同游客的旅游消费热度呈波动上升态势。旅游消费热度指数显示，2018年第二季度劳动节前后消费热度达到高峰，随后逐渐回落，第三季度开始消费热度不断提升，至10月7日，指数值达到新高峰值1595.21点，较基期上升59.5%。

2018年第四季度，国庆假期出现明显峰值，之后略有回落，但仍在高位水平稳定运行。

从消费热度可以看出，大同旅游品质在提升，消费热点增多，来同游客支付消费的意愿增强。

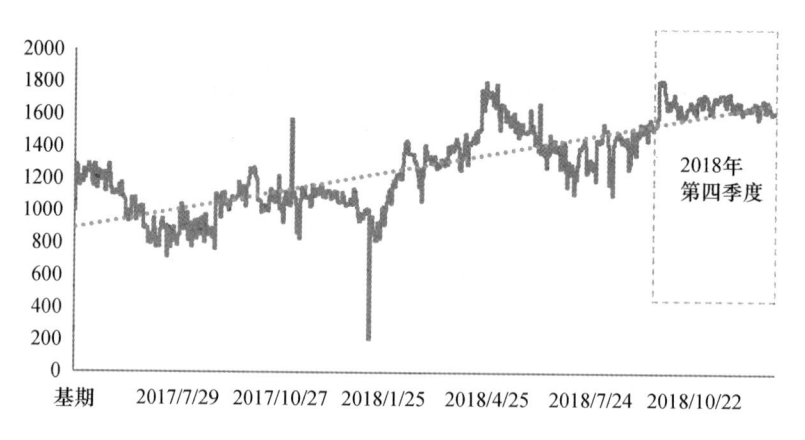

图7 旅游消费热度指数趋势图

三 关注潜力热度：大同旅游关注度创历史新高峰

关注潜力热度指数，是由互联网运营商的搜索量数据计算得出，表现了游客出游前及出游中对景点相关信息的关注趋势。

大同旅游网络关注热度不断创下新高峰。随着大同旅游业的快速发展，2017年以来大同旅游相关关键词的网络关注度呈不断上升的趋势，尤其是2018年以来，关注热度不断创下新高峰。

受云冈文化旅游季活动的影响，2018年第三季度大同网络关注热度持续高峰不断。指数监测显示,第三季度关注潜力热度指数平均值达到1702.72点,同比上涨89.93%。

在国庆黄金周的影响下,第四季度关注热度仍然高涨。关注潜力热度指数于2018年10月2日达到4529.47点,为基期的4.5倍。第四季度属于旅游淡季,但指数平均值1542.58,仅较第三季度下降9.4%。说明大规模市场推广后,城市网络知名度实现了大幅度提升。

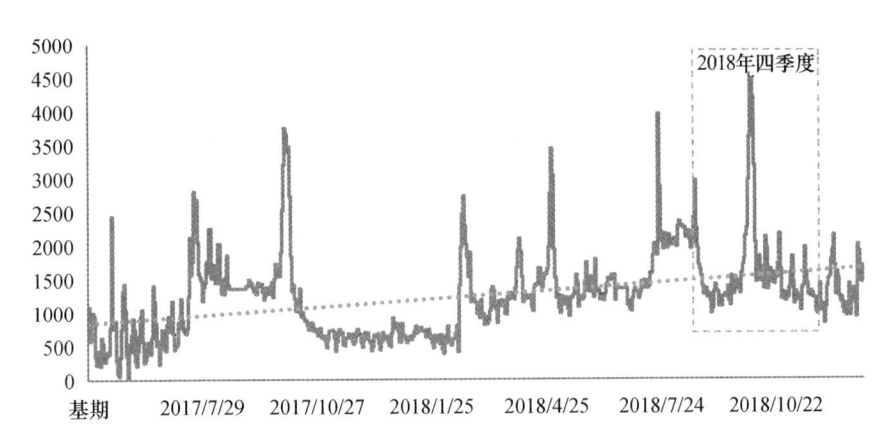

图8 旅游关注潜力指数趋势图

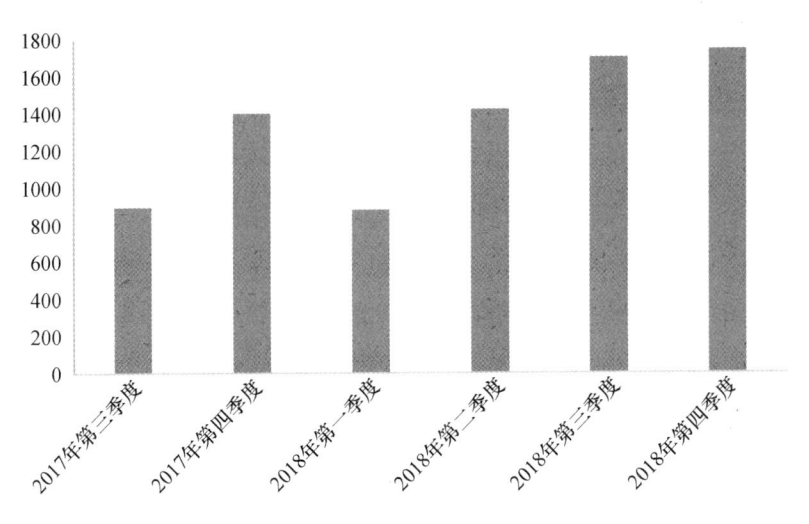

图9 大同旅游关注潜力热度指数季度平均值

第三节　2019 年度展望

文旅融合、区域化联合发展效应将越来越明显。"十三五"时期，大同将紧紧围绕打造东承首都、西接丝路、南贯三晋、北通蒙俄"区域性中心城市"的基本定位，打造名副其实的山西桥头堡和首都后花园，成为晋北城市群和晋冀蒙交界区龙头城市，有影响力的文化旅游中心。大同有着丰厚的历史文化底蕴，是传统文化圣地，同时也是美食之都，近年来大同凭借蒙晋冀长城金三角合作区合作开放平台，借助各类节庆活动，不断盘活文旅资源，文旅融合、区域化联动发展效应越来越明显。

大张高铁的开通将为大同旅游带来巨大机遇。中国大同旅游指数游客画像监测显示，近七成来大同游客选择汽车出行，大张高铁开通将为游客提供更便捷的出行方式。大张高铁将于 2019 年底通车，大同至北京的列车运行时间将从 6 小时压缩至 100 分钟左右，这也意味着山西大同率先与北京形成 2 小时城市圈。大同的灿烂历史文化和丰富旅游资源，将直接呈现在北京等地区面前，对大同旅游是个巨大的机遇。

旅游供给品质将不断提升。从大同旅游消费热度指数运行监测结果来看，第四季度，在国庆之后虽然消费指数略有回落，但仍在高位水平稳定运行，说明大同旅游品质在提升，消费热点在增多，来大同游客消费意愿在增强。近年来，大同不断创新推出百姓喜闻乐见的文旅产品，从供给侧进行旅游产品提质增效。古都灯会、云冈文化旅游季、成龙电影周、国际汽车文化嘉年华等活动引爆市场关注。随着消费需求不断升级，大同旅游产品和服务的供给品质将不断提升。

大同亲子游及游学类旅游产品及服务将有大幅度发展。大同 2018 年举办的云冈文化旅游活动季吸引了大批青少年，第三季度青少年亲子游人数大增，未来随着我国文化和旅游的高度融合，80 后、90 后旅游主力军将越来越多地重视文化，亲子游将迎来热潮。

企业声誉研究报告

新浪微热点等[*]

第一节 2018年企业声誉事件的总体状况

2018年是我国改革开放40周年。在这一历史背景下，我国经济建设取得重大成就，市场开放水平进一步提高。世界银行日前发布的《2019营商环境报告》显示，中国营商环境较去年大幅提升32位，位列全球第46名，这是该报告发布以来中国取得的最好名次。此外，时隔十年后，中国再次进入世界银行营商环境年度十大改革经济体之列。这些成就充分说明了，当前中国日益国际化、法治化、便利化的营商环境，对有效提振市场信心具有重要意义。

与此同时，随着移动互联网技术的深入发展，社会化媒体进一步普及，公众的舆论监督意识和维权意识也不断增强，2018年政府与企业领域频频爆发公共危机事件，企业发展的风险环境整体上日趋敏感复杂。

为了更全面地把握2018年度的企业声誉管理现状，我们依据暨南大学新闻与传播学院计算新闻传播学研究中心的监测数据，以及新浪舆情通/微热点和上海索思提供的相关数据，对全年近800个企业声誉热点事件进行了全面分析。

---

[*] 新浪舆情通/微热点、粤港澳大湾区企业声誉研究中心、暨南大学新闻与传播学院计算新闻传播学研究中心联合发布。

根据对 2018 年全年企业声誉热点事件数据的整合梳理，以"时间"为 X 轴，以"热点事件数量"为 Y 轴，呈现出了 2018 年全年热点事件月度走势图（见图 1）。

热点事件月度走势图

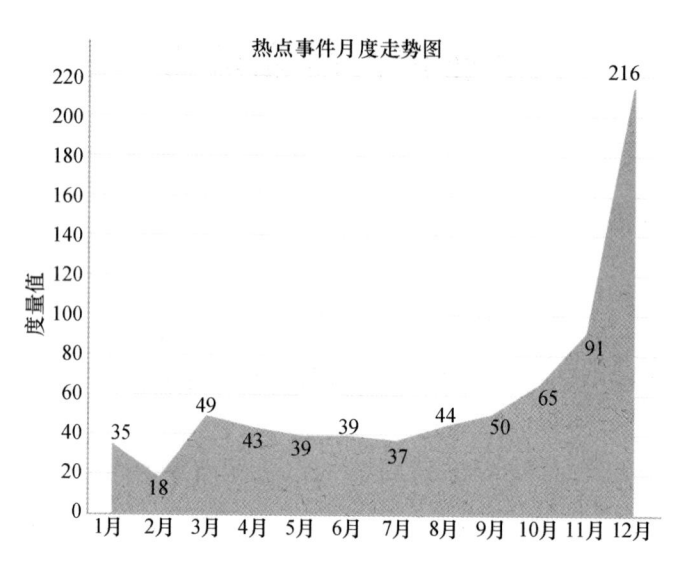

月份	1月	2月	3月	4月	5月	6月	7月	8月	9月	10月	11月	12月
度量值	35	18	49	43	39	39	37	44	50	65	91	216

图 1　热度月份统计

从热点舆情事件数量的全年走势来看，2018 年上半年，舆情热点事件的数量波动不大，总体上维持着较为平缓的水平，其中在春节期间（2 月份）热点舆情事件数量达全年最低值。进入 2018 年下半年后，舆情事件数量有不断攀升的趋势，尤其是在临近年末时急剧升高，到 12 月，热点舆情事件数量暴增至全年最高水平，为同年 11 月事件数量的 2 倍以上。

如图 2 所示，根据对 2018 年各月份热点事件数量的走势、热度走势以及高峰值走势的分析，我们可以看到：从已记录的舆情事件的热度值来看，全年热度整体而言波动较大，上半年舆情热度在 4 月份的"中兴事件""美团收购摩拜"等事件中达到高峰值后开始回落；下半年，7 月份爆发的"疫苗事件""拼多多上市"等事件，再次让热度达到新的高峰，进入 11 月后，"五星酒店乱象""D&G 辱华"等事件持续性地助燃舆情热度，随着 12 月"孟晚舟事件"等大量舆情事件的爆发，2018 年的舆情事件热度达到全年最高峰，舆情声量的高峰值也急剧刷新到更高水平。

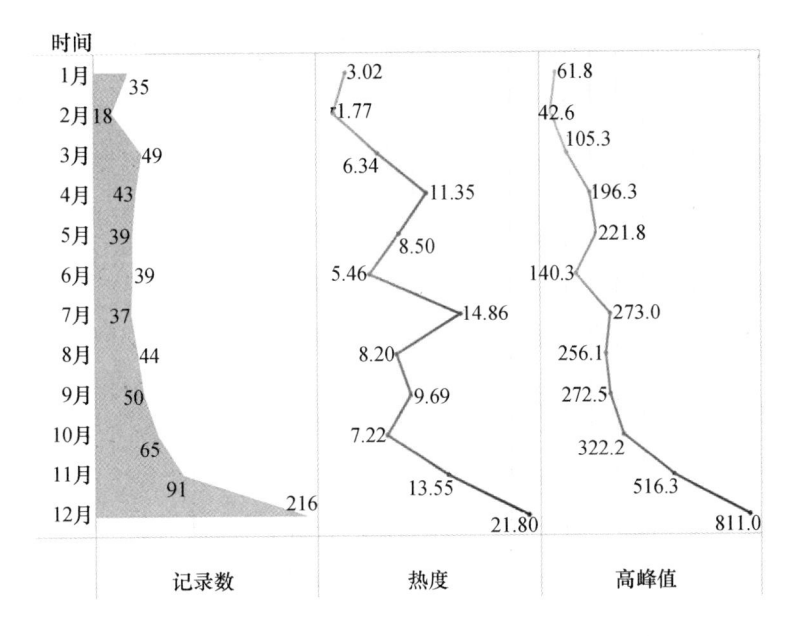

图 2　月份热度与高峰值统计图

第二节　企业声誉事件的主要特点

2018年间，从传统制造行业到高新信息科技产业，从与民生利益息息相关再到关乎国家政府形象的层面，我国各行各业的公关活动都比往年更加活跃，企业所面临的公关环境与事件性质也与以往存在着较大差别。根据相关数据，我们在本部分分析了2018年中国企业声誉事件的特点。

一　企业声誉热点事件多集中在一线城市，国际化趋势显著

根据图3可以看出，2018年度的企业声誉热点事件的发生地主要集中在北京、上海、广州等一线城市。除此之外，在吉林、浙江等省份，事件热度的数值也较为突出。企业声誉热点事件的分布之所以呈现出这样的地域差异，主要是因为经济发展程度、媒体覆盖率、行业分布等方面的差异。

第一，北上广一线城市和浙江等沿海省份经济较为发达，经商环境和条件完备，企业活动的频率和市场热度都比其他城市更高，所以这些区域也比其他区域更容易发生热点事件。第二，一线城市和沿海地区的传播力较强。与其他地区相比，在北上广等发达地区发生的事件更容易得到广泛传播。一方面因为这些地区的媒介覆盖率更高，传播力更强；另一方面，一些事件被打上"一线城市"的标签之后，传播范围会更广，也更能引起公众的广泛讨论。第三，企业声誉热点事件在信息技术产业和制造业等热门行业的分布上具有典型的地域特征。2018年度国内的热点事件主要与信息技术产业、传统制造业、电子设备制造业、金融业等行业相关，而这些产业大多分布在北京、上海、广东、浙江等地区，其中传统制造业、房地产业也部分集中于吉林、河南等省份，而这些典型行业的地域分布差异也是影响热点事件分布情况的重要原因之一。

除了国内的企业声誉热点事件存在地域性分布差异外，国际上的此类事件同样存在着明显的地区差异。企业声誉热点事件的发生地遍布亚欧非大陆，而在美国、意大利、印度等国家，具体的热度数值又存在着较大差异，这体现出了企业声誉事件及公关活动发展的国际化趋势。随着全球化程度的进一步加深，各国企业的跨国贸易往来愈加频繁，许多热点事件的利益相关方不仅涉及单个的国家或地区，如2018年美国制裁中兴事件、D&G品牌辱华事件、华为孟晚舟事件、苹果部分产品在华禁售案。

身处一线城市、沿海地区的企业，或是在国民经济发展中处于重要位置的企业，往往会比其他企业更容易卷入热点事件的纷争中，这些热点事件常常引发争议，有时甚至会波及企业声誉乃至国际市场。因而企业在部署日常公关工作和对外宣传时，需要重点考虑这方面的因素，进行针对性排查和布局，在不断变动的局势中做出合理的回应。

二 互联网、信息技术产业中企业声誉事件热点频度高

除地域性差异明显之外，企业自身所属的行业类别也与企业声誉事件热度分布情况有着显著关联。

从图3可以看出，信息技术和软件服务行业、制造业、金融业是热

点事件所涉及的行业类型中，排名 Top3 的行业，在这些领域发生的企业声誉热点事件占比远高于其他行业。而这些行业所产生的讨论热度主要来源于以下几点：

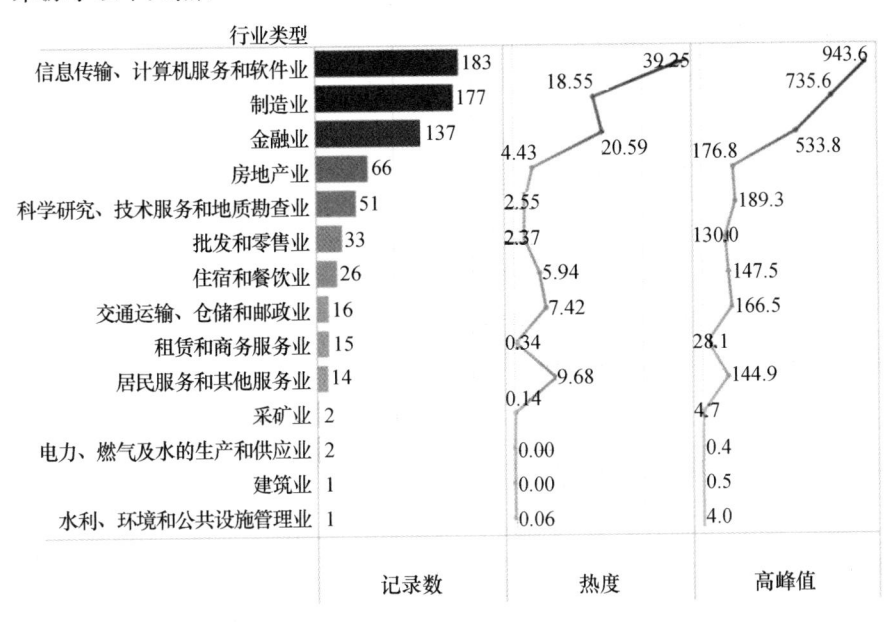

行业类型	记录数	热度	高峰值
信息传输、计算机服务和软件业	183	39.25	943.6
制造业	177	18.55	735.6
金融业	137	20.59	533.8
房地产业	66	4.43	176.8
科学研究、技术服务和地质勘查业	51	2.55	189.3
批发和零售业	33	2.37	130.0
住宿和餐饮业	26	5.94	147.5
交通运输、仓储和邮政业	16	7.42	166.5
租赁和商务服务业	15	0.34	28.1
居民服务和其他服务业	14	9.68	144.9
采矿业	2	0.14	4.7
电力、燃气及水的生产和供应业	2	0.00	0.4
建筑业	1	0.00	0.5
水利、环境和公共设施管理业	1	0.06	4.0

图 3　2018 年企业声誉热点事件行业类型热度统计图

首先，信息技术和软件服务行业是随着互联网的发展而蓬勃兴起的新兴产业，许多创新创业公司也属于此行业。这些公司所开发的产品和服务，其用户人群趋向年轻化，与热点事件中的发声群体也更加吻合。例如近期 ofo 小黄车退押金事件，其数量庞大的用户人群正是随着共享经济的发展壮大而逐步集聚形成的，而共享经济的快速发展离不开各科技初创公司对年轻群体用户需求的挖掘与利用，这种对用户价值的深层次开发虽然能够得到即时的反馈与评价，但也是酝酿热点事件声浪的重要原因之一。其次，制造业（尤其电子设备制造业）在热点事件中也占据较大比重。如中兴、华为等国产手机厂商在今年的一系列风波中表现较为被动，尤其是中兴因违反美国的相关禁售规定，收到了美国政府发布的出口禁令，被迫缴纳了高额保证金。一时间国产品牌的海外士气大受影响，甚至在全网范围内引发了关于民族品牌自主创新能力的大讨论。

最后，金融业作为与国计民生紧密相关的重要领域，其行业内的任何风吹草动都会引发资本市场的关注以及实体经济的波动发展，如银行政策法规、股市交易情况等，虽然具有较高的专业门槛，但都是容易引发舆论热议的话题。

处于上述行业中的企业应时刻警惕，建立并完善自身的企业声誉信息监测系统，对于所在行业中的热议话题应保持高关注度，防止因声誉公关活动的应对失策而将自身置于舆论的风口浪尖之上。这些企业在日常公关安排中也需要更加谨慎，进行更细致的危机防范工作。

三　负面新闻占比大，企业声誉形象风险系数高

企业的公关活动一般包括两大部分，一方面是基于日常工作的形象宣传塑造活动，目的在于打造良好的品牌形象，提高企业在公众心中的认可度；另一方面是针对特定的热点事件，寻求与公众进行良性的沟通与对话，促使公众对企业的观点和立场有一定了解，最终缓和乃至消除企业与公众之间的误解或纠纷。

从图4中可以看到，在2018年的企业声誉热点事件中，负面性质的事件占据了绝大多数，中性事件占比其次，正面事件则占比最少。由此可见，国内大多数企业在日常公关活动中，对企业声誉事件的重视程度较为欠缺，导致负面新闻占据了企业声誉热点事件中的绝大部分，这对企业声誉的形成与维护造成了十分不利的影响。长此以往，企业将难以树立自身在公众心目中的积极形象，落到十分被动的地位，其公关部门也会在各类谣言及负面新闻间疲于奔命。以ofo小黄车退押金事件为例，可以看到，从2018年初网络中就不断传出小黄车资金链断裂、供应商催债的传闻，公司管理层和公关部都被拖入了谣言和负面信息的旋涡中，公众对企业的信任度也随之越来越低。而当后期公司面临用户退款困难的窘境时，公关手段已经无力回天。由此可见，企业需要做好日常的公关宣传工作，重视维护企业长期正面的品牌形象，才能在危机事件中拥有足够的公众信任和公关底气。如腾讯打造的"99公益日"品牌活动，在日常公关活动中向公众传达了自身的企业价值和公益精神，取得了良好的企业声誉传播效果，成了企业日常声誉活动的典型代表。

企业声誉研究报告 / 117

事件性质统计图(图4)：

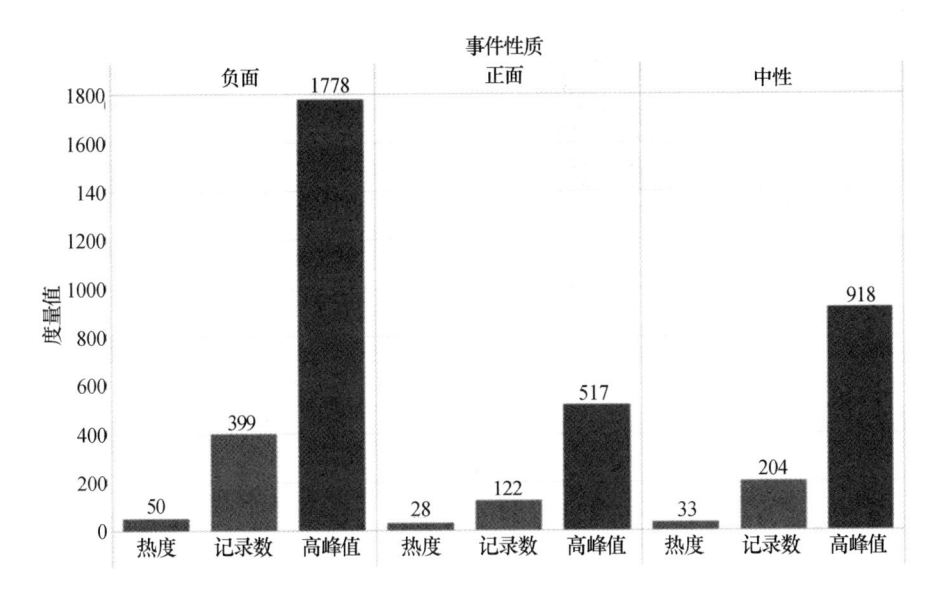

- 负面：热度 50，记录数 399，高峰值 1778
- 正面：热度 28，记录数 122，高峰值 517
- 中性：热度 33，记录数 204，高峰值 918

图4　2018年企业声誉热点事件性质统计图

企业在声誉维护和形象塑造活动中，应格外注重各类宣传工作和媒体活动的策划。由于现阶段我国社会公众对于企业形象的感知主要来源于各类新闻报道以及社交媒体的热议话题，因而这些媒体报道的新闻框架和事件报道的性质是构建企业社会形象的重要组成部分。积极提高企业新闻中正面报道的占比，有助于企业在品牌形象及自身声誉的建构和维护过程中占据更有利的地位。

四　企业管理、资本运作等成为公众关注焦点

综观2018年引起较大争议的企业社会事件，管理质量、资本运作、产品服务三大方面无疑是公众关注焦点，也是各大新闻媒体报道的重点。同时，社会对于企业社会责任和创新性不足等问题也同样较为担忧。

对于社会公众而言，对某一企业的度量与信任，与企业本身运营状态、领导人形象、服务质量等因素密切相关。曾经，借由"明星企业家"的光环效应使企业获得更多的社会曝光度和美誉度，是自媒体时代企业宣传的重要手段，但在刚刚过去的2018年，这一手段遭遇了前所未有的危机。

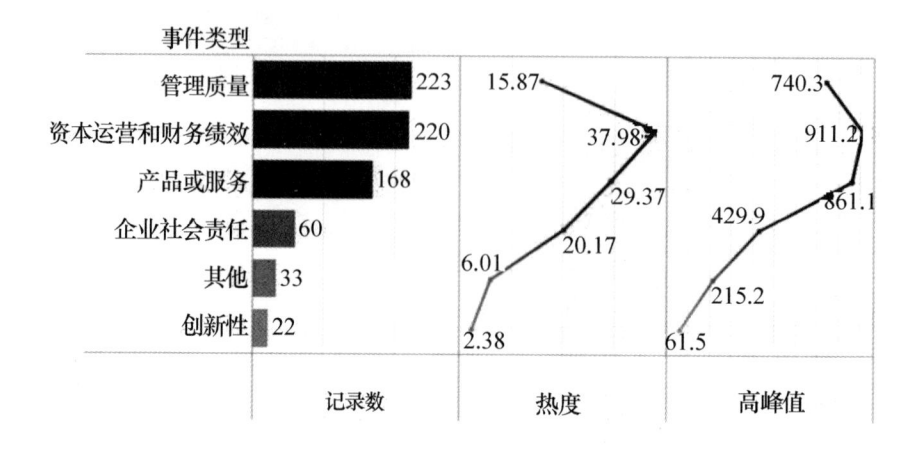

事件类型	记录数	热度	高峰值
管理质量	223	15.87	740.3
资本运营和财务绩效	220	37.98	911.2
产品或服务	168	29.37	861.1
企业社会责任	60	20.17	429.9
其他	33	6.01	215.2
创新性	22	2.38	61.5

图 5　事件类型热度统计

马云、王健林、马化腾、王石、董明珠……打造明星式的商业领袖不仅能为自己的企业贡献巨大的流量和关注度，还能借由"明星企业家"在新媒体平台上的个性话语收拢大批粉丝。如果说，这一"为自己代言"的手段曾是一种"一本万利"的公关模式的话，那自 2018 年发生的几起企业家事件后，人们也意识到：将企业与明星式领导进行高度捆绑，在享受流量红利的同时，也有承受企业家个人人设崩塌所带来的舆论"泥石流"的风险。

企业家的超级个人 IP 与企业的"捆绑销售"往往意味着更大的风险和更难以修复的形象伤痕。作为企业品牌的化身和代言人，明星企业家的个人行为、品德操守乃至私人生活都会被置于社会公众的注视之下，甚至上升到关乎整体企业的品牌声誉与社会形象的层面上来。而在移动互联网时代，任何个人的生活逸事、情感经历、个人隐私都存在被"深挖"的可能，一旦明星企业家人设崩塌或做出有违社会伦理道德的行为，将会迅速引起难以控制的舆论风波，这对于企业声誉而言，则可能是"牵一发而动全身"的毁灭式打击。

第三节　企业声誉管理的主要趋势

新媒体环境下，微博、微信等多元化的社交平台赋予了公众高度的话语权，公众参与网络公共热点议题探讨的积极性也越来越高。在多种复杂因素的影响下，这种参与极易形成一定的网络舆论力量，对企业形象的建构产生正面或负面影响。因此，深度把握公众群体的关注焦点、及时搭建与公众的良性沟通渠道是营造良好企业声誉的重要步骤之一。

一　爱国主义成企业声誉评价的关键标准

现阶段，我国市场经济格局越来越全球化，跨国企业和跨国贸易合作也越来越常见。企业的声誉形象已不再由企业个体单独塑造，而是越来越多地与企业政治属性、外部评价等因素挂钩。较为典型的是近年来外国企业因"辱华"的事件频出，频繁挑战中国消费者的底线而遭到全民抵制。如2018年，意大利的奢侈品牌D&G官微的几段宣传视频引发国内网络舆论的轩然大波，强烈激发了中国网民的爱国主义情怀。事件发生后，陈坤等娱乐圈人士第一时间表示了对该品牌的抵制，紧接着，网络电商集体下线该品牌产品，原本与其签有商业合同的国内明星更是集体解约。

从图6中可以看出，"D&G辱华"事件所形成的微博声量气泡面积最大，表明该事件在微博持续发酵，并引起微博用户的集体"炮轰"，最终形成了2018年最大规模的舆论声浪。作为全球知名的商业品牌，D&G在拓展中国市场的同时，非但没有体现出对所在国文明、历史的理解尊重，还在一系列后续公关行为中表现出了极端的狭隘和傲慢，其所作所为无疑挑动了中国公众爱国情怀的底线，最终对其自身的企业声誉造成了无可挽回的恶果。而另一方面，当家国情怀成为企业的"金字招牌"时，不仅会助推企业形象的塑造，甚至还能帮助企业走出市场危机。如孟晚舟女士被捕后，华为长期以来的"爱国企业""民族品牌"的形象立刻出现在网络舆论场，几乎第一时间获得了广大网民的一致声援，美加两国对孟女士个人的羁押行为也被上升解读为对中国民族品牌的打压，华为在很短时间内就在市场、舆论场两个主阵地重新占据了主动。由此可见，现阶段我国公众的爱国情怀与其对企业声誉的认知深度捆绑，是否爱国、是否对爱国情怀予以充分尊重，是公众衡量企业声誉好坏的重要标准。

在全球化的视角下，国家之间的外交活动和国际政治博弈都与企

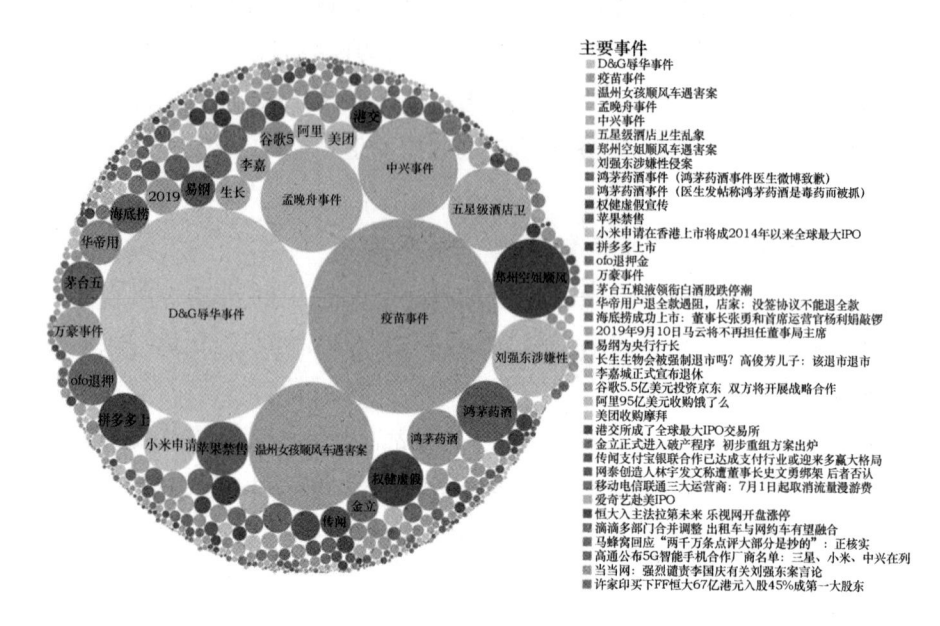

图 6　事件微博声量气泡图

的市场经营活动息息相关。在企业声誉的公关行为中，企业不能再将自身视为独立个体，而是应把自身定位为具有一定政治属性和社会担当，与国家民族"一荣俱荣、一损俱损"的身份共同体，企业的商业活动策划也必须考虑相应的国家战略需求，积极发挥中国企业在海外市场上的影响力、传播力。

二　用户参与感成企业声誉评价中的核心要素

企业的主要职能是为广大消费者提供产品和服务，产品的好坏、服务的优劣直接影响着公众对企业声誉形象的认知。随着公众消费水平的不断提高、需求日趋多样化，其要求的附加服务也不断延伸，这对企业提出了极大的挑战。在这种情况下，如何持续提供优质产品和服务，改变传统的沟通方式，创新产品体验的过程，都是任何企业需要深入思考的问题。而在消费过程中，如何满足消费者日益增长的参与感、仪式感更是至关重要。

参与感对于企业声誉建构和维护的意义在于其对用户的连接性、累积性以及组织性。通过用户参与机制，企业能直接将用户连接到产品的升级迭代的具体环节中，真正体验到自身在企业生产运营中所扮演的角色和所起到的作用，在无形中提高顾客对于企业服务以及公司文化的认同和赞赏。通过不断提高用户黏性，企业能够聚集一批具有较高忠诚度的粉丝人群。在新媒体时代，人人都是传播渠道，粉丝对于企业声誉的积极评价会通过社交媒体平台不断扩散至周围人群，从而持续积累用户人数，扩大品牌影响力。同时，通过发挥意见领袖、社群头部用户的作用，企业还能够帮助粉丝群体获得相当程度的自组织性，在一定圈层的社群中赋予用户以式感和存在感。

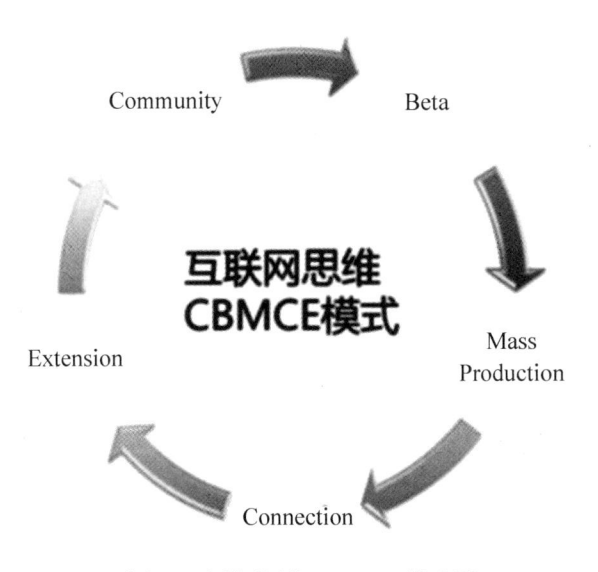

图7　互联网思维 CBMCE 模式图

近年来，国内一些企业敏锐地洞察到了这一新态势，如"小米"建立用户社区，形成粉丝团，打造"粉丝＋软件＋生活"的运营模式，构建"微博拉新、论坛沉淀、微信客服"的营销路径，并以人际传播的方式，玩转"社群经营"，创造了手机销售领域的"神话"。统而言之，高质量的附加服务需要企业高度重视用户的意见和互动，同时针对用户反馈对产品进行高效的升级和迭代，营造社群用户的参与感。这种重服务的营销理念既有利于集中广大消费者的智慧与喜好，推动产品的迭代升级，也能够更好地满足用户的参与感、存在感，使企业赢得更多的品牌赞誉和良好的"口碑效应"。

应该说，参与感关系着公众信任度和用户忠诚度两个至关重要的企业发展要素。在传统的企业产品或服务中，信息或产品大多是以单向传播的方式"流"向普通受众的，企业很难了解公众对自身产品的认知和评价，也难以结合用户提出的合理要求，对自身做出升级改进，这十分不利于企业维护自身声誉，也难以获得用户的好感和黏性。而要真正让用户获得参与感和存在感，企业必须要建立开放的公司文化，顺应互联网去中心、分布式的发展特点，在产品或服务的供给模式中做到信息的双向透明，重视社群运营和用户的反馈，力求将传统的"人—物"互惠关系发展为"人—人"的朋友关系。

三　民生痛点与国家战略成企业践行社会责任主要方向

回顾 2018 年，在交通出行与医疗健康领域，热点事件层出不穷。仔细分析此类事件的缘起、发展、解决的全过程，会发现涉事企业处理公共安全事件的态度、力度和效度等方面的问题，都可以深层次追溯到公司管理水平的层面，甚至上升到企业社会责任的高度。

民生问题涉及人民生活的方方面面，它是最受社会关注，也最容易牵动公众情绪、引发社会舆论狂潮甚至企业深度危机的关键问题。在医疗健康领域，从今年早些时候的鸿茅药酒虚假广告宣传，到震惊中外的"基因编辑婴儿"，再到 2018 年末的权健医疗涉嫌诈骗事件，社会民众对于医疗健康领域的公关营销越发抱有怀疑态度，频发的公共安全事件一步步侵蚀着医疗产品生产企业与普通民众之间的信任桥梁。

这些民生问题方面的公关危机事件，同样也揭示了企业社会责任的战略重要性：企业要想健康持续发展，就必须处理好经济利益与社会利益的关系。企业不能为了单纯追求商业利润、效率，突破社会道德底线，放弃自身所要承担的社会责任。践行社会责任是企业获得公众信任、树立良好形象的法宝。

同时，企业的公益活动也备受媒体和公众关注。2018 年，腾讯公益牵头发起"行为公益季"，连接用户、企业、公益机构"一起爱"。此外，腾讯不仅自己做公益，而且为广大爱心网友、公益机构、企业提供捐助平台。2018年的99公益日共有超2800万人次爱心网友通过腾讯公益平台捐出善款8.3亿元，超过2000家企业共捐出1.85亿元，为5498个公益项目贡献力量①。随着系列公益活动的开展，"爱心""公益""责任"正在成为腾讯身上的"标签"，也成为公众衡量企业质量的重要标准。无论是扶贫还是公益，企业都以"爱心"的方式影响着公众对企业的心理认知，成为企业打造名声，形成优良声誉的"助推器"。

四 自媒体成企业声誉危机曝光主要推手

2018年，社交媒体进一步发展成熟，移动互联网时代的赋权之下，个体维权意识增强，网民的自发自主式行动越发频繁。掌握了一定话语权和议题引爆能力的社会个人，正在努力地通过微博、微信等自媒体平台，用日臻成熟的信息收集方式为自己发声，形成对企业主导话语的对抗。

无论是"花总"揭露国内五星级卫生乱象，还是自如长租公寓"甲醛门"的持续发酵，我们都可以看到，在人人拥有麦克风的时代，意味着人人都已自觉地成为企业的监督者。社会大众不再单方面等待被媒介议程设置所谓的"事实"，而是借由自身的力量和专业优势，去自发性地捍卫社会公序良俗，因此，很多公众事件都是从社交媒体、自媒体开始发酵，再进入传统主流媒体传播渠道，最终霸占头版头条，引爆舆论。

个体意识的觉醒、网民知情权监督权的有效履行，给各大企业公司敲响了警钟：今天企业所要面对的公众，不是茫然无措的，而是掌握着多种技能语言，能够熟练运用互联网与媒体，并且对信息充满渴求与好奇的数字时代的网民。按照老的思维模式来对待危机事件，遇到负面就立马全盘否认，这种简单粗暴的方式在互联网时代早已行不通。

诚然，对于尚未完善的中国互联网环境而言，当前网民言论固然不

---

① 《迈入"理性公益"时代 2018年99公益日捐款人次超2800万创新高》，2018年9月10日，凤凰网商业（http://biz.ifeng.com/a/20180910/45158328_0.shtml）。

会全部都是客观、理性的，但是有序的社会互动终将培养出更具备媒介素养的社会民众，他们也一定会更加高效而不遗余力地坚守着监督企业的这一权利。

中国已经全面进入到了战略公关传播的黄金时代。从宏观来看，草根阶层崛起，通过集体行动进行维权已经屡见不鲜。从微观着眼，这对于身处复杂变革时代的企业，提出了更高层次的公关战略要求——毕竟，对公关人来说，有"危"就永远有"机"。

第四节　提升企业声誉管理的建议

回望 2018 年，中国市场开放水平持续提升，政策政务环境进一步优化。世界银行最新发布的《2019 年营商环境报告》表明，中国为中小企业改善营商环境实施的改革数量创纪录，全球排名从上期的第 78 位跃升至第 46 位，进入全球经济体排名前 50，营商环境建设取得了长足进步，极大地增强了企业信心。

但同时，国际政治局面跌宕起伏，企业命运和国家战略的高度统一，社会利益错综复杂。而互联网技术的蓬勃发展和社会化媒体的日益成熟，已将企业带入了一个"危机常在"的新时期。对于各企业而言，声誉变得比以往任何时候都更重要，建立与维护良好的企业声誉是一个越来越值得重视而又极富挑战性的过程。

秦朔认为，当下特别值得企业关注的是，中国消费者和中国社会对企业的诉求中，包含了越来越多的社会性意义，而不止于产品功能意义。有的诉求是"人性化"，要求企业传递人文价值、人性关怀、全球化和多元文化；有的诉求是"强国梦"和民族主义，要求"国货优先"，视商场为战场的延伸；有的诉求是"公平正义"和"社会平等"；有的诉求是"透明公开"，所以"杀熟"、利用信息不对称误导，消费者一旦醒来就特别反感。[1]

---

[1] 秦朔朋友圈：《秦朔：声誉危机、"扒粪运动"与中国企业行动指南》，大视野，http://www.sohu.com/a/233184253_320672。

基于此，我们可以明确地看到，企业当下追求经济利益的同时，切不可忽略消费者或受众的情感需求、不可忽视企业自身应该承担的社会责任。在碎片化的社交媒体环境中，每个人都可以成为传播者和监督者，网民集体行动越发频繁的当下，互联网的"强记忆功能"被进一步凸显。可以说，在"共景监狱"一般的互联网信息场域中，企业的某一产品或某一服务背后所代表的企业价值观和企业文化底色，乃至"企业关键人"所代表的企业形象等，都将被置于整个社会的凝视之下，都将受到社会的度量与审判。

因此，各企业必须从长期性战略发展的角度出发，审视企业自身的使命及愿景，以及如何在更广泛的环境下，使企业的发展及运营惠及整个社会；在遵循"短板理论"的企业声誉建设工程里，建立起一个良好的利益相关者体系，多维度、多渠道地传递出企业的真实信息，把声誉管理融入到日常运维的过程中，也将声誉管理的重要性提高到整个企业长期发展的高度来衡量。基于此，下文将试图给出企业声誉维护和提升的相关建议。

一　善用行动传播，塑造企业家个性化形象

企业中，每位员工的言行和素质都会影响企业声誉。与普通员工相比，企业家的个人形象和素质对企业声誉的影响更甚。互联网为企业提供了丰富的渠道来提高企业品牌的曝光率和树立影响力，也有越来越多的企业家以互联网为媒介，通过个人的形象气质、话语风格、创业经历、私人生活、管理模式等内容，形塑特色鲜明且符合企业文化的个人形象，进而形成和巩固企业良好声誉。

于企业而言，企业家个人形象与企业声誉的捆绑模式是一把"双刃剑"。作为公众人物的企业家需要时刻保持自身的良好形象，谨言慎行。一旦企业家在公共场合出现言论不当、表现不佳、诚信危机、私生活有瑕疵，甚至违法乱纪的行为，就极易引发企业的声誉危机。

根据人民网发布的《O2O行业十大典型企业家声誉形象研究报告》，我们可以分别从感召力、创新力、洞察力、包容力、责任力和传播力这六个维度考量企业家的个人形象。并且，该报告根据大数据分析

和相关专家评估，将企业家个人形象大致划分成为梦而拼的理想主义形象、自成一派的创新者形象、洞若观火的行业领军者形象、挫而不败的奋斗者形象、鼓励员工创业的新型企业领导形象、"为自己代言"的品牌传播形象。① 也有研究对企业家个人形象进行娱乐型、睿智型、先锋型、专业型四大类的划分。②

值得关注的是，首先企业家的形象并非少数几个形容词即可完整概括；其次在多重因素的作用下，企业家形象的"自塑"和"他塑"的效果可能出现偏差；最后随着企业的发展，企业家的个人形象也会随着调整、转变或丰富。

企业家个人形象的塑造能够作用于企业声誉，主要依靠提高在公众视野下的曝光度，所以在网络或现实空间选择恰当的渠道，或者多种方式配合进行差异化的个人品牌传播，尤为重要。

（一）善用传统媒体与社交媒体

媒体是企业家打造个人品牌的利器。主流传统媒体的权威性和影响力不可小觑，如有不少企业家以在中央电视台、《人民日报》等中央媒体上露面为傲。电视、电台、报纸、杂志等媒体在公众生活仍具有渗透率高、覆盖面广的特点，是企业家将个人形象传递给大众的有利渠道。

互联网中的博客、微信公众号、微博、直播平台等社交媒体，具有易被转发、受众基础广、互动性强、传播速度快等明显优势。在网络空间内，企业家能够掌握话语主动权，传播个人和企业理念，形成较强的舆论影响力。这些实时传递信息、低成本实现与大众有效对话甚至免费宣发的平台，都有助于企业家培养起真正关心企业和自己的"拥趸"，进而助力企业声誉的建设。

（二）积极参加高质量的峰会论坛

各种类型和等级的峰会、论坛是企业家之间相互交流经验、展示个人魅力的机会，高规格的国际会议也会吸引媒体争相报道，增加企业的

---

① 《O2O行业十大典型企业家声誉形象研究报告》，http://yuqing.people.com.cn/GB/n1/2016/0811/c406472-28629283.html。

② 丁晓雅：《当代企业家形象对企业品牌形象的影响》，湖南理工学院出版社2016年版。

曝光率。比如世界互联网大会等，企业家在台前阐述自身观点的同时，也让大众透过自身了解企业的产品、文化和发展，提升自己和企业的知名度。近些年也有企业家走出国门出席国际活动，登上哈佛、沃顿商学院等知名高校的讲坛，充分利用国际路线来彰显个人的品牌价值，努力提升品牌声誉的国际化程度。

（三）参加公益慈善活动

参加公益慈善活动是企业回馈社会、积极承担社会责任的重要方式。企业家发起或参与持续性公益慈善倡议，或者在地震、火山爆发、泥石流、海啸、台风、洪水等灾害发生后慷慨解囊等行为，都可以塑造起企业家有责任、有担当的亲和温暖形象，进而让企业拥有良好正面的社会声誉。

二 利用大数据，提升企业信息发布的精准性和全面性

公关活动的核心是人，从公众角度出发做好对用户的洞察是企业公关活动的重要内容。虽然大数据技术和移动互联网的普及让企业采集用户数据信息更加便捷，与用户个人间的贴合度也更高，但细分更多解决的是用户需求端的问题。

如何利用新兴技术在充分尊重用户个性需求的前提下更好地整合、引导公众合意，是目前国内企业在日常公关行为过程中需要首先解决的难题。要做到这一点，企业首先需要重视分析议题来源、影响人群以及话题的影响力。例如近期被推上风口浪尖的"权健事件"，事件的发起方丁香医生所发布的文章《百亿保健帝国权健，和它阴影下的中国家庭》在极短时间内就快速刷爆社交媒体，不仅是因为这一议题和社会公众利益息息相关，也在于其公关活动长期树立的"为公众发声"的品牌形象。从"薛之谦晒娃硬掰"事件的吐槽，到《一年狂卖7.5亿的洗脑神药，请放过中国老人》刷屏，再到与吐槽大会联合打造的脱口秀节目，丁香医生很早就开始重视布局各类新媒体矩阵，切合当下中国互联网社会中的网民心理，其公关活动或者产品所选取的议题屡屡击中用户痛点，从而产生了极佳的传播效应。

企业公关活动最重要的是，如何在长期工作中让企业的正面形象更

准确、快速地传达给目标用户,如何采取最为有效的传播渠道,提升企业在各个新媒体矩阵中的传播触点。而在日常工作中重视各类信息的发布不仅能提升企业的话语主动权,还能加深用户对于企业声誉的客观印象,起到"先声夺人"的正面效应。

目前国内企业在公关活动的信息发布端一般采取主动发布和关注热点两种模式。首先,企业主动发布信息可以制造话题,对用户进行科普教育,从侧面建设企业品牌形象。这一方式对企业有较高要求,需要企业对于当前社会文化及热点议题有较为敏锐的洞察力,在追求信息发布客观立场的同时,紧紧抓住用户的诉求心理,针对可预见的热点问题对用户进行预热性的前期动员。

其次,企业还可以选取当前媒体密集跟踪的新闻事件,主动发布与自身相关的信息或数据,对事件主体、背景等进行多样化解读。这就需要企业在产出公关内容时,准确把握媒体报道框架和用户语境,因为媒体大量报道的内容往往充斥着大量同质化内容,所以企业在进行信息发布公关时必须做到差异化和个性化。

三 适应社群化发展趋势,提升企业传播的文化价值内涵

企业还可以借助文化艺术形式,适应社群化发展趋势,提升企业传播的文化价值内涵,在公众心中营造相应艺术美感和文化印象。企业可以借助丰富多彩的文化资源,在公关活动的主题、内涵、形式等各个维度深化自己的品牌底蕴,提升自身企业声誉的美誉度。

凝聚文化共识、取得公众认同,打造用户社群,提升企业内涵是采取文化艺术角度进行公关的最终指向,在具体的手法技巧方面,现阶段国内各大企业主要运用融合流行文化符号、制造悬念、动员用户情感、创新展示形式等多种手段来提升文艺公关内容的传播力,随着我国网络社会社交媒体用户社群的积淀和文艺内容跨界传播的进一步深化,从文化艺术角度进行企业公关活动正体现出更大的应用价值。

值得注意的是,目前国内各大企业不仅积极借势主流文化价值,举办各类主题庆典活动、文化艺术节、文艺基金会乃至开展各类文艺经营类服务,还十分重视挖掘各类亚文化"富矿",在强调艺术韵味的同时,

通过贴合当前社会的流行文化，打造出针对各类用户人群的公关活动，更好地增加了用户黏性和企业自身的独特性，进行差异化竞争。

应该说，从文化艺术角度开展公关活动不仅能和时下各类热点结合起来，凸显企业的文化修养和品位，还能与各类流行文化及艺术精品产生更紧密的勾连，通过营造高雅、悦目、内涵的氛围来实现与公众的心理沟通，从而为企业声誉的正面形象附加更为深刻的"文化基因"。

四 强化企业社会责任意识，以公益服务提升企业声誉

从服务角度开展公关活动，指的是以提供各种线上线下的服务工作为主要公关内容，其具体工作包括：售后服务、消费引导、便民服务、公益慈善等。其特点是不依靠宣传，而是凭借自身所提供的优质服务向社会公众直接传递企业的产品和服务文化。

这一方法可采用的传播手段立体且富有人情味，尤其是从服务角度开展公关活动，能够延展企业信息搜集的触点，能够在积极的互动间积累用户数据，并对提高企业声誉的系统方案做出迅速调整。如广东立白集团，除了长期在经济、物质方面对外开展社会服务工作以外，还十分强调环保、噪声治理、扶贫教育等方面的企业社会责任。立白集团设立了"立白健康幸福工程""关爱留守儿童志愿者服务队""立白爱心图书室"等多个社会服务组织，还长期关注儿童教育、健康等方面的议题。立白集团尤其重视对外开展服务型公关的方式方法，善于将企业产品与社会服务类型紧紧挂钩，如2015年5月中旬，立白志愿者服务队深入四川省资阳石川希望小学举办了相关的社会公益服务，在课堂上为希望小学的学生们普及衣物清洗和个人清洁方面的常识，并向学生赠送了清洁大礼包，获得了良好的企业社会声誉。通过在战略层次上从服务角度进行公关活动，立白集团形成了较为科学、个性、高效的服务型公关方案，通过多层次的社会服务组织，在企业内部形成了良好的服务习惯和定式，这已经成为提升立白集团企业声誉的重要维度。

简要总结，首先在企业声誉的日常管理和维护方面，要坚定不移地聚焦于高质量、有创新生命力的产品和服务上，并将产品和服务同企业管理、企业公民行为相连接；基于消费者的认知结构，开通坦诚、有亲和力的日常对话渠道，搭建开放的思想架构，公共关系少一点"立场"，多一点"共同利益"的驱动。

其次在防控企业声誉风险方面，要建立常态化舆情管理与危机预警机制，构建联动的企业声誉管理平台，在危机未发生之前就做好充分的准备；在声誉危机面前，要清晰意识到企业对信息流的控制力正在逐渐降低，企业管理者更需要考虑的，是如何转化批评者和吸纳批评意见，并从吸纳批评意见中构建竞争优势，而不是删帖、钳制舆论或雇用水军。

在这过程中，任何低估或轻视公众智商和信息获取能力的想法，都是不明智的。企业可以合理利用权威机构与意见领袖的影响力平抑舆论，在社交媒体的每一个触点传达有意义的信息，但最重要的是踏踏实实地解决问题，第一时间向媒体、公众表示出诚恳、有担当的态度，争取社会公众的信任。

益普索的相关研究发现，获得信任的企业会有更高的营销效率，接近半数的用户愿意在"非常信任"的企业出现负面新闻时，给予企业"机会"，因此，"信任"是企业获得持续积极支持行为的风向标，也是企业应该持续监测跟踪的战略性指标[①]。在企业声誉危机事件暂时缓和或结束后，管理者还应保持密切的舆情关注，掌控整体的舆情走向，防止发生"二次危机"，并且善于对整个危机事件进行复盘，总结和积累危机处理的经验教训，以方便下一次危机的良好应对。

最后，履行企业的社会责任和社会目标，是企业商业战略中必须考虑的有机部分；对生命有敬畏之心，对科学抱有严肃认真的态度，谨遵法律法规，是企业发展的"最高底线"。一个有远大目标驱动的公司、有良知的企业，应当充分认识到，企业的目标其实应该在企业之外，声誉才是一个企业最大的财富和实力。

---

① 益普索 Ipsos：《益普索集团企业与领袖声誉全球负责人访华解读企业声誉价值》，https://www.prnasia.com/story/212652-1.shtml。

汽车行业互联网热点传播报告

新浪微热点[*]

本报告对2018年汽车行业热点事件、各汽车厂商、在售车型、新上市车型、即将上市车型、各地车展等进行了综合梳理和分析,得出了关于2018年汽车行业的网络关注之最。根据数据统计,2018年,上汽大众成为最受网络舆论关注的车企;丰田凯美瑞、丰田汉兰达、本田奥德赛领跑在售轿车、SUV、MPV网络传播热度指数榜;大众T-ROC探歌成为网友最关注的2018年新上市SUV;全新一代宝马3系成为网友最关注的2018年新上市轿车;本田新款奥德赛成为网友最关注的2018年新上市MPV;"中国将对美产汽车加征25%关税"事件成为话题度最高的汽车行业新闻;2018年第十五届北京国际汽车展览会成为网友较为关注的汽车展会。

第一节 上汽大众热度指数排名车企榜单首位

通过对2018年上榜"汽车行业互联网热点传播报告"的车企进行网络传播热度指数统计可以得出,上汽大众在2018年的热度指数达2.16,占据榜首位置,与长安福特热度差距甚微。东风日产的热度指数为2.14

---

[*] 数据来源:文中汽车销量统计数据来源于汽车销量网;其他数据及内容来自于微热点2018年1月1日至12月31日期间统计结果。
　　热度指数:指在从各互联网媒体平台采集海量信息的基础上,提取与指定关键词相关的信息,并对所提取的信息进行标准化计算后得出的指数。

排在第三位，长安汽车以 2.10 的热度指数仍排在第四位。同时，通过对比可以看出，热度排名前四名的车企差距相对较小。

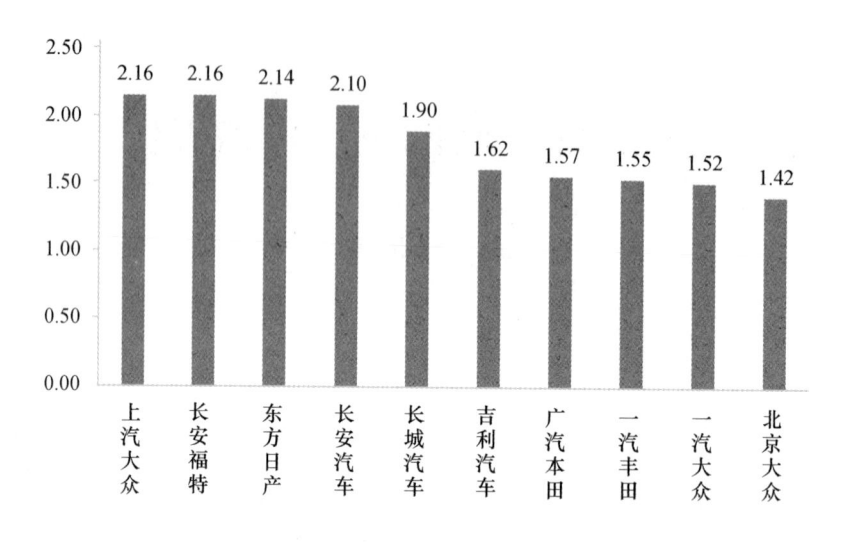

图 1　2018 年度车企热度指数 Top10

据统计，上汽大众在 2018 年热度指数为 2.16。其中，微博平台是其信息传播的主要来源，占比为 36.72%，其次为来自于非新闻资讯类民营网站的相关信息，占比为 22.27%，相对来说同样是信息重要来源。

经分析，2018 年上汽大众在微博平台的大众提及量达 18.2 万次，引发了 4.29 亿的大众阅读量，52.3 万次的大众互动量以及 4.6 万大众话题量。而在汽车领域专业人士方面，上汽大众在微博平台共引发 2.2 万条汽车专业提及量，8484.1 万专业阅读量，9.8 万次专业互动量，6544 条专业话题量。

经分析，在上汽大众相关信息的微博关键传播人中，@上汽－大众——大众品牌官方微博引发了 1.9 亿的阅读量，可以看出品牌官博对品牌相关信息的传播起到了极其重要的作用。同时，@汽车之家、@爱卡汽车等汽车相关媒体官方微博；@汽车洋葱圈、@小汐同学、@百家车坛_许永福等汽车自媒体博主，均成为上汽大众在微博汽车专业领域中的核心传播人。

从上汽大众在 2018 年全网相关信息走势来看，其相关信息分别在 3 月和 11 月达到两个统计时段内最高峰值，信息量分别超过 5 万条和 7 万

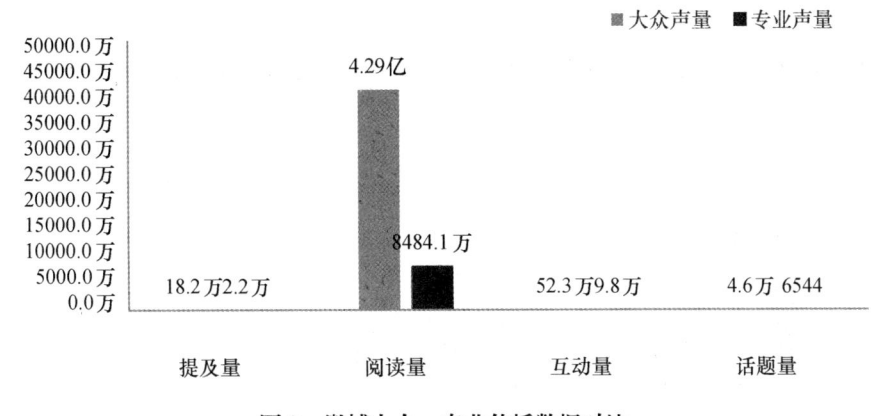

图 2 微博大众、专业传播数据对比

条。据了解,"华鼎奖上汽大众途昂之夜"举办于 4 月 8 日,在 3 月对途昂之夜的大力宣传成为"上汽大众"在 3 月的主要信息来源,也是致使 3 月信息量走高的主要原因。而"上汽大众辉昂成为中国国际进口博览会接待用车"及 11 月 19 日举办的上汽大众全新凌渡与 5 大 KPL 明星队长组队征战 C 位魅·力之夜更是受到更多网友的关注,使其信息量及热度蹿升,达到统计时段内最高峰。

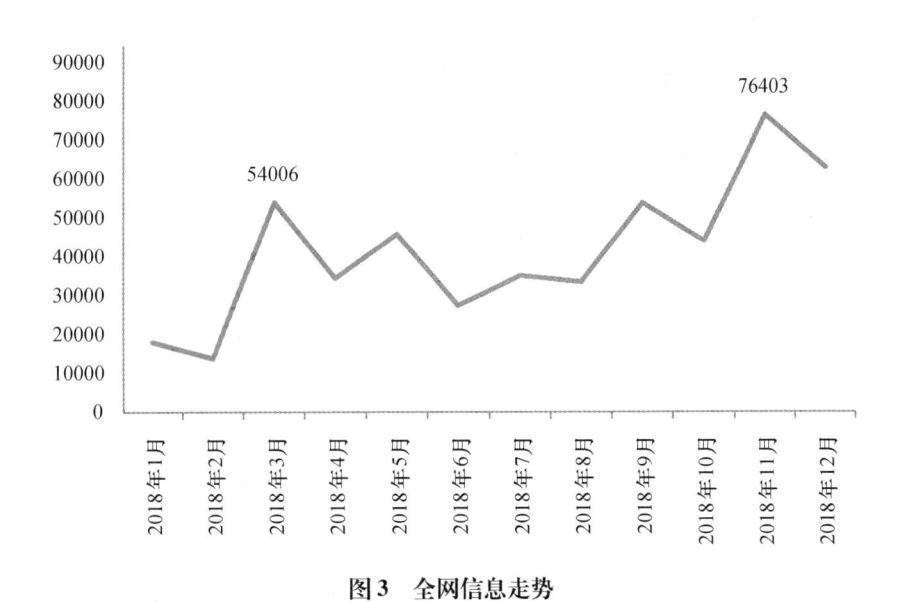

图 3 全网信息走势

第二节 凯美瑞、汉兰达、奥德赛领跑 2018 年在售车

对 2018 年在售车型进行统计,"凯美瑞""丰田汉兰达""本田奥德

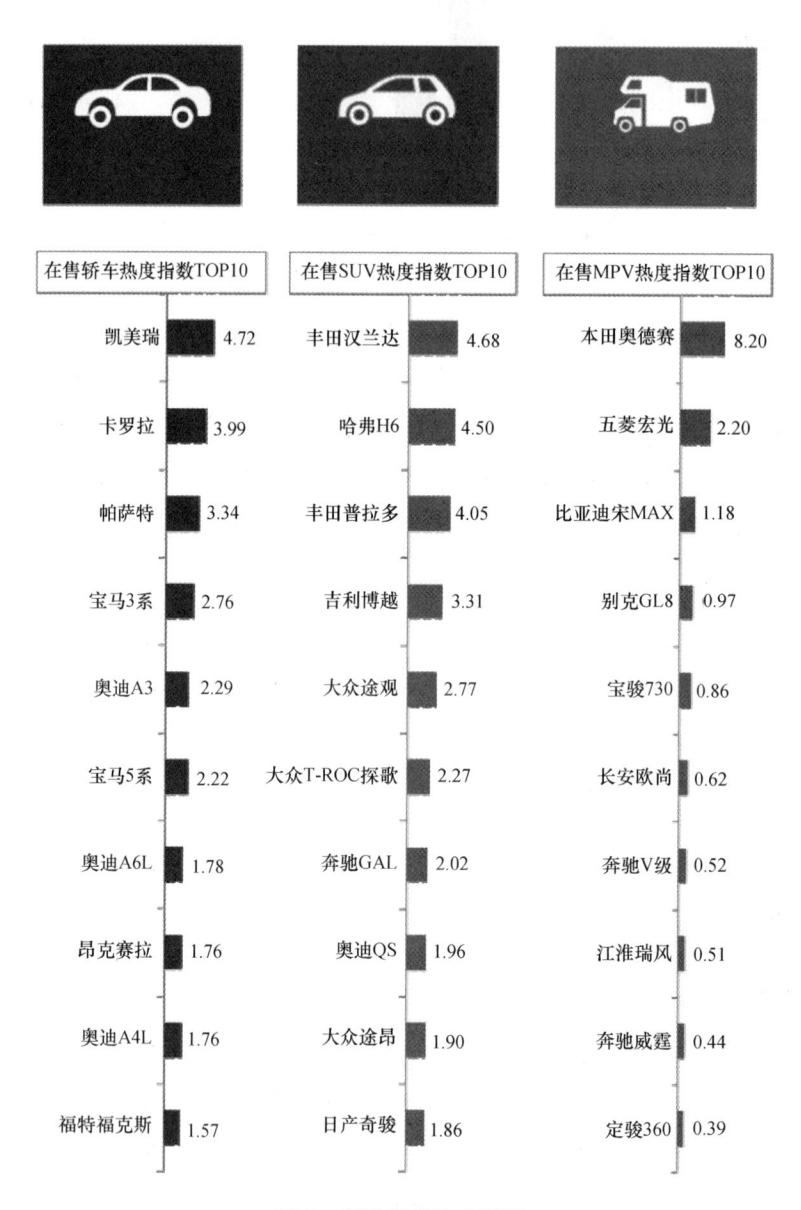

在售轿车热度指数TOP10		在售SUV热度指数TOP10		在售MPV热度指数TOP10	
凯美瑞	4.72	丰田汉兰达	4.68	本田奥德赛	8.20
卡罗拉	3.99	哈弗H6	4.50	五菱宏光	2.20
帕萨特	3.34	丰田普拉多	4.05	比亚迪宋MAX	1.18
宝马3系	2.76	吉利博越	3.31	别克GL8	0.97
奥迪A3	2.29	大众途观	2.77	宝骏730	0.86
宝马5系	2.22	大众T-ROC探歌	2.27	长安欧尚	0.62
奥迪A6L	1.78	奔驰GAL	2.02	奔驰V级	0.52
昂克赛拉	1.76	奥迪QS	1.96	江淮瑞风	0.51
奥迪A4L	1.76	大众途昂	1.90	奔驰威霆	0.44
福特福克斯	1.57	日产奇骏	1.86	定骏360	0.39

图 4 在售车型热点指数

赛"的 2018 年全年热度在众多在售车中脱颖而出,占领轿车、SUV、MPV 三个榜单的榜首。在 2018 年往月的"汽车行业互联网热点传播报告"中,这三款车型已多次占据榜首位置,信息量及热度积累而成,全年榜首实至名归。此外,上榜车型均为热度较高车型,轿车榜单中的"卡罗拉""帕萨特";SUV 榜单中的"哈弗 H6""普拉多";MPV 榜单中的"五菱宏光"等车型均为榜首备选者,在 2018 年中也多次出现在榜首位置,对其全年热度有着积极影响。

第三节 2018 年上市车型

一 2018 年上市 SUV 中大众 T-ROC 探歌获最高热度

在 2018 年上市的 SUV 中,大众 T-ROC 探歌热度相对较高。在 2018 年全年,大众 T-ROC 探歌的热度指数达 2.04,较高于其他在 2018 年上市的 SUV。同时,新款丰田汉兰达、博越 2018 款、全新宝马 X3、奔驰 GLA2018 款、新一代宝马 X5、探岳、Jeep-指挥官、领克 02、蔚来 ES8 等车型分列 2—10 位,网络关注度也相对较高。

经统计,大众 T-ROC 探歌在 4 月被曝光后,其全网信息量快速增长。微博平台也成为大众 T-ROC 探歌信息量的一个重要来源之一,占比高达 45.41%。经分析,大众 T-ROC 探歌在微博平台的大众提及量达 20.3 万,引发了 3.31 亿大众阅读量,64 万大众互动量,7.4 万大众话题量。此外,大众 T-ROC 探歌也引发了微博汽车圈的关注。经梳理,2018 年,大众 T-ROC 探歌在微博平台的汽车专业提及量达 2.1 万,引发了 1.18 亿专业阅读量,16.9 万专业互动量和 3517 条的专业话题量。

大众 T-ROC 探歌的微博相关话题也对其信息的传播起到了重要的作用,话题"t-roc 探歌上市发布会"的阅读量高达 1.1 亿。

大众 T-ROC 探歌在微博中引发了汽车圈以及一些其他领域的微博大 V 的关注。例如,在大众 T-ROC 探歌阅读量的关键传播者中,@一汽-大众——大众品牌官方微博引发了 5000 余万的阅读量。也不乏@汽车之家、@易车等汽车媒体官方微博,还有@四轮玩具、@5X 老司机运营小妹、@CarShooter、@百家车坛_许永福等资深汽车媒体人。

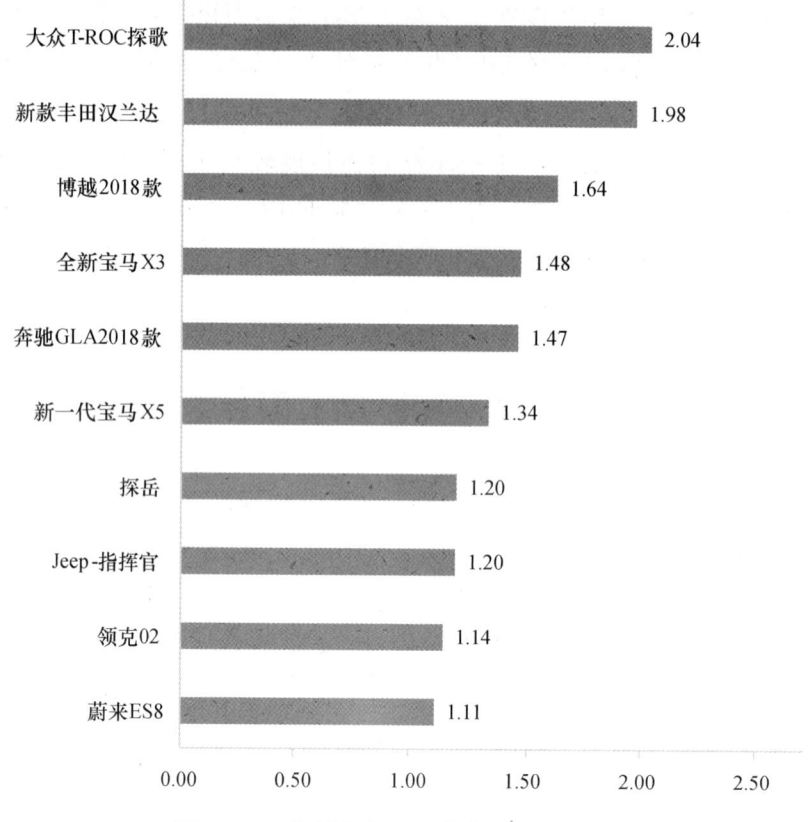

车型	热度指数
大众T-ROC探歌	2.04
新款丰田汉兰达	1.98
博越2018款	1.64
全新宝马X3	1.48
奔驰GLA2018款	1.47
新一代宝马X5	1.34
探岳	1.20
Jeep-指挥官	1.20
领克02	1.14
蔚来ES8	1.11

图5 2018年新上市SUV热度指数Top10

一些汽车博主及关注大众T-ROC探歌的网友，对大众T-ROC探歌汽车配置、外观、操控性、内饰、价格等方面发表自己的看法。@Car-Shooter博主在发布相关微博时表示"T-ROC配备4MOTION四驱系统，能够以7种驾驶形式灵活应对各种路况挑战，完全轻松应对越野和砂石路段［坏笑］绝对可以称得上是一款年轻时尚，内外兼修的SUV"；博主@蔡试场则发博表示"作为拉力粉，我觉得大众宣称探歌是能跑拉力的SUV，戏多了"。

经统计，大众T-ROC探歌微博专业提及量的参与者普遍更关注外观、价格、售前售后服务、汽车配置等元素。此外，汽车动力、车内空间、汽车内饰等元素也成为汽车专业人士的关注热点。

而从大众T-ROC探歌在微博的传播关键词来看，"车型""外观"

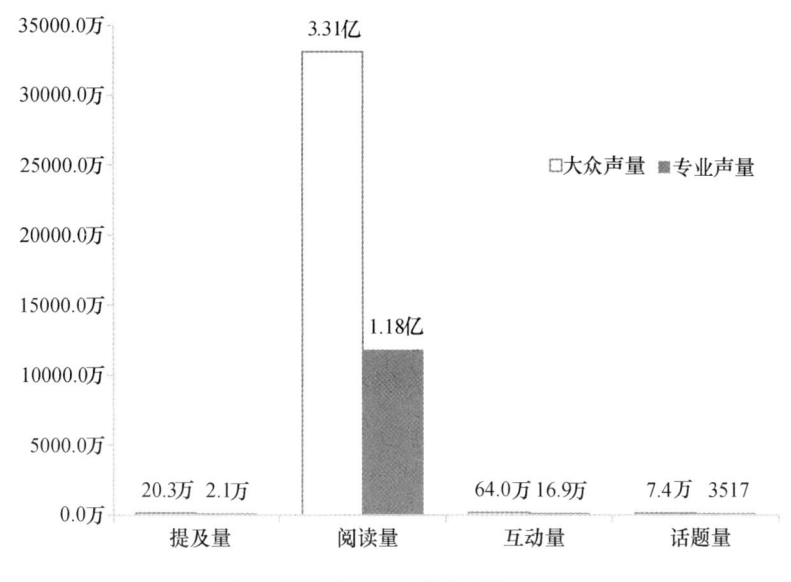

图6 微博大众、专业传播数据对比

"发动机""变速箱"等词语成为传播中出现次数较多的词语。而从"音响""功率""价格"等词语中，可以侧面看出网友对大众 T-ROC 探歌的关注重点。

二 2018 年上市轿车中全新一代宝马 3 系最吸睛

在 2018 年上市的轿车中，全新一代宝马 3 系排在轿车榜单首位。在 2018 年，全新一代宝马 3 系的热度指数达 1.53，相比其他 2018 年上市轿车来讲热度相对较高。同时，大众新一代宝来、新一代大众 CC、全新逸动、睿骋 CC、博瑞 GE、新款宝马 5 系、新一代奥迪 A6L、2019 款英朗、全新奔驰 GLE 等车型分列 2—10 位，网络关注度也相对较高。

经统计，全新一代宝马 3 系的全网信息量在 5 月呈现直线上升趋势。据了解，微博大 V@钱哥在 5 月 28 日发布微博"请查收一台全新宝马 3 系时尚版 320Li 一次性给你全款买下来，直接转这条同时关注两人@钱哥@大佬，6.16 日抽一人送出通过@微博抽奖平台公平公正"，获 49 万余次转发，使全新一代宝马 3 系信息迅速上升。此外，视频自媒体博主@

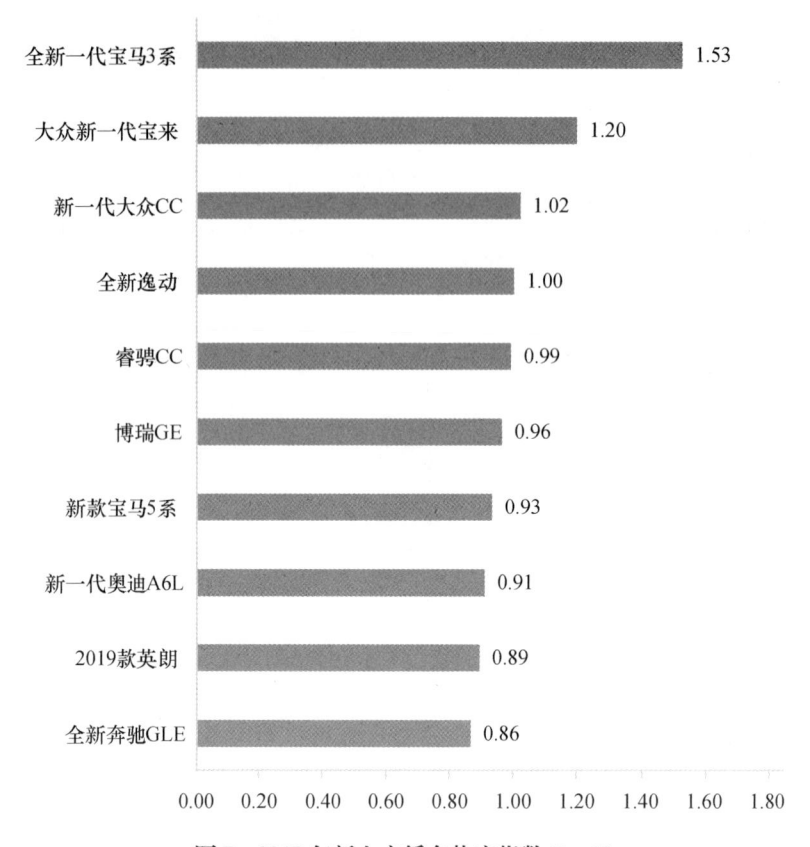

车型	指数
全新一代宝马3系	1.53
大众新一代宝来	1.20
新一代大众CC	1.02
全新逸动	1.00
睿骋CC	0.99
博瑞GE	0.96
新款宝马5系	0.93
新一代奥迪A6L	0.91
2019款英朗	0.89
全新奔驰GLE	0.86

图 7　2018 年新上市轿车热度指数 Top10

毒角 SHOW 也在 7 月 20 日发布全新宝马 3 系抽奖微博，同样使其信息量狂增。微博平台成为全新一代宝马 3 系相关信息的主要来源，占比高达 94.72%。经分析，全新一代宝马 3 系在微博平台的大众提及量达 215 万，引发了 124.5 亿大众阅读量，8585.3 万大众互动量，3.5 万大众话题量。此外，全新一代宝马 3 系也引发了微博汽车圈的关注。经梳理，2018 年，全新一代宝马 3 系在微博平台的汽车专业提及量达 2.4 万，引发了 5307.4 万专业阅读量，3.4 万专业互动量和 2258 条的专业话题量。

全新一代宝马 3 系在微博中的专业声量主要由参与"送车微博活动"中的微博大 V、汽车媒体和汽车自媒体引发和构成。例如，在全新一代宝马 3 系专业阅读量的关键传播者中，不乏@钱哥、@丸子酱 pink、@大佬、@金主先生等活动相关大 V；还有@汽车之家等汽车媒体官博；更是

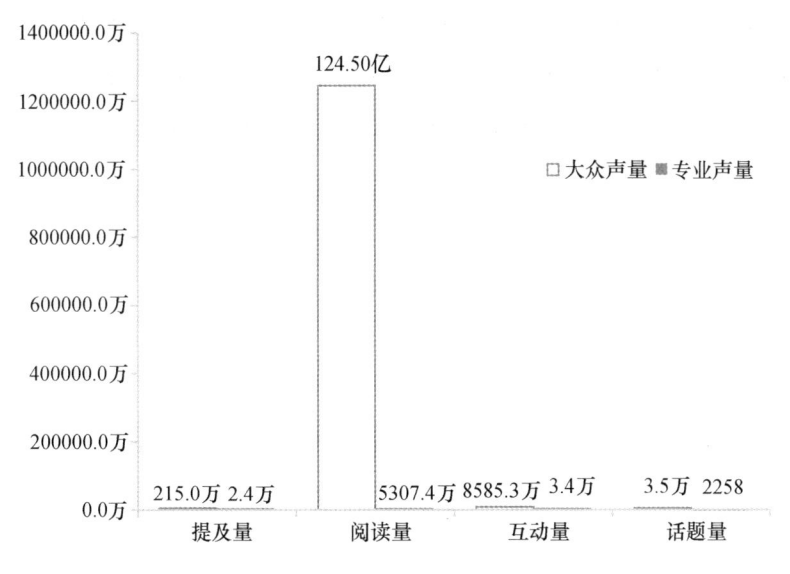

图 8 微博大众、专业传播数据对比

有@PS3保罗、@Cars01、@-_-二师兄等资深汽车媒体人。

一些汽车博主及关注全新一代宝马3系的网友，对全新一代宝马3系汽车外观、动力性、整体设计等方面发表自己的看法。@汽车之家官方微博在发布相关微博时表示"此次测试车内采用的是接近量产版本的内饰，全新的'大鸡腿'电子挡杆令人印象深刻"；汽车达人@汽车洋葱圈则发博对全新一代宝马3系整体设计方面进行具体的解析。

经统计，全新一代宝马3系微博专业提及量的参与者普遍更关注外观、动力、汽车配置、售前售后服务等元素。此外，汽车价格、汽车内饰、汽车驾驶感等元素也成为汽车专业人士的关注热点。

而从全新一代宝马3系在微博的传播关键词来看，"车型""车身""发动机""外观"等词语成为传播中出现次数较多的词语。而从"功率""空间""价格""油耗"等词语中，可以侧面看出网友对全新一代宝马3系的关注重点。

三 2018年上市MPV中本田新款奥德赛热度位列榜首

在2018年上市的MPV中，本田新款奥德赛热度相对较高，热度指数为 0.67，较高于其他 2018 年上市 MPV。同时，别克 GL6、宝骏 360、新款奔驰 V 级、新款埃尔法、2018 款海狮、新款宝马 2 系旅行车、2019 款别克 GL6、新款高尔夫·嘉旅、五菱宏光 S 等车型分列 2—10 位，网络关注度也相对较高。

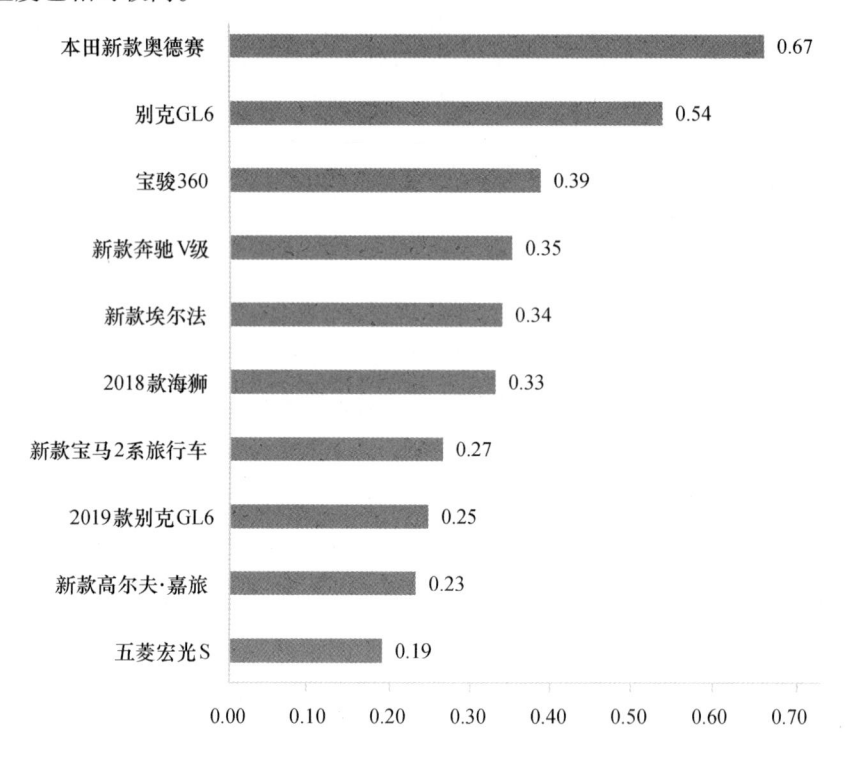

车型	热度指数
本田新款奥德赛	0.67
别克GL6	0.54
宝骏360	0.39
新款奔驰V级	0.35
新款埃尔法	0.34
2018款海狮	0.33
新款宝马2系旅行车	0.27
2019款别克GL6	0.25
新款高尔夫·嘉旅	0.23
五菱宏光S	0.19

图 9　2018 年新上市 MPV 热度指数 Top10

经统计，本田新款奥德赛在 2018 年以 0.67 的热度指数排在 MPV 榜榜首，微博为本田新款奥德赛相关信息的主要来源，占比高达 33.58%。经分析，本田新款奥德赛在微博平台的大众提及量达 4.7 万，引发了 6849.1 万大众阅读量，11.6 万大众互动量，2065 条大众话题量。此外，本田新款奥德赛也引发了微博汽车圈的关注。经梳理，2018 年，本田新款奥德赛在微博平台的汽车专业提及量达 1.1 万，引发了 3238.5 万专业阅读量，5.5 万专业互动量和 1170 条的专业话题量。

@新浪汽车官方微博发布的相关微博获 162 万 + 的阅读量。@汽车之家、@爱卡汽车、@梁巍 - 、@车轮上的印记 KOL、@YYP 颜宇鹏、@

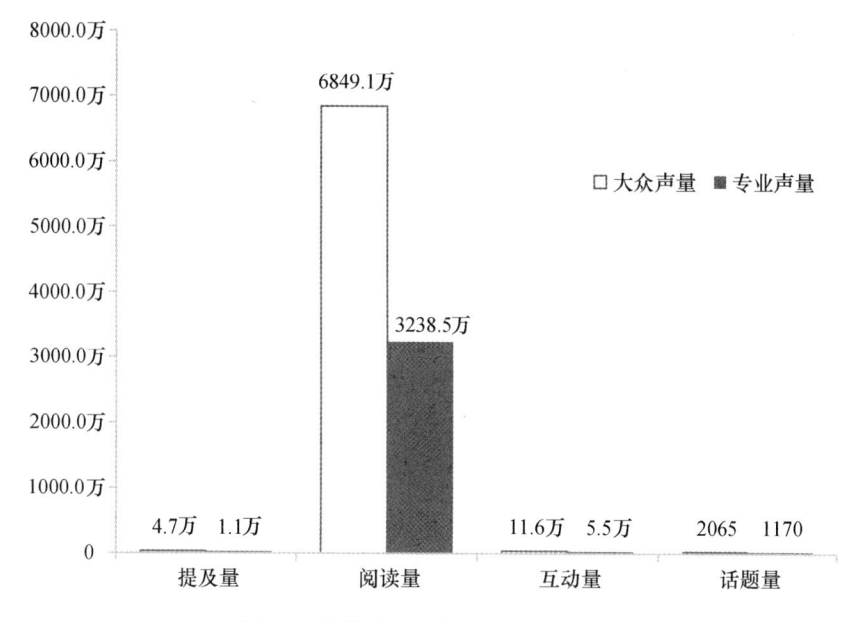

汽车行业互联网热点传播报告 / 141

图 10　微博大众、专业传播数据对比

汽车志等知名汽车媒体、自媒体官方微博及网站媒体官方微博均成为本田新款奥德赛的专业微博核心传播者。其中，一些博主及网友对本田新款奥德赛表达了看法。例如@新浪汽车表示"很多人都说这款车隔音很差，官方这次推出的中期改款车型就着重改善了这一问题"。

经统计，本田新款奥德赛微博专业提及量的参与者普遍更关注外观、售前售后服务、动力、汽车配置等元素。

而从本田新款奥德赛在微博的传播关键词来看，"车型""发动机""外观""配置"等词语成为传播中出现次数较多的词语。而从"天窗""饰条""造型"等词语中，可以侧面看出网友对本田新款奥德赛的关注重点。

第四节　中国将对美产汽车加征 25% 关税一事最受关注

通过对 2018 年汽车行业热点事件网络传播热度指数的分析发现，"中国将对美产汽车加征 25% 关税"一事成为最受网络舆论关注的汽车行业热点事件，热度指数为 3.47。此外，"9 月汽车销量降幅扩大至两位数全年或陷负增长""恒大 2017 年底 3 亿美元入股 FF 当时 FF 估值仅 15 亿美元"等汽车行业事件也较受关注。

表 1　　　　　　　　2018 年汽车行业热点事件 Top10

排行	内容	网络传播热度指数
1	中国将对美产汽车加征 25% 关税多款车受影响	3.47
2	9 月汽车销量降幅扩大至两位数全年或陷负增长	2.09
3	恒大 2017 年底 3 亿美元入股 FF 当时 FF 估值仅 15 亿美元	1.72
4	北汽新能源上市相关事件	1.24
5	长安汽车：发布智能化战略	1.23
6	一汽、东风、长安合并疑云半年财报东风占优	1.19
7	2018 中国汽车设计国际峰会结束	1.13
8	蔚来汽车上市相关事件	1.11
9	长城 WEY 牵手百度 Apollo2020 年量产自动驾驶汽车	1.10
10	现代在华设立 1 亿美元基金投资氢技术及基础设施	1.08

中美贸易战影响波及汽车领域。4 月 4 日，财政部新闻办公室发布消息，经国务院批准，国务院关税税则委员会决定对原产于美国的大豆、汽车、化工品等 14 类 106 项商品加征 25% 的关税。从公布的名单可以看出，涉及汽车类的项目共有 28 项，占比接近总项目数的三分之一。根据微热点大数据平台统计，在 2018 年，相关事件的全网相关信息量达 81.4 万条，来自微信平台和非新闻资讯类民营网站的信息量为最多，占比分别为 23.3% 和 22.1%，成为传播事件相关信息的主要平台。

从该事件的敏感度来看，事件的敏感信息占全部信息的 16.89%，相对来讲敏感度较高。

经统计，该事件在微博的传播过程中，@新华视点、@央视新闻、@人民日报等多家主流媒体官方微博对事件传播起到了较为关键的作用。

从关键词云来看，"美国""关税""中国经济""贸易"等词成为该事件传播过程中被提及最多的核心词，此外"汽车""加征关税"等词出现在关键词云图中，侧面可以看出事件对汽车行业的影响。

中国美妆行业白皮书（2018）

益普索 Ipsos　百度指数[*]

益普索 Ipsos 携手百度指数发布"美妆行业趋势报告"，通过结合益普索 Ipsos 抓取的社交媒体高声量讨论数据与百度指数的搜索数据，为大家深度剖析美妆行业的发展趋势，竞争环境及发展机会。

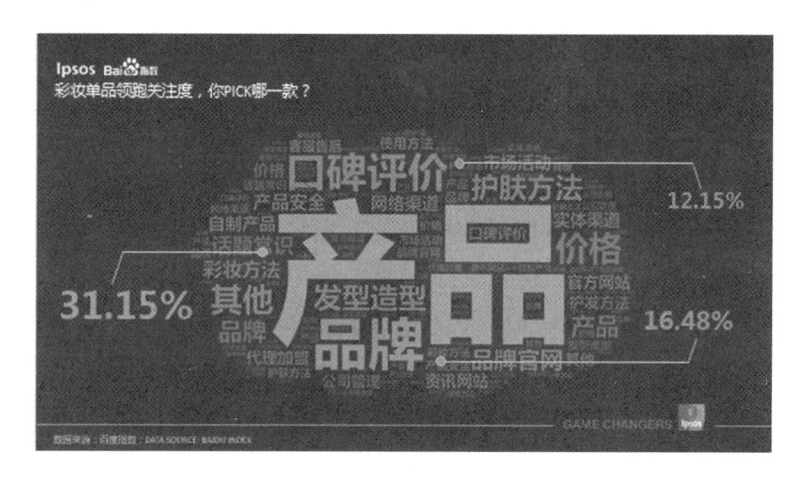

图 1　彩妆单品领跑关注度，你 Pick 哪一款？

在社交媒体上，护肤和美妆两个话题常年处于火热状态，讨论量维

---

[*] 益普索 Ipsos，全球领先的市场研究集团，中国最大的个案研究公司，业务遍布全球 89 个国家及地区。百度指数，以百度海量网民行为数据为基础的数据分享平台。

持在千万级以上,每当碰到重大的节日、电商活动日等,还会出现一波小高峰。而最受人们关注,讨论最热烈的话题则是产品、品牌和口碑评价。KOL 在社交媒体上的评测绝对有效且持续保证了美妆时尚的话题热度。

第一节 玩转三大产品新趋势

趋势一 "纯天然"的进化

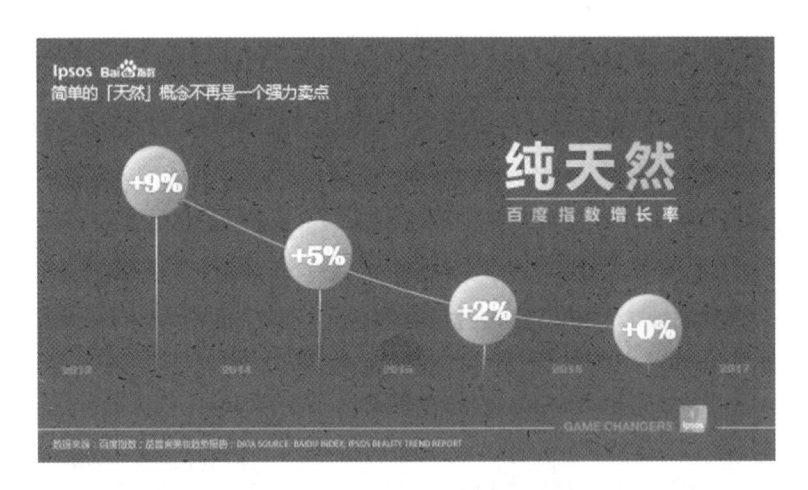

图 2 简单的"天然"概念不再是一个强力卖点

百度指数数据显示,纯天然概念在过去四年里搜索增长率逐年降低,简单的纯天然概念已不再是强力的卖点,但特定产地的专属天然成分对消费者仍具吸引力。这是由于"特定产地"通常与"特殊功效"相关联,能够更有针对性地解决消费细分需求。

"植物草本美妆"的概念也在兴起,含有植物养肤成分的美妆产品让消费者感觉更轻盈、健康、无负担。消费者体验则是所有品牌商应关注的话题,完美的产品体验是消费者复购、成为忠诚客户的制胜法宝。品牌商不应局限于提供消费者需要的,也应深度挖掘消费者需求。通过产品创新为消费者提供令人惊喜的产品体验,长久地抓住消费者的心。

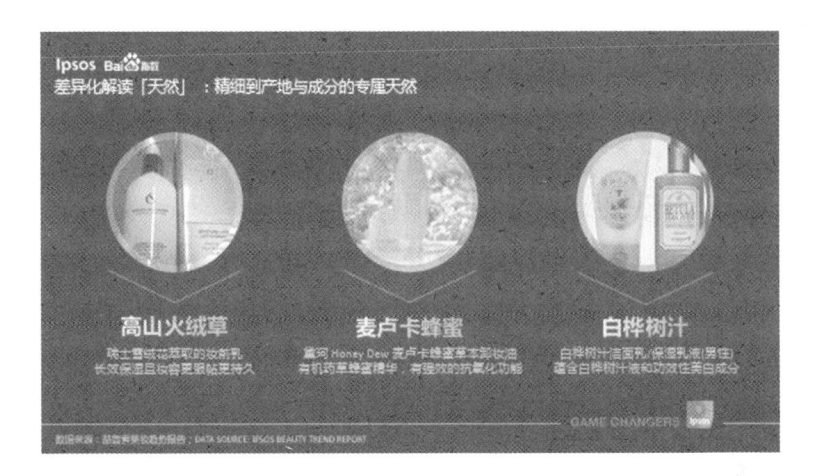

图3 差异化解读"天然":精细到产地与成分的专属天然

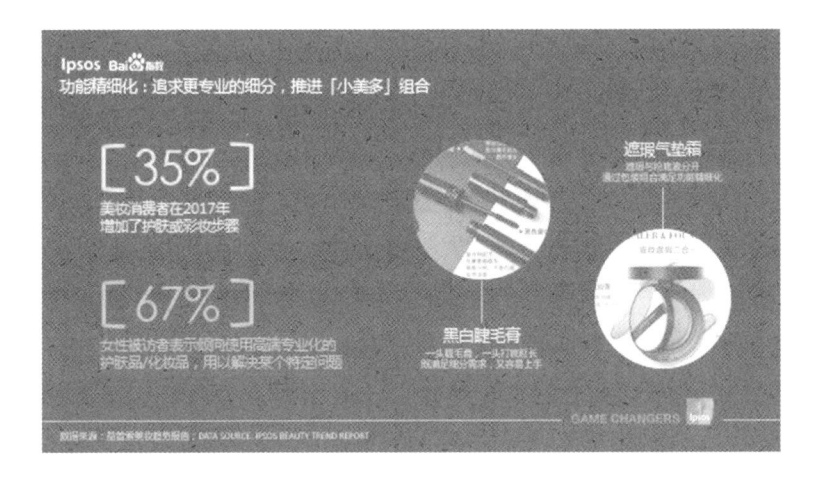

图4 功能精细化:追求个人能够专业的细分,推进"小美多"组合

趋势二 功能精细化

为满足消费者日益变化的细分需求,美妆及护肤产品的功能也越加精细化,在产品功能上追求更专业的细分。以前,遮瑕液是遮瑕液,粉底液是粉底液,而现在同等体积的一小盒化妆品既有遮瑕液又有粉底液。

品牌商通过对产品包装组合满足功能细分化，轻便易携带，方便使用，当然深受大家喜爱。

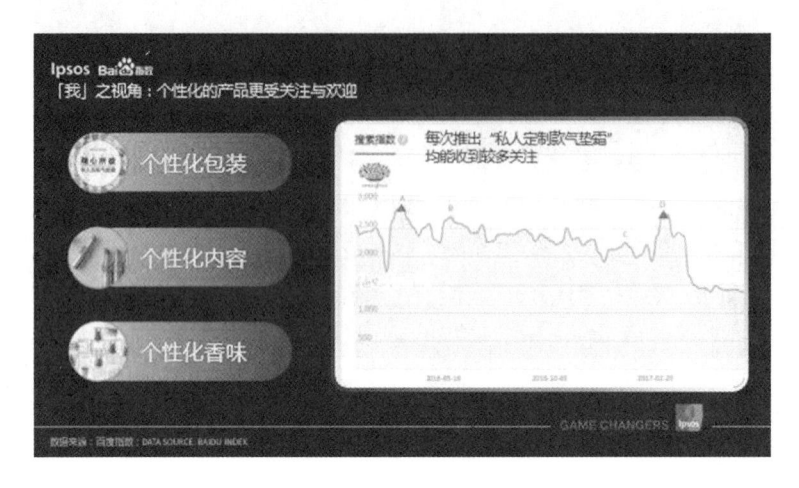

图 5　"我"之视角：个性化的产品更受关注与欢迎

趋势三　产品个性化

产品个性化包括个性化包装、个性化内容和个性化香味，旨在通过私人定制的形式展现消费者独特的爱美主张。美妆品牌商们，尤其是一些大型的品牌商，通过跨国营销的方式呈现高端的品牌定位，同时，也通过整合和运用自己在不同国家的资源优势来拓展提升品牌影响力。

第二节　种草无国界，科技神助攻

品牌商们也通过新技术、新的零售模式，拉近与消费者之间的距离。例如借助 AR 技术推出的 AR 试妆体验，让消费者简单几步就能体验彩妆产品的使用效果。百度就借着《变形金刚 5》电影上映的热度，通过电影中的元素体现欧莱雅对男士护肤品的诉求，体现了护肤产品对抗干燥、油腻、痘痘的功能，借助 AR 动态广告加强与客户的互动体验。

图 6　科技神助攻：提供全新试妆体验

第三节　颜值分流派，各有各精彩

欧美美妆产品"高端"，日韩美妆产品"时尚"，国产特色美妆产品"特色"，美妆品牌市场竞争尤为激烈。总体来看，欧美品牌的关注度最高，占到了67%。欧美系产品给消费者最大的感觉就是"大牌产品很贵"。与欧美系不同，日韩系美妆产品的消费者都想做时尚潮人。国产美妆产品借助中国元素塑造东方之美，情怀满分，产品力还亟待突破和提升。

图 7　欧美大牌领跑线上消费者搜索关注

图 8　国风新时尚

消费者对美妆产品品牌所属地域的感官标签会直接影响产品选择。是否有品牌可以让消费者觉得、亲近、时尚、特别、非它不可呢？

第四节　消费者视角：妆和不妆，各有乾坤

益普索 Ipsos 通过市场细分模型对美妆人群的购买动因进行分析，筛选出了以下主要观点：

图 9　益普索 Censydiam 模型解析美妆八大动因

"化妆在重要的场合给予我力量"

数据显示，对于 16.5% 的女性而言，人生第一个重要的场合就是大学毕业典礼，对极少数女性而言，毕业典礼走红毯是她们第一次正式化妆。

"化妆这件事上，我们不一样"

消费者表示能通过化妆更好地凸显自己的独特性。当然，消费者的关注点因人而异，有的关注具体的单品，有的喜欢研究产品的质地与成分，有的偏爱研究色号或色彩搭配，还有的对上妆方法与流程更感兴趣。

"化妆是为了融入并获得归属感"

有的消费者本身可能没有化妆的习惯，但因为身边的人都在化妆，那么为了让自己能很好地融入到所处的群体之中，逐渐就开始化妆。

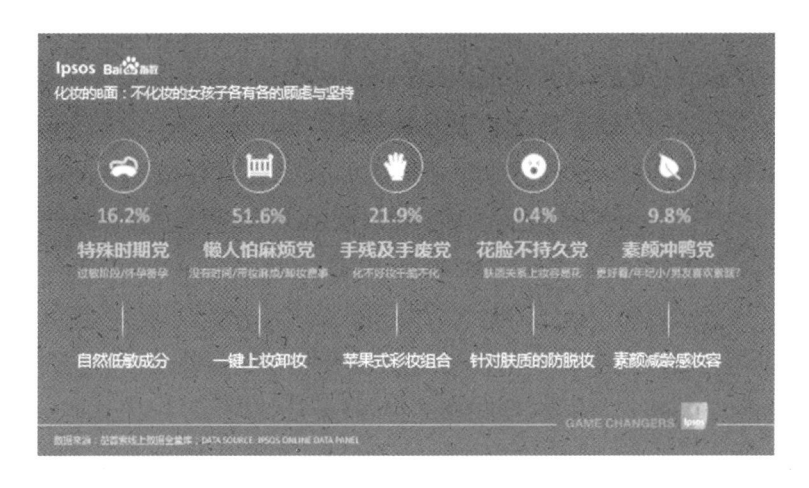

图 10　不化妆背后的顾虑与坚持

"不化妆的女孩子顾虑各不相同"

研究发现，超过一半原因是怕麻烦或说懒。还有约 22% 是因为缺少化妆技巧，干脆就不化，也有一些是因为处于过敏阶段或怀孕备孕阶段不得不暂停化妆。

第五节　品牌商视角：以"创新"为核心

中国庞大的市场体量为不同定位的品牌都留有发展的空间。消费者的爱美诉求是多元化的，个性化的，永无止境的。

消费者对化妆的态度越来越开放，接受程度也来越高。化妆已逐渐成为一种习惯和理念，城市层级和群体界限也越来越模糊。然而，对消费者的深度理解始终是品牌商在市场竞争如此激烈的环境下突破重围的核心。

品牌商们需要把握好当下市场发展的趋势，以消费者需求为中心，通过"创新"产出符合消费群体使用习惯的产品，同时应将其巧妙地与营销策划和新兴技术结合，将品牌的影响力最大化。

今日头条手机行业内容营销报告

张汉卿[*]

中国的手机行业进入惨烈的零和博弈，营销和产品是竞争最重要的两个手段。相比产品的改进需要技术的沉淀和积累，营销上的加码无疑是更容易的。我们在2017年见证了手机行业营销"快消化"的一年。目不暇接的新代言人、层出不穷的跨界营销，手机厂商疯狂地挥舞着钞票，几乎拿下了所有机场、火车站、综艺节目上显眼的广告位。于是我们在调查中，问了11位专家一个问题："手机行业会不会进入营销驱动的时代?"几乎所有专家的回答都是"不会"。

他们的预言，在2018年上半年得到了验证。2018年可能是智能手机历史上的大年，正是由于竞争的白热化，就越有可能出现更富有创新的产品与技术。华为P20、vivo NEX、OPPO Find X，国产厂商展示出了多年技术积淀所结出的硕果。

作为硬币的一体两面，手机行业的营销也发展到了新阶段，一切营销围绕产品、功能而展开。本文是今日头条手机行业半年度系列报告的组成部分，数据洞察产品驱动下的手机行业内容营销趋势。

---

[*] 张汉卿，北京字节跳动科技有限公司头条指数运营总监。

第一节　主流品牌手机类资讯内容消费概况

一　主流品牌 2018 年上半年关注度排行

各品牌 2018 年上半年的关注度继续呈"金字塔"式分布：

- 华为和小米半年关注度达 2 亿以上，两者差距不大，但和排名之后的厂商在关注度上拉开了较大距离。
- 苹果、OPPO 半年关注度在 1.5 亿—2 亿之间，位列第二梯队。魅族、一加、vivo 半年关注度在 1 亿—1.5 亿之间，位列第三梯队。三星、荣耀、魅蓝、锤子半年关注度在 1 亿以下，位列第四梯队。
- 相比 2017 年全年关注度排名，一加关注度上升明显，三星关注度下滑明显。

表 1　　　　　　　　主流品牌 2018 年上半年关注度排行

品牌	关注度	梯队
华为	358425470	第一梯队
小米	338146780	半年关注度 2 亿以上
苹果	168704540	第二梯队
OPPO	161519610	半年关注度 1.5 亿—2 亿
魅族	115528890	第三梯队
一加	113009680	半年关注度 1 亿—1.5 亿
vivo	112879010	
三星	97920050	第四梯队
荣耀	97709220	半年关注度 1 亿以下
魅蓝	78987410	
锤子	58497740	

二 主流品牌2018年上半年关注度逐月排行变化情况

表2　　主流品牌2018年上半年关注度逐月排行变化情况

品牌	1月	2月	3月	4月	5月	6月	半年
华为	1	2	2	1	2	2	1
小米	3	1	1	2	1	1	2
苹果	2	3	4	5	4	8	3
OPPO	5	10	3	3	5	3	4
魅族	8	5	5	4	7	7	5
一加	10	7	9	7	3	5	6
vivo	7	8	7	9	8	4	7
三星	6	4	6	6	6	9	8
荣耀	4	9	10	8	10	6	9
魅蓝	9	6	8	10	11	10	10
锤子	11	11	11	11	9	11	11

三 重点机型资讯阅读量排行

手机品牌的关注度,很大程度上是依靠一台台新机的发布和相应的内容营销campaign累积起来的。由于机型的发布时间不同,计算每个机型上半年的资讯阅读总量并不公平,因此头条指数截取了重点机型从发布当天起7天内的资讯阅读量,并以此进行了排序。数据发现,小米每年上半年的旗舰,依然是热度最高的。在今年上半年中,小米8发布7天内的热度位居全部机型之首,且跟第二名拉开了较大距离。

表3　　重点机型发布一周内关注度排行

新机	发布时间	发布后一周内关注度
小米8	2018年5月31日	33861340
OPPO R15	2018年3月31日	12169110

续表

新机	发布时间	发布后一周内关注度
华为 P20	2018 年 3 月 27 日	10815970
OPPO Find X	2018 年 6 月 20 日	8829930
魅族 15	2018 年 4 月 22 日	8681340
vivo NEX	2018 年 6 月 12 日	8350720
vivo X21	2018 年 3 月 19 日	8110640
荣耀 10	2018 年 4 月 19 日	7424570
三星 S9	2018 年 2 月 26 日	7067570
一加 6	2018 年 5 月 17 日	6966160

四 重点机型用户搜索量排行

从搜索数据来看，小米 8 保持了在资讯阅读中的优势，继续保持第一。华为 P20、小米 MIX2s 紧随其后。

相比资讯阅读，消费者在搜索行为中的主观意愿更强，因此区别于资讯阅读 Top10 机型中一众新品旗舰机型，用户搜索 Top10 机型中会出现像红米 Note5 这样的千元机，以及像华为 Mate10 这样的去年发布但现阶段渠道价格开始松动的机型。

表 4　　　　　　重点机型用户搜索量排行

机型	用户搜索数
小米 8	919150
华为 P20	664216
小米 MIX2s	342576
荣耀 10	341331
华为 Mate10	297033
iPhone X	280209
一加 6	245208
魅族 15	233467
三星 S9	220014
红米 Note5	198273

五 各品牌资讯阅读量组成结构按内容体裁分

头条指数之前发布的报告显示，视频和图片类内容会获得更好的用户反馈，因此品牌总曝光中来自图片和视频，尤其是视频的比例较高，对品牌是更有利的。视频化，也已经成为内容制作、分发行业的重要趋势。

从2018年上半年的数据看，视频播放量占品牌总曝光的比例，各个品牌差距较大。

- OPPO、vivo两家在体裁上的特点相似，视频播放量高，占总体曝光的比例大，是唯二视频量占比超过40%的厂商。
- 华为和苹果紧随其后，品牌总曝光中来自视频的比例在20%—35%之间。
- 其余厂商的内容视频化程度低，在视频类内容上的投入仍需加强。

表5　　　　各品牌资讯阅读量组成结构（按内容体裁）

机型	图文阅读量占比	图片阅读量占比	视频阅读量占比
OPPO	48.30%	1.73%	49.97%
vivo	56.77%	2.51%	40.71%
华为	65.97%	1.33%	32.70%
苹果	73.56%	1.83%	24.61%
锤子	79.40%	0.83%	19.78%
荣耀	78.89%	2.11%	18.99%
三星	81.35%	1.95%	16.69%
小米	81.49%	2.54%	15.98%
一加	83.20%	2.41%	14.39%
魅族	84.43%	1.96%	13.60%
魅蓝	88.04%	1.45%	10.50%

六 各品牌资讯阅读量组成结构按创作者类型分

内容优质的头部媒体，其内容具有较高的置信度和影响力。在分发阶段，今日头条的流量也会向能产生优质内容的头部媒体倾斜。头条指数按照内容质量,而非内容流量,在科技数码类别中筛选出了407家头部媒体。并对各家厂商的资讯阅读量来源进行了分析。

头条指数发现,锤子、三星、苹果三家厂商的资讯阅读量来自头部媒体的比例更高,均超过了10%,锤子更是达到了15.86%,这意味着,有关锤子的内容每被消费者阅读100次,即有16次由头部媒体所生产。

而华为、魅蓝、OPPO的资讯阅读来自头部媒体的比例较低,原因大致有三:

- 其品牌受众在内容消费中的习惯,更偏向于自媒体作者所生产的长尾内容。
- 品牌及其相关代理公司在进行内容营销时,策略上更倾向于腰部、尾部的自媒体作者。
- 头部媒体的创作产能有限,但该品牌的相关资讯备受关注,属于该领域的"全民话题",因而摊薄了资讯阅读中来自头部媒体的比例。

表6 各品牌资讯阅读量组成结构(按创作者)

品牌	头部媒体资讯阅读量占比*	非头部媒体资讯阅读量占比
锤子	15.86%	84.14%
三星	11.66%	88.34%
苹果	10.78%	89.22%
小米	9.56%	90.44%
vivo	9.16%	90.84%
一加	7.96%	92.04%
魅族	7.54%	92.46%
荣耀	7.48%	92.52%
华为	6.01%	93.99%
魅蓝	5.68%	94.32%
OPPO	3.78%	96.22%
手机类资讯均值	9.64%	90.36%

*头部媒体资讯阅读量占比=某品牌由头部媒体所创作的资讯产生的阅读量/该品牌的资讯阅读总量。

七 各品牌资讯阅读量组成结构按消费者类型分

在头条平台上,如果用户身上带有一个品牌的兴趣标签,则可称之为这个品牌的"粉丝"。但不同品牌的粉丝之间,是否愿意阅读品牌的相关资讯,表现不一。头条指数显示,小米的资讯阅读量中由粉丝贡献的比例最高,达到25.05%,即每100次阅读中就有25次是小米的粉丝贡献的。而vivo、一加、OPPO的这一比例,则相对较低。

产生这种差异的原因,大致有二:

- 不同品牌的粉丝在"狂热"程度以及表达喜爱的方式上有差异,有些品牌的粉丝在阅读行为上偏"高冷",不爱阅读品牌资讯,或者阅读后不爱分享和评论。
- 个别品牌在进行内容营销时,着重覆盖尚未覆盖的"非粉丝人群"。

表7　　各品牌资讯阅读量组成结构(按消费者类型)

品牌	粉丝阅读量占比*	非粉丝阅读量占比
小米	25.05%	74.95%
华为	18.16%	81.84%
苹果	18.15%	81.85%
魅族	17.98%	82.02%
三星	17.04%	82.96%
锤子	16.57%	83.43%
荣耀	6.70%	93.30%
魅蓝	5.64%	94.36%
vivo	4.69%	95.31%
一加	4.02%	95.98%
OPPO	2.95%	97.05%

*粉丝阅读量占比=某品牌资讯中由其粉丝贡献的阅读量/该品牌的资讯阅读总量。

八 各品牌资讯消费者阅读指标盘点

在算法分发资讯的时代,用户对内容的反馈很重要。对算法而言,用户在页面上每一次互动、每一秒停留,都将成为算法判断这篇文章是否要继续推荐的依据。用户对内容的反馈，是内容优劣的体现。从数据来看，各个品牌在消费者阅读指标上呈现出的特征不尽相同。

- 在篇均阅读中，华为、一加是唯二能达 4000 以上的品牌，跟第三名小米拉开了一定差距。而三星的篇均阅读相对较低，这和前文提到的三星资讯量高、阅读量低的特征相呼应。这可能意味着，作为大型跨国品牌，依然有众多创作者愿意创作三星的资讯，但消费者在内容消费上已经不埋单了，三星在中国市场上销量的衰颓，也映射在内容消费中。
- 篇均时长方面，一加高出其他品牌一筹，篇均停留可以达到 70 秒以上，这意味着消费者对一加的内容消费沉浸度更高，有更长的时间去了解一加的品牌主张。
- 有效阅读比方面，苹果、锤子、华为这 3 个品牌相对较高，超过 65%。而 OPPO 的有效阅读比非常低，意味着有超过 7 成的资讯曝光，消费者停留时间都在 10 秒以下。
- 而在收藏、评论、分享这 3 个用户互动指标上，华为的表现非常出色，各项指标均位居前列。在手机资讯表现最突出的评论比中，vivo、锤子、三星 3 个品牌的评论比超过 0.6%，也对应了能引发大量评论的 3 种类型——产品讨论（vivo）、品牌和公司人物争议大（锤子）、民族主义情绪（三星 & 锤子）。

表8　　　　　各品牌资讯消费者阅读指标盘点

品牌	篇均阅读	篇均停留时长	有效阅读比	收藏比	评论比	分享比
华为	4862.84	56.01	67.81%	0.27%	0.57%	0.0140%
一加	4673.68	78.35	55.81%	0.19%	0.40%	0.0052%
小米	3944.78	57.87	65.21%	0.25%	0.57%	0.0078%
荣耀	3894.04	61.17	56.70%	0.23%	0.49%	0.0115%
锤子	3712.73	69.33	66.33%	0.21%	0.70%	0.0063%
vivo	3669.07	60.76	56.52%	0.24%	0.64%	0.0099%
苹果	3541.16	51.36	66.93%	0.24%	0.49%	0.0073%
魅蓝	3329.29	37.36	50.17%	0.25%	0.42%	0.0058%
魅族	3187.62	49.96	54.74%	0.21%	0.56%	0.0059%
三星	2800.68	48.81	61.06%	0.23%	0.62%	0.0067%
OPPO	5147.05	28.57	28.38%	0.15%	0.45%	0.0051%

九 中央级媒体中关于国产手机品牌的报道

在当下的社会环境和营商环境中，来自中央级媒体的报道对品牌尤为重要。中央级媒体的报道中，报道数量比报道所产生的阅读量更重要。中央级媒体的报道篇数，是衡量各品牌 PR、GR 工作的重要参考。

头条指数显示，中央级媒体更青睐华为、小米、OPPO 等品牌，华为位列第一，上半年头条平台上共有 617 篇来自中央级媒体对华为的报道。

表9　　　　　中央级媒体*关于国产手机品牌的报道量

品牌	中央级媒体报道篇数
华为	617
小米	575
OPPO	115
荣耀	99
vivo	96
一加	76
魅族	53
锤子	42
魅蓝	31

*中央级媒体指具有国家认可的新闻资质、由中宣部或国务院各组成部委直接管辖的中央级新闻单位。

第二节　功能营销

一　31个关注度超过500万的手机特性

在 31 个关注度超过 500 万的手机特性中，来自 OPPO 的有 8 个、小米 5 个、vivo 4 个，华为和荣耀各 3 个。

表 10　　31 个关注度超过 500 万的手机特性

品牌	手机特性	关注度
华为	徕卡三摄	29185340
OPPO	3D 结构光	28662590
vivo	屏幕指纹	23755520
OPPO	VOOC 闪充	20557080
小米	3D 结构光	17929098
OPPO	星空紫配色	16312640
小米	AI 双摄	16194970
OPPO	AI 人像模式	15418190
荣耀	AI 摄影	13046067
苹果	刘海屏	12707745
华为	AI 智能芯片	12572292
vivo	AI 智慧拍照	11240343
vivo	升降式摄像头	9690380
OPPO	曲面全景屏	9035640
小米	小爱同学	8799119
OPPO	双轨潜望结构	8736630
诺基亚	蔡司认证摄像头	8676272
三星	全视曲面屏	8137898
努比亚	无边框全面屏	8098173
荣耀	GPU Turbo	8004370
苹果	A11 芯片	6886256
vivo	Jovi 智能语音助手	6720339
一加	亮瓷黑配色	6595979
OPPO	梦镜红配色	6324110
华为	保时捷设计	6286130
OPPO	兰博基尼版	5820400
一加	漫威复仇者联盟限量版	5577743
小米	四曲面陶瓷	5474837
魅族	小圆点	5230773
荣耀	极光色	5159453
小米	AI 智能美颜	5097510

二 功能营销的特征

（一）竞争点趋于集中：AI、屏幕、解锁、配色

今年手机功能营销的竞争点趋于集中，AI类特性有8个、屏幕类5个、解锁方式和配色各4个。这4类功能占到了31个500万以上关注度功能总量的68%。其中，最受关注的屏幕特性是苹果的刘海屏，最受关注的解锁方式类特性是vivo的屏幕指纹，最受关注的AI功能是小米的AI双摄，最受关注的配色是OPPO的星空紫配色。此外，之所以把vivo的升降式摄像头归为屏幕类功能，主要原因是采用升降式摄像头的显著收益是可以实现手机前面板全屏幕。

表11　　　　　　　　　　功能营销的特征（一）

配色			解锁		
品牌	手机特性	关注度	品牌	手机特性	关注度
OPPO	星空紫配色	17183949	vivo	屏幕指纹	23755520
OPPO	梦镜红配色	6628707	OPPO	3D结构光	20141691
一加	亮瓷黑配色	6595979	小米	3D结构光	17929098
荣耀	极光色	5159453	OPPO	双轨潜望结构	6377964
AI			屏幕		
品牌	手机特性	关注度	品牌	手机特性	关注度
小米	AI双摄	16194970	苹果	刘海屏	12707745
OPPO	AI人像模式	14372310	vivo	升降式摄像头	9690380
荣耀	AI摄影	13046067	OPPO	曲面全景屏	9035640
华为	AI智能芯片	12572292	三星	全视曲面屏	8137898
vivo	AI智慧拍照	11240343	努比亚	无边框全面屏	8098173
小米	小爱同学	8799119			
vivo	Jovi智能语音助手	6720339			
小米	AI智能美颜	5097510			

（二）全面 AI 化，小米是消费者眼中的 AI 代表品牌

手机终端功能同质化严重，近两年 AI 的走红，让 AI 成为手机功能同质化可能的破局点之一。在 31 个关注度超过 500 万的功能中，AI 类功能占据 8 个，占比超过 25%。而关注度高的 AI 功能，则主要集中在拍照、芯片、语音助手等 3 个方面。

表 12　　　　　　　　　　功能营销的特征（二）

摄影类 AI 功能		芯片类 AI 功能		智能助手类 AI 功能	
功能	关注度	功能	关注度	功能	关注度
AI 双摄	16194970	AI 智能芯片	12572292	小爱同学	8799119
AI 人像模式	14372310			Jovi 智能语音助手	6720339
AI 摄影	13046067				
AI 智慧拍照	11240343				
AI 智能美颜	5097510				
代表品牌：小米、OPPO		代表品牌：华为		代表品牌：小米、vivo	

头条指数显示，小米是消费者眼中手机企业里的代表品牌。前五名不出意外地被华米 OV + 荣耀所占据，前五名之间的差别并不大，还没有形成"想到新零售就想到小米""想到国产品牌就想到华为"这样的印象，AI 领域的代表品牌花落谁家还尚无定论，仍是一个需要激烈争夺的战略高地。

表 13　　　　　　　　和 AI 相关度高的手机品牌

品牌	相关度
小米	19320190
华为	18718130
OPPO	16395320
vivo	14046390
荣耀	12686850

* 相关度 = 该品牌与 AI/人工智能同时出现的资讯被阅读的次数

（三）夸张的营销话术，拉爆消费者预期，给品牌招黑

国产手机厂商在营销中包装概念的能力、在海报中遣词造句的能力，可能是国内顶尖的。在2017年众多的碰瓷式营销之后，2018年上半年厂商们又拿出了"吓人式"营销。比如：

- 锤子："革命性创新""颠覆世界""吓尿"
- 华为："很吓人的技术"
- 小米："非常吓人的技术"

这样的营销方式，虽然能吸引消费者的眼球，但同时会极大地拉升消费者的预期，一旦被消费者觉得只是个"噱头"，便会迎来口碑的扑街，导致品牌形象受损。从今年上半年的情况来看，夸张的营销话术起到的基本都是副作用。

表14　　　　　　　　　功能营销的特征（三）

前两周热门评论中负面评论的比例	事件	后两周热门评论中负面评论的比例
45%	锤子"吓尿了"发布会	80%
47%	小米"非常吓人的技术"发布会	69%
12%	华为"很吓人的技术"发布会	26%

第三节　跨界营销

一　2018年上半年最受关注的跨界营销Top10

手机营销"快消化"在今年依然延续，众多手机品牌跟其他行业的知名品牌进行跨界营销。但相比去年同期而言，手机品牌的跨界营销无论是从数量上还是重磅程度上，均有所下滑。

华为和保时捷的合作展现出极强的生命力，被作为华为的招牌营销方式延续下去，并在今年上半年继续蝉联了最受关注的跨界营销。vivo和世界杯、一加和复仇者联盟的跨界合作在关注度方面位列二、三位。

表15　　　　　　　2018年上半年最受关注的跨界营销Top10

跨界营销	关注度
华为—保时捷	87678040
vivo—世界杯	39118280
一加—复仇者联盟	25813120
OPPO—兰博基尼	16688710
荣耀—阿迪达斯	7210020
小米—大英博物馆	3217610
魅蓝—歼20	3198220
魅族—国家地理杂志	1382780
一加—Superdry	636380
荣耀—侏罗纪公园	175730

* 保时捷、复联、兰博基尼等跨界合作的关注度和上方最热的31个手机特性中的关注度不一致，是因为两组数据采用了不同的文章类别筛选范围，最热手机特性仅在手机类资讯中选取数据，跨界营销则扩大到所有类别中进行筛选，特此说明。

二　跨界营销新趋势

（一）跟小众名人合作

在今年上半年的跨界营销当中，有一种新趋势：跟一些小众名人进行合作，以其在专业领域的影响力为自身背书。

比较典型的是OPPO和Karim、小米和蜷川实花、华为和王潮歌之间的合作。在大众人群当中，Karim、蜷川实花都是认知度非常低的小众名人，OPPO和小米使用这两个IP为自己的机身配色和相机滤镜做背书，知名品牌用专业领域的小众名人为常见功能做背书，非常容易在消费者心智中形成一种"不明觉厉"的感觉。

表16　　　　　　　　跨界营销新趋势（一）

典型案例	关注度
OPPO—Karim	6553150
小米—蜷川实花	2263200
华为—王潮歌	2097290

（二）向线下品牌要流量

在去年的跨界营销中，大多数营销集中在线上。但随着线上流量的挖掘价值面临枯竭，跟手机销售讲究"新零售"一样，跨界营销也来到了线下。

今年上半年荣耀、小米、一加纷纷跟主打线下的品牌进行了合作——阿迪达斯、屈臣氏、Superdry。其中荣耀—阿迪达斯是相对简单的跨界合作，一加—Superdru 的跨界合作主要服务于一加的 Pop–Up 快闪合作，小米—屈臣氏则更像小米和长和集团战略合作的一个附属动作。

同线上不同，和线下品牌进行跨界合作的可延展性更大，可以在线下玩出更多花样。和线下品牌合作，既能实现品牌的碰撞和增值，又能在线下品牌的门店中借助可观的人流量获得大量曝光。

表17　　　　　　　　　跨界营销新趋势（二）

典型案例	关注度
荣耀—阿迪达斯	7210020
小米—屈臣氏	2415430
一加—Superdry	636380

（三）汽车品牌成了香饽饽

从品牌上看，汽车品牌从调性上对手机品牌有加成作用；从人群上看，对汽车感兴趣的人群和对手机感兴趣的人群有较高的重合度。

华为和保时捷的合作，无疑是近几年跨界营销甚至是整个手机营销领域最成功的案例之一。但这种合作并非是偶然性、不可复制的。

今年上半年，除了华为和保时捷的合作继续保持了较高的市场热度外，OPPO 和兰博基尼的合作也在手机和汽车品牌的跨界营销中往前迈了一步。此前，华为的合作对象是"Porsche Design"，这是保时捷集团旗下的设计品牌；美图手机的合作对象是"Tonino lamborghini"，这是兰博基尼的副牌。而 OPPO 的合作对象是根正苗红的汽车品牌"Automobili lamborghini"，从头条指数看，OPPO 和兰博基尼的合作也取得了较好的效果。

表18　　　　　　　　　　跨界营销新趋势（三）

典型案例	关注度
华为—保时捷	87678040
OPPO—兰博基尼	16688710

和汽车品牌合作的效果好，除了保时捷和兰博基尼之外，还有哪些汽车品牌可供选择呢？以下是头条用户最关注的汽车品牌Top10：

表19　　　　　　　头条用户最关注的汽车品牌 **Top10**

品牌	用户占比
宝马	4.20%
奔驰	3.03%
奥迪	2.94%
路虎	2.23%
兰博基尼	2.10%
劳斯莱斯	1.60%
法拉利	1.36%
宾利	0.92%
保时捷	0.86%
玛莎拉蒂	0.55%

*用户占比=带有某汽车品牌兴趣标签的用户数/全网用户总数。

第四节　粉丝营销

一　粉丝重合度：当我在想你的时候心里还在想着谁？

国内手机市场已经进入到零和博弈的存量竞争中，存量竞争意味着大部分的新增销量来自对竞品用户的转化。这种转化，体现在产品中，更体现在细水长流、润物无声的营销里。

其中，在内容分发场景中对用户进行转化，显得格外重要。尤其是在根据兴趣进行个性化推荐的算法分发时代,所有内容营销竞争的终点,都是对用户兴趣的争夺。

消费者的兴趣爱好复杂而多元,当他对一个品牌感兴趣、成为这个品牌的粉丝的时候,他的心里很可能还装着另一个品牌。

头条指数用"粉丝重合度"这一指标来衡量这种情况,比如华为和小米的粉丝重合度是33%,这意味着100个华为粉丝中,有33个用户同时也对小米感兴趣。

观察粉丝重合度这一数据,头条指数发现几个特征:

- 苹果粉丝更加忠诚,大部分用户只对苹果这一个手机品牌感兴趣,即使是重合度位列第一的华为,苹果粉丝中也仅有23%的用户同时也关注华为。
- 粉丝重合度在一定程度上体现了当前市场的竞争关系,也体现了品牌之间相互转化的难易程度。
- 有些厂商会采用双品牌战略,但双品牌的兴趣人群重合情况并不一致,比如魅蓝粉丝中同时是魅族粉丝的比例高达67%,荣耀粉丝中同时是华为粉丝的比例达到60%。虽然OPPO和一加之间也有较强的关联关系,但两者之前的粉丝重合度极低。

表20　　　　　　　对主品牌感兴趣的用户还对哪些品牌感兴趣

主品牌	重合品牌	粉丝重合度	主品牌	重合品牌	粉丝重合度
苹果	华为	23%	华为	小米	33%
	小米	21%		苹果	27%
	三星	17%		三星	24%
三星	华为	52%	魅族	小米	63%
	苹果	46%		华为	50%
	小米	45%		苹果	36%
vivo	华为	46%	荣耀	华为	60%
	OPPO	44%		小米	36%
	小米	42%		苹果	24%

续表

主品牌	对这个品牌感兴趣的用户还对哪些品牌感兴趣		主品牌	对这个品牌感兴趣的用户还对哪些品牌感兴趣	
	重合品牌	粉丝重合度		重合品牌	粉丝重合度
魅蓝	魅族	67%	一加	小米	76%
	小米	66%		华为	69%
	华为	51%		魅族	60%
小米	华为	41%	OPPO	华为	41%
	苹果	31%		小米	37%
	三星	26%		vivo	37%
锤子	小米	50%			
	华为	39%			
	苹果	36%			

二 粉丝价值：只粉不买的用户有没有价值？

2017年时，微博CEO王高飞关于"豆瓣用户没有价值"的一条微博，引起了互联网行业关于用户价值的讨论。这种情况在消费电子和游戏行业也同样存在，比如"索狗（索尼的粉丝）""任豚（任天堂的粉丝）""暴白（暴雪的粉丝）"就经常被调侃为"精神股东"。

手机厂商的粉丝在粉完品牌是否购买产品这个问题上，也出现了一些不同：

● OPPO和vivo虽然并不以粉丝文化而著称，但其粉丝群体的购买能力强，三成以上的粉丝都是其使用用户。苹果和小米的粉丝购买能力也相对较高。

● 华为和荣耀的粉丝购买能力基本趋同，位列第二梯队，粉丝中实际使用用户的比例在20%—30%之间。

● 锤子和一加的粉丝购买能力较差，处在"只粉不买""只吹不买"的状态。这种情况一方面跟粉丝的人群特征有关，另一方面也跟这两个品牌的用户基数偏低有关。

表 21　　　　　　　品牌粉丝同时是该品牌用户的比例

品牌	该品牌粉丝中同时是该品牌用户的比例
OPPO	40.26%
苹果	38.45%
vivo	36.97%
小米	36.16%
华为	28.41%
荣耀	22.60%
三星	18.63%
魅族	15.82%
魅蓝	15.28%
一加	5.91%
锤子	5.04%

第五节　代言人营销

一　关注度最高的厂商代言人 Top10

最受关注的厂商代言人，呈现荣耀"三英"胡歌、赵丽颖、孙杨大战小米吴亦凡的局面，这四位明星的关注度分列厂商各代言人的前4名。红米的刘昊然相比于去年，关注度提升明显。但相比于去年的代言人大战，今年的代言人营销整体偏冷。

表 22　　　　　　　关注度最高的厂商代言人 Top10

代言人	关注度
胡歌—荣耀	9794475
吴亦凡—小米	8591460
赵丽颖—荣耀	5536740
孙杨—荣耀	4581750
鹿晗—vivo	3949180
王俊凯—OPPO	2555595

续表

代言人	关注度
陈伟霆—OPPO	2145040
彭于晏—vivo	2038050
刘昊然—红米	1960605
李易峰—OPPO	1900625

＊代言人关注度＝该代言人和代言的厂商同时出现在手机类资讯中的资讯阅读总量，下同。

二 代言人营销趋冷的表现

（一）新增代言人少、关注度低

2018年上半年各大主流厂商在代言人营销上的动作不大，新代言人只有华晨宇、郑恺、井柏然、易烊千玺、朱亚文5人，其中三星一家独占其中的3位。其余厂商对新代言人的使用相对克制。从市场声量看，5位新代言人的关注度均相对较低，没有一人能够排进上半年厂商代言人关注度Top10中。

表23　　　　　　　　代言人营销趋冷的表现（一）

新增代言人	关注度
华晨宇—三星	1445585
郑恺—OPPO	1264305
井柏然—三星	1105125
易烊千玺—华为	895500
朱亚文—三星	891205

（二）代言人对厂商的声量贡献度在下降

不仅新增代言人的关注度低，原有代言人的声量占厂商总声量的比重也在下降。代言人在厂商总声量中所占比重，体现了代言人在厂商市场营销中的重要程度。头条指数显示，以OPPO和vivo为代表的代言人大厂，总声量中来自代言人的比例都在下降。OPPO和vivo的市场声量已经寻找到了其他增长点。

表24   代言人营销趋冷的表现（二）

代言人	2018年上半年声量贡献度	2017年声量贡献度
胡歌—荣耀	10.02%	6.21%
孙杨—荣耀	4.69%	0.42%
鹿晗—vivo	3.50%	9.48%
吴亦凡—小米	2.54%	1.09%
彭于晏—vivo	1.81%	4.66%
王俊凯—OPPO	1.58%	3.18%
陈伟霆—OPPO	1.33%	5.96%
周冬雨—vivo	1.31%	3.97%
李易峰—OPPO	1.18%	4.14%
周杰伦—OPPO	1.17%	1.82%

第六节 抖音营销

一 手机品牌抖音官方账号运营数据盘点

各品牌的抖音官方账号运营呈现出不同的特点：

● 小米布局广，"小米商城+小米手机+小米员工的日常"三驾马车对应不同的内容类型和受众。小米的抖音营销取到了非常好的效果，粉丝量、点赞量、播放量均位列第一，运营水平高出其他品牌一筹。

● 小米的抖音运营符合抖音蓝V运营的3H内容规划法和3S原则，大制作和技巧分享类的低成本内容兼而有之，"明星+达人+雷军+纯素人"均有出镜，擅长在母亲节等节点发布热点型内容。

● 联想的主要策略是人格化运营，大部分内容均为同一人出镜完成，内容发布频次高、数量多。

● OPPO和华为更擅长在站内发起挑战，让普通用户和达人进行UGC创作。

● 一加是手机品牌中唯一采用企业宠物出镜的，一加围绕司宠柴犬"哈娜"制作了多条内容。

表 25　　　　　　　　　手机品牌抖音官方账号运营数据

账号名称	粉丝量（万）	播放量（万）	点赞量（万）	作品量（个）
小米商城	187.50	17364.77	762.50	64
联想	82.30	2498.07	97.10	421
小米手机	60.20	20727.93	284.80	87
美图手机	24.20	19300.45	220.90	74
荣耀手机	20.20	8816.40	195.00	83
小米员工的日常	13.70	4522.64	195.90	44
vivo	10.70	88.22	6.10	23
一加手机	8.10	1324.44	24.80	60
锤科视频哥	7.30	10667.94	297.80	37
黑鲨游戏手机	7.20	270.05	7.50	17
三星 GALAXY 盖乐世	4.20	2365.47	34.60	41
OPPO	4.10	5273.93	29.60	38
华为终端	3.00	3322.85	18.10	17

表 26　　　　　　　手机品牌发起的挑战赛播放量 Top10

发起账号名称	挑战名称	挑战播放量	挑战参与人数
小米手机	一面科技一面艺术	152652141	7272
华为终端	为梅西打 call	123916889	113940
OPPO	331 放肆造	48375218	407
华为终端	无添加自拍	38649437	58
锤科视频哥	好猎头	30063292	7
三星 GALAXY 盖乐世	这就是慢抖	22501735	243
荣耀手机	荣耀618 选我就赚了	11098250	216
荣耀手机	5 分钟拍出马甲线	8092515	73
荣耀手机	就爱晒刘海	5685027	64
荣耀手机	你好我可以撩你吗	5261469	44

二　手机厂商抖音内容运营的三大套路

• 利用企业 IP 和明星达人，案例：OPPO、一加。

- 分享手机使用技巧，案例：小米商城。
- 员工素人出镜，案例：荣耀手机、锤科视频哥。

三 手机品牌抖音内容运营攻略

（一）内容类型（3H 内容规划法）：热点型内容、标签型内容、广告型内容

手机品牌在规划自身内容的时候，可从 3 个方面入手，归纳为 3H 内容规划法。

1. 热点型内容（Hotspot）：追热点—关注集聚
- 追随平台热门内容。
- 强调内容的新鲜性和活跃感。
- 侧重点赞量和关注量的数据监测。
- 案例：小米手机—母亲节。

2. 标签型内容（Hashtag）：塑人设—关系构建
- 自我打造的连续性主题内容或活动。
- 强调内容的风格化和系列化。
- 侧重评论量和关注量的数据监测。
- 案例：MAC—唇妆日记。

3. 广告型内容（Headline）：做买卖—营销助推
- 在关键营销节点发布的广告型内容。
- 强调内容精美度和独家性。
- 侧重曝光量的数据监测。
- 案例：小米—吴亦凡手机。

策略性的发布节奏保证蓝 V 品牌主页的高效运营：

- 广告型内容：可配合品牌关键营销节点集中投放，让品牌影响力在短期内爆发式增长。
- 热点型内容：可根据热点/潮流发生时实时生产内容，做内容规划时可稍微灵活。
- 标签型内容：是账号内容的骨架，建议按月份或季度制定内容规划，确定平均发布数量。

(二)内容技巧(3S 准则):信息点突出、低理解成本、易用户参与

内容制作应该和平台的产品特点相适配。试图用 15—60 秒的短视频,传达完整的品牌故事,是不现实的。在短视频的生产中,制作内容的 3 个准则可以概括为 3 个 S,分别是:信息点突出(Stress)、低理解成本(Simple)、易用户参与(Simulate)。

1. 信息点突出

● 不强调品牌故事,强调产品的具体特点。

● 案例:美图手机——全新美图 T9 来了!智能全身美型功能了解一下。

2. 低理解成本

● 15 秒短视频,用户不会投入深度的思考。不绕弯子,简单直接,如果能故事化就最好了,尽可能降低理解成本。

● 案例:淘宝——想开会怎么办?现场表演吃榴梿,大概是最不得罪老板的方法了。

3. 易用户参与

● UGC 参与内容二次创作,可以为品牌带来可观的曝光。因此内容参与成本要低,可互动、易模仿。

● 案例:烈火如歌——捧脸杀。

数据统计说明

● 数据统计区间为 2018 年 1 月 1 日—2018 年 6 月 30 日。

● 如无特别说明,数据统计的范围均为今日头条手机类别资讯中;品牌、功能等词语限定在"文章关键词"中,文章关键词指推荐算法根据提及频次、重要程度、关联程度等因素从一篇文章内容中切分出的 5—20 个关键词。

● 数据统计的整体思路和原则是着重于数据精准无歧义,而非数据量级。

● 数据均来源于字节跳动系产品的数据分析和分享平台——头条指数。

中国媒体融合发展报告（2014—2018 年）

王丹丹[*]

20 世纪 90 年代以来，随着互联网在我国的不断发展，传统媒体受到冲击。为迎接互联网的挑战，传统媒体采取了开发电子版、建设门户网站、开发手机报等措施。在此过程中，互联网新闻产品进入了免费时代，塑造了新的阅读习惯，而传统媒体向互联网的融合序幕也徐徐拉开。2014 年 8 月，中央全面深化改革领导小组第四次会议审议通过了《关于推动传统媒体和新兴媒体融合发展的指导意见》，媒体融合从此以更加规范、有序的姿态推进。在政策和技术的双重驱动下，媒体融合从"相加"步入"相融"，并持续向纵深发展。

第一节 互联网加速发展，移动互联网全面渗透

近年来，我国互联网发展速度不断加快。截至 2018 年 12 月，我国网民规模和手机网民规模双双突破了 8 亿，互联网普及率较 2013 年增长了近 14 个百分点。各类网络应用也得到了迅速发展，随着网民的上网时长的增加，网络在人们生活中起到越发关键的作用，移动互联网改变的不仅是新媒体，而且是人们生活的方方面面。而移动互联网的全面渗透，也为传统媒体带来了更多有力的竞争对手，为其向新媒体进军提供了更

---

[*] 王丹丹，中国社会科学院研究生院新闻系研究生。

广阔的通道。

表1 　　　　2013—2018年互联网用户规模和使用时长

	网民规模（亿）	互联网普及率（%）	手机网民规模（亿）	人均周上网时长（小时）
2013	6.18	45.8	5.00	25.0
2014	6.49	47.9	5.57	26.1
2015	6.88	50.3	6.20	26.2
2016	7.31	53.2	6.95	26.4
2017	7.72	55.8	7.53	27.0
2018	8.29	59.6	8.17	27.6

资料来源：CNNIC：《中国互联网络发展状况统计报告》。

表2　　　　2013—2018年各类网络应用的用户规模（万）

	网络新闻	手机网络新闻	网络视频	手机网络视频	微博
2013	49132	36651	42820	24669	28078
2014	51894	41539	43298	31280	24884
2015	56440	48165	50391	40508	23045
2016	61390	57126	54455	49987	27143
2017	64689	61959	57892	54857	31601
2018	67473	65286	61201	58958	35057

资料来源：CNNIC：《中国互联网络发展状况统计报告》。

第二节　2014—2015年——广泛探索，向新媒体全面"进军"

一　媒体融合成为国家战略

互联网进入中国后，传统媒体与互联网的融合就已经开始，但融合进展缓慢，缺乏深度，也不够规范。2014年8月18日，习近平总书记在中央全面深化改革领导小组第四次会议上发表讲话，强调"推动传统媒体和新兴媒体在内容、渠道、平台、经营、管理等方面的深度融合，着力打造一批形态多样、手段先进、具有竞争力的新型主流媒体，建成几家拥有强大实力和传播力、公信力、影响力的新型媒体集团，形成立体多样、融合发展的现代传播体系"。① 会议审议通过了《关于推动传统媒体和新兴媒体融合发展的指导意见》（以下简称《指导意见》）。这一讲话和《指导意见》奠定了媒体融合发展的基调，标志着媒体融合正式上升为国家战略，2014 年因此被称为"中国媒体融合发展元年"。在央级媒体的先行示范下，两年间，传统媒体大规模向新媒体"进军"。

进入 2015 年后，新媒体平台快速扩张，自媒体迅速崛起。3 月 5 日，李克强总理在政府工作报告中提出"制定'互联网＋'行动计划"。7 月，国务院颁布了《关于积极推进"互联网＋"行动的指导意见》。"互联网＋"战略的提出和推进，使媒体融合进程进一步加速，传统媒体充分整合资源，在内容、渠道、平台、经营、机制方面实现广泛突破。传统媒体全面互联网化，网络平台成为工作重心，网络舆论场成为舆论主战场，媒体融合逐渐进入"深水区"。

二 内容产品生产传播的融合创新

（一）内容生产模式整合创新，媒体尝试融合型新闻生产

随着传统媒体互联网化，内容产品的生产和分发也在向互联网融合。传统媒体的内容产品主要由专业的新闻从业人员生产，其生产模式为 OGC（职业生产内容）。互联网环境中，信息传者、受者的身份被打破，内容生产模式也因此丰富，涵盖了 OGC（职业生产内容）、PGC（专业生产内容）和 UGC（用户生产内容）等，在大数据、云计算的技术推动下，AGC（算法生产内容）也日渐普遍。随着新旧媒体的融合，各类生产方式被整合起来，既保证了内容生产的专业性，又能够融合更多新元素。对传统媒体而言，优质内容是其对抗新媒体的有力优势。为充分发挥这一优势，传统媒体进行了内容生产模式的创新，积极引入 PGC、UGC、AGC 等模式，充分利用新兴技术、设备，众多优秀的融合型内容产品被

---

① 人民网：《习近平：共同为改革想招 一起为改革发力 群策群力把各项改革工作抓到位》，2014 年 8 月 19 日，http://cpc.people.com.cn/n/2014/0819/c64094-25490968.html。

生产出来。

媒体对融合型新闻的尝试在重大新闻事件报道中体现得十分充分。在"两会"报道、"9·3"大阅兵等重大事件中，人民日报、新华社、中央电视台等都制作并推出了形式多样的融媒体产品。在2015年"9·3"大阅兵报道中，新华社对阅兵全程进行了全媒体、多角度的报道。阅兵前在其客户端推出了"小新带你看阅兵"系列趣味动画视频；在阅兵过程中，推出了融合全景视频、360度影像的《全景交互看阅兵：再现分列式精彩瞬间》HTML5产品；阅兵结束后，迅速在其客户端推出近10个"动新闻"，发布了数据新闻《中国人民解放军历次重大裁军》。

（二）技术更新深化内容产品创新

相对新媒体而言，传统媒体在技术方面的优势较弱。而在新媒体时代，以智能终端为载体的新技术正在重塑用户的媒介消费习惯，开发、引进并充分利用新技术成为媒体发展的必需。

为更好地掌握技术优势，很多传统媒体在技术开发上加大投入。2014年3月，人民日报媒体技术股份有限公司成立，还设立了数据新闻及可视化报道团。浙江日报报业集团则制定了"媒立方——融媒体传播服务平台"规划，从阿里、华为等互联网公司引进了众多数据库、移动互联网领域的人才。

新技术被应用于内容生产、传播的各个环节，内容产品形态进一步丰富。大数据在发现新闻、制作新闻、传播新闻中的作用被广泛发挥。2015年10月，中央电视台推出数据新闻节目《数说命运共同体》，为制作该节目，技术团队挖掘了超过1亿GB的数据，分析比对了120亿行的航运数据GPS路径[1]。H5技术在2015年备受欢迎，一些媒体还开发了H5产品生产平台，便于产品开发。VR、AR、直播技术也被广泛应用于新闻报道。在2015年"九三胜利日"大阅兵期间，人民日报中央厨房首次利用了全景VR视频设备全程记录。机器人写作也引发关注，2015年11月新华社推出了新闻写作机器人"快笔小新"，经济信息部和中国证券

---

[1] 人民网：《央视推出大型数据新闻节目〈数说命运共同体〉》，2015年10月5日，http://media.people.com.cn/n/2015/1005/c40606-27663022.html。

报也采用了"快笔小新"助力新闻生产。

三 渠道融合拓展媒体融合空间

媒体融合的渠道拓展主要体现在终端和网络两方面。

终端方面,智能手机的发展使"移动优先"成为重要的发展趋势。根据《第37次中国互联网络发展状况统计报告》,截至2014年12月,我国手机网民达到了5.57亿,90.1%的人使用手机上网,而其他上网终端的比例则处于下降中,智能手机不断挤占其他终端的空间,逐渐成为人们接入互联网的第一入口。而随着硬件的全面升级,手机能够承载的内容和功能也随之增多,人们迎来了属于移动APP的时代。

在网络方面,三网融合持续推进。2015年,我国有线电视用户达到2.39亿户,电视节目的综合人口覆盖率达到了98.8%[1],基本达到饱和,显示出促进三网融合的必要性。2015年9月,国务院办公厅印发了《三网融合推广方案》,提出"加快推动IPTV集成播控平台与IPTV传输系统对接,加强行业监管"[2]。在政策推动下,广电与电信的合作逐渐展开,IPTV获得了快速的发展。2015年,广播电视网络公司纷纷投身"智慧城市"建设,通过构建智慧家庭实现聚集用户的目标。山西广电、山东广电、湖北广电、陕西广电等均通过与政府、互联网公司、科技公司等开展合作,投身于智慧城市的建设项目。家庭大屏作为智慧家庭、智慧城市的重要入口以及传统电视媒体的重要阵地,成为渠道建设中的重点。

四 探索平台融合,拓展融合广度

(一)发展"两微一端",广泛"借船出海"

根据人民网舆情监测室的数据,2015年1月1日至10月31日的500

---

[1] 国家统计局:《2015年国民经济和社会发展统计公报》,2016年2月29日,http://www.stats.gov.cn/tjsj/zxfb/201602/t20160229_1323991.html。

[2] 新华网:《国务院办公厅印发〈三网融合推广方案〉》,2015年9月4日,http://www.xinhuanet.com//politics/2015-09/04/c_1116460145.htm。

件社会热点事件中，44.4% 的事件经"两微一端"披露后引发关注。①。微博、微信的巨大影响力使之成为传统媒体融合转型的重要平台，对尚未具备自建客户端能力的媒体而言，入驻"两微"则成为首选。在入驻"两微"的众多媒体中，人民日报、新华社等中央主流媒体在粉丝数、传播力等各方面都居于前列。到 2015 年，几乎所有传统媒体都开通了官方微博、微信公众号，部分报纸专栏、电视台节目也开通了账号，"两微一端"成为标配。对电视媒体而言，微信还多了互动入口的功能。"摇电视"功能的实现改变了传统电视的单向传播模式，提供了与用户互动的重要渠道。在 2015 年的央视春晚中，通过摇电视参与的互动达到了 110 亿次。②。为更好地获取用户数据，"摇一摇"功能后来被众多广电媒体纳入其自有客户端。

2014 年，今日头条异军突起，众多资讯类平台凭借巨大影响力，成为传统媒体在"两微"之外的又一选择。在《2015 中国媒体移动传播指数报告发布》中，几乎所有上榜的报纸、杂志、网站、电视节目、广播都入驻了腾讯新闻、今日头条、网易新闻、搜狐新闻等聚合类新闻客户端，整体入驻开通率达到 96.5%。③。除占领国内新媒体平台外，媒体在对外传播方面也做出了突破。2015 年 3 月，新华社将 Twitter、Facebook、YouTube 的海外媒体账号统一为"New China"，还涉足了俄文社交媒体、日文社交媒体，成立了海外社交媒体运行指挥中心。中央电视台也在 Facebook、YouTube 等海外社交平台上建立了 CCTV 全球、CCTVNEWS、CCTV 中文、熊猫频道等多个账号。

（二）建设自有平台，抢占移动互联网入口

为适应互联网发展趋势，传统媒体曾将探索移动互联网的重点放在手机报、微博、微信上。借助已有媒体平台，媒体得以迅速覆盖大量用

---

① 人民网：《2015 中国媒体移动传播指数报告发布》，2016 年 3 月 24 日，http://media.people.com.cn/n1/2016/0324/c14677-28222730.html。

② 腾讯科技：《春晚微信摇一摇互动总量达 110 亿次》，2015 年 2 月 18 日，https://bi.qq.com/a/20150218/025398.htm。

③ 人民网：《2015 中国媒体移动传播指数报告发布》，2016 年 3 月 24 日，http://media.people.com.cn/n1/2016/0324/c14677-28222730.html。

户，但同时也陷入被动，无法获取用户数据，难以实现业务的提升。2014年开始，传统媒体进入新闻客户端年，建设自有客户端，抢占移动互联网入口成为工作重点，从中央到地方的各级媒体纷纷推出自有新闻客户端。

央级媒体开发新闻客户端的行动较早，央视新闻客户端早在2013年就已上线。2014年6月，人民日报客户端、新华社客户端先后上线。进入2015年，传统媒体新闻客户端迎来井喷式发展，众多地方媒体新闻客户端上线。4月，南方报业传媒集团的"并读"新闻客户端上线；5月，《新京报》"热门话题"客户端上线；9月，长江日报报业集团的"九派新闻"客户端上线；10月，四川日报报业集团与阿里巴巴集团推出"封面传媒"；11月，新华报业传媒集团的"交汇点"、重庆日报报业集团的"上游新闻"等客户端相继上线。在激烈的竞争中，客户端领域逐渐形成了"东澎湃，南并读，西封面，北无界，中九派"的局面。与此同时，最早上线客户端的央媒则已开始了对产品的优化升级。

截至2015年底，我国主流传统媒体新闻客户端数量已达231个，新华社、人民日报、央视新闻等下载量达到亿级规模，但仍有73%的客户端下载量在千级以下，两极分化严重。① 整体来看，这一时期报纸媒体客户端占到了传统媒体客户端的大多数，电视台中推出客户端的只有央视和湖南卫视等少数，广播中推出客户端的也比较少。

五 促进经营创新，探索有效的盈利模式

传统媒体与新媒体的融合，将使传统媒体进入激烈的竞争赛道，为赢得市场份额，经营上的转型创新必不可少。2013年底，解放日报集团和文汇新民联合报业集团合并为上海报业集团。通过合并，优质资源得以整合、优化。集团在新媒体平台建设方面持续发力，相继推出"上海观察""澎湃""界面"三款定位不同的新媒体产品，并对解放日报、文汇报、新民晚报三大报进行了体制改革和内容改版，最终形成"三大报

---

① 清博大数据新媒体指数团队：《中国传统媒体新闻客户端发展报告》，《青年记者》2016年第4期。

系+一个都市报系"的格局。

在创新经营策略的过程中，众多媒体采用跨界、合作的方式，充分探索盈利模式。"媒体+电商"的模式融合了传统媒体的影响力和电商平台的变现能力，将媒体流量转换为商业价值，成为备受欢迎的选择。2014年，《钱江晚报》推出"钱报有礼"电商平台，率先试水媒体电商；5月，温州日报报业集团推出B2C网络销售平台"温都猫"。2015年，"芒果TV"与"快乐购"联合推出"芒果铺子"。广西电视台则在2015年底完成了7家网上商城，16家产业联盟，28家线下实体店的搭建。版权相关的商业活动也成为重要的变现方式。传统媒体依托其内容优势，向其他平台出售其内容版权以获得收入。在这一时期，IP（Intellectual Property）开发受到追捧，IP的概念更加广泛，很多传统媒体也投身于IP产业中。2014年1月，湖南卫视亲子类节目《爸爸去哪儿》做出综艺IP改编电影的尝试，收获了7亿票房收入。2015年4月，新京报进军影视业，投资了《万物生长》和《西游记之孙悟空三打白骨精》等IP改编产品。

六 尝试突破体制机制束缚，"中央厨房"备受瞩目

要想实现深度融合，必须打破众多融合障碍，从根源上摆脱落后的体制机制。众多媒体对旧的管理方法和用人机制进行改革，完善了组织架构，完成了生产流程的再造。如上海文广集团整合上海文化广播影视集团、上海广播电视台和东方传媒集团的经营性资产，设立了国有独资上海文化广播影视集团有限公司；在基本完成转企改制的上影集团、东方网开展"去行政化"改革等。这些措施打破了陈旧体制机制的束缚，使媒体融合能够真正落到实处。

在生产流程方面，"中央厨房"的出现和广泛运用成为令人瞩目的改变。2015年"两会"期间，人民日报社、南方日报社传媒集团先后启动"中央厨房"进行两会报道，实现"一次采集、多种生成、多元传播"，做出了采编流程再造的突破性尝试。人民日报在2014年启动了"中央厨房"（人民日报全媒体平台）项目的建设。2015年3月2日，"中央厨房"首次试运行。2015年习近平访美期间，"中央厨房"共向海外推送

57篇原创作品,在35个国家的246家媒体实现538次落地。① 2015年7月,新华社全媒报道平台正式成立运行,平台以打造"新华全媒头条"为突破口,推出了众多影响广泛的新闻产品。从重大时政类新闻报道、重大突发事件报道,到原创深度调研报道、重大典型人物报道,重大社会热点报道,均能做出及时、全面、深入的报道。地方传统媒体的"中央厨房"建设以"云"平台为主。2015年9月10日国内首个新媒体云平台"长江云"——湖北新媒体云平台首次发布。

第三节 2016—2017年——突破瓶颈,实现深度融合

进入2016年,媒体融合进程已从广泛探索向深度融合发力,众多宏观政策、讲话持续为媒体融合指引方向。2016年2月19日,习近平在党的新闻舆论工作座谈会上发表重要讲话,强调"融合发展关键在融为一体、合而为一"。提出要尽快从相"加"阶段迈向相"融"阶段,从"你是你、我是我"变成"你中有我、我中有你",进而变成"你就是我、我就是你",着力打造一批新型主流媒体。②促进传统媒体与新兴媒体融合发展也被写入2016年的政府工作报告。

2017年1月,国务院办公厅印发《关于促进移动互联网健康有序发展的意见》,这是国内首份移动互联网发展的纲领性文件。5月,国务院办公厅印发《国家"十三五"时期文化发展改革规划纲要》,提出推动融合发展尽快从相"加"迈向相"融",形成新型传播模式。③

这一时期新媒体领域产生了众多变化。网络直播兴起引发"千播大战",papi酱成为"第一网红",知识付费类产品崭露头角,众多热门领域的出现和爆发,使2016年成为"网络直播元年""网红元年"和"知

---

① 人民网:《人民日报中央厨房正式上线!如何烹制新闻大餐?》,2016年3月1日,http://media.people.com.cn/n1/2016/0301/c192370-28161771.html。

② 人民网:《习近平谈媒体融合发展:关键在融为一体、合而为一》,2018年8月22日,http://media.people.com.cn/GB/n1/2018/0822/c40606-30244361.html。

③ 中国政府网:《中共中央办公厅 国务院办公厅印发〈国家"十三五"时期文化发展改革规划纲要〉》,2017年5月7日,http://www.gov.cn/zhengce/2017-05/07/content_5191604.htm。

识付费元年"。进入 2017 年，短视频也成为"风口"，人工智能也备受关注。

这是一个新风口和新平台层出不穷的时期，网民大规模向移动新媒体的转移，给传统媒体带来空前的融合压力。在深入的探索中，众多融合瓶颈得以突破，传统媒体和新媒体实现了从"相加"到"相融"的转变，传媒业与其他行业的融合也在加快，"深度融合"成为这一时期的关键词。

一　加速资源整合，体制机制全面创新

持续突破陈旧体制机制束缚是实现深度融合的重要前提和突破口，因此众多传统媒体着力打破原有架构，推出促进深入融合的措施和方案，加大机制创新力度。如光明日报编委会审议通过了《光明日报推进媒体深度融合改革方案》。新华社在 2016 年成立了中央新闻单位第一家产品研究院。

在资源整合方面，中央人民广播电台整合央广网、中国民族广播网、国家应急广播网和你好台湾网资源，广播和网络统一使用"中央人民广播电台"名称，实现了内容团队的深度整合。在流程创新方面，中央电视台建立"融媒体编辑部"，改"播后共享"为"播前共享"，频道和 PC 端、移动端 24 小时动态响应，建成同时为频道和新媒体供稿的有效机制。

全媒体时代离不开全媒体人才，为此，媒体主要在三方面做出了努力。一是通过培训等方式，提升现有人员技能，转变其观念，推动现有人员向全媒体人才转变。二是做好融媒体相关人才的吸纳培养，除广泛招募人才外，与高校合作共同培养也成为重要的方式。三是创新激励机制。光明日报出台了《光明日报社"两微一端"原创作品稿酬试行办法》，对考核激励机制进行改革。人民日报也强化了绩效考核，实行"基础稿酬＋优稿优酬"制度，建立新闻传播力排名制度和融合传播部门考评制度。

生产机制的改革中，优质内容生产成为各项工作的中心，栏目制成为众多媒体的选择。人民日报在 2016 年 10 月启动了"融媒体工作室"

计划，打破现有部门设置，全社采编业务人员在不影响原部门、单位工作前提下，均可自由组成内容主创团队，还可以使用"中央厨房"协助其内容生产和推广传播。这种内容主导的栏目制改革被众多媒体采用，浙报集团在2016年开始施行栏目制，要求采编人员围绕具体栏目形成核心团队。同时引进了竞争机制，新栏目有3个月的孵化期，如半年后未能达标将停止对其资金支持。以栏目制为主的生产机制改造和创新，激发了采编人员的创造性，促进了内容生产。

二 "中央厨房"进入大发展期，成为媒体融合"标配"

2017年1月11日，中共中央政治局委员、中央书记处书记、中央宣传部部长刘奇葆在《人民日报》发表署名文章《推进媒体深度融合　打造新型主流媒体》，指出："推进媒体深度融合，'中央厨房'是标配、是龙头工程，一定要建好用好。"[1] 此后，"中央厨房"进入了大发展期，各级媒体甚至地方宣传部门都积极投入建设中，在廊坊日报社等一些媒体中，"中央厨房"还实现了常态化运作。截至2018年1月，全国已有55家媒体建立了"中央厨房"，"中央厨房"成为媒体融合"标配"。

在《2015年传媒集团"两微一端"融合传媒排行榜》中，人民日报社的融合传媒指数为98.7分，领跑国内其他媒体，成为全国样板，"中央厨房"模式功不可没。2016年2月19日。人民日报"中央厨房"正式上线运行。而其意义已不仅是人民日报内部的"采编发"一体化系统和媒体融合体系，还是一个开放、协作的全新内容生态。截至2016年底，人民日报"中央厨房"已经与河南日报、湖南日报、四川日报、上海报业、广州日报、深圳特区报等地方媒体建立战略合作。2017年"两会"报道，人民日报"中央厨房"首次常规化运行。

随着"中央厨房"模式逐渐成熟，其不同形态也显现出来，"中央厨房"可以分为聚合型"中央厨房"和内控型"中央厨房"[2]。聚合类"中

---

[1] 人民网：《探秘人民日报"中央厨房"》，2017年1月23日，http://media.people.com.cn/n1/2017/0123/c192370-29044372.html。

[2] 陈国权：《中国媒体"中央厨房"发展报告》，《新闻记者》2018年第1期。

央厨房"以人民日报"中央厨房"为代表,不仅服务于内部,还作为聚合类平台,将各媒体、机构的内容聚合起来,再分发给其他媒体和机构。地方媒体中,江西日报报业集团的融媒体中央厨房"赣鄱云",大众报业集团的融媒体中心暨山东党端服务平台,陕西广播电视台"丝路云"融媒体平台等都属于聚合类"中央厨房"。内控型"中央厨房"则主要服务于内部,浙江日报报业集团"媒立方"、中国青年报社"融媒小厨"、《经济日报》中央厨房则都属于这一类型。

三 平台融合成为融合发展的关键

随着融合工作的纵深推进,传统媒体的内容创新和渠道拓展日趋完善,推进平台融合成为媒体融合的关键,媒体纷纷开始布局或加强平台建设。基于媒体定位和资源的差异,形成了不同的平台形态,主要可以分为生态级媒体平台、内容平台、渠道型平台、服务型平台和管理平台等五个类型。

生态级媒体平台是综合型媒体平台,包含海量用户入口和有大数据处理能力的数据库两个部分。这一阶段形成的生态级媒体平台主要是由省级媒体集团牵头组建的区域性生态级媒体平台。如浙江日报报业集团"枢纽型媒体平台"、湖北广电集团"区域性生态级媒体平台"、东方网"媒体综合服务平台"等。对浙报集团而言,其媒体平台主要通过新闻传媒、数字娱乐、智慧服务三个产品集群为用户提供多样服务,以服务连接用户,形成巨大的流量入口。再通过数据库建设,在数据的指导下整合资源,继续满足用户需求,增强用户黏性。

内容类平台主要专注于内容的生产、聚合与分发,包含新闻资讯类平台和娱乐平台两类。前者还可细分为面向专业媒体机构、聚合PGC的专业生产平台,和同时面向专业媒体机构和自媒体、同时聚合PGC、UGC的"专业+用户"生产平台。"中央厨房"就是一类专业生产平台。而"南方+"、人民直播则是主流媒体打造的"专业+用户"生产平台。娱乐内容平台则以"芒果TV"为代表,主要聚合娱乐类互联网视听节目。

渠道型平台是指一些广电网络公司利用已有的用户渗透率,接入智慧城市服务，形成集内容服务、城市服务、网络传输于一体的平台。北京歌华有线、湖北广电网络、陕西广电网络等广电网络公司均借助"三网融合"契机，积极参与"智慧城市"建设，建设多功能的综合信息服务平台。

服务型平台中的媒体通过提供本地 O2O 服务将用户聚集到平台上，以家政、教育、旅游、美食等多元服务增强用户黏性，再通过用户数据库的构建，持续为用户推送个性化的服务信息。福建日报报业集团"海都公众 U 我"和"浙江政务服务网"都是服务型平台的代表。

管理型平台主要应对媒体融合带来的海量内容，结合新技术，以新的管理机制和策略，实现对所有原创和聚合内容的统一管理。2016 年 1 月 11 日，中央电视台旗下央视国际网络有限公司开启其 4G 播控平台项目招标，联合中国移动共同建设 4G 播控平台，该平台正是一个以内容管控为核心的管理平台。

四 新媒体矩阵不断完善，主流媒体传播阵地拓展

截至 2017 年 12 月，微博月活跃用户增长至 3.92 亿，创上市以来最大数量的净增长。[①] 庞大的用户基础使其成为众多媒体内容入口。仅 2017 年初，微博平台中已有 3 万余个媒体认证账号。微信公众号的平台地位同样稳固，《2017 全国党报融合传播指数报告》的 367 家党报中，微信公众号开通率为 69.5%。2017 年，短视频实现了集中爆发，截至 2017 年 6 月，短视频领域月活跃用户量达到 1.9 亿。[②] BAT 等巨头均推出了视频产品，斗鱼、映客等直播平台也加入其中。众多新平台的诞生，为媒体融合带来了更多可能，完善的新媒体矩阵被普遍建立，主流媒体传播阵地得到拓展。

至 2016 年底，人民日报已拥有 29 种社属报刊、31 家网站、111 个微博机构账号、110 个微信公众账号及 20 个手机客户端，共创办新媒体平

[①] 新浪科技：《微博发布 2017 年第四季度及全年财报》，2018 年 2 月 13 日，http://tech.sina.com.cn/i/2018-02-13/doc-ifyrmfmc2280063.shtml。

[②] 易观：《2017 年第 3 季度中国短视频市场季度盘点分析》，2017 年 12 月 6 日，https://www.analysys.cn/analysis/trade/detail/1001075/。

台294个，覆盖总用户数6.35亿人。①其微博账号、微信公众平台在影响力上均为第一，客户端下载量在主流媒体新闻客户端中位居前列，实现了从一份报纸到一个"人民媒体方阵"的转变。2016年7月，针对所谓"菲律宾南海仲裁案"，人民日报新媒体策划推出了"中国一点都不能少"报道，创造了单条微博阅读量超2.6亿、转发超300万的微博传播新纪录。其在两微一端方面的影响力也创造了经济效应，2016年人民日报客户端正式启动广告经营。

差异化成为建设新媒体矩阵的关键词。国际广播电台突出多语种优势，提升对外传播话语权。推出了28个语种的共44个移动客户端，截至2016年底共设立社交媒体账号233个，其中43个文种开设海外社交媒体账号110个，粉丝量超过1.2亿，境外社交媒体账号粉丝量达5100余万。②上海广播电视台则形成了"1+3"的新媒体格局，即一个平台——BesTV，三个重点产品——看看新闻Knews、阿基米德APP和第一财经。其中BesTV主打互联网视频，三个平台则分别定位于互联网视频新闻、互联网音频和互联网财经，实现了差异化发展。

除传统媒体外，众多党政机关、事业单位也纷纷开设新媒体账号，搭建新媒体平台。2016年1月22日，国家新闻出版广电总局政府网站移动终端微门户平台（APP）"广电信息"、微信公众号"国家新闻出版广电总局门户网站"正式上线运行。2月26日，国务院客户端正式上线。12月15日，国务院新闻办公室"国新发布"客户端暨网上新闻发布厅上线试运行。

五 内容价值回归，细分领域空间巨大

在参与新媒体时代的竞争时，部分媒体为追求效率和点击量，牺牲了内容质量，导致内容优势丧失。随着各领域竞争日趋理性，对内容的重视逐渐回归。在新媒体领域，还出现了"倒融合"的现象，"北京时

---

① 人民网：《6.35亿，粉丝这样聚起来——人民日报推进深度融合发展纪实》，2017年8月22日，http://media.people.com.cn/n1/2017/0822/c192370-29487097.html。

② 人民网：《中国国际广播电台：理念创新带动媒体融合》，2017年11月23日，http://media.people.com.cn/n1/2017/1123/c40606-29662542.html。

间"便是其中的典型案例。

在具体内容的生产上，原创优质内容、垂直细分领域越发受到重视。扬子晚报在2017年6月推出了原创深度融媒体"紫牛新闻"，主要定位高端化新闻，以独家、深度、原创、新意为主要特色。随着各平台垂直细分策略的成功，以及综合类报纸销量的降低，媒体关注到垂直细分领域的生命力。数据显示，专业类报纸在2016年的总印数降幅只有3.6%，①低于整体。专业类报纸《快乐老人报》，瞄准老年人群体开展业务布局，成为中国老年第一纸媒。在此基础上设立了10余个针对中老年人群的公众号，构建了以中老年内容为核心的新媒体矩阵。

截至2016年12月，我国网络新闻用户规模达到6.14亿，网民使用比例达到84.09%。②新闻资讯类消费也占据了网络内容消费的主流，资讯消费在网民日均上网时间中占比约29%，其中在视频网站上获取资讯的人数占比增长达228%。③意味着资讯类内容发展空间巨大，用户对资讯视频的偏好，使得以梨视频为代表的资讯视频平台成为热门。2016年4月，奇虎360与北京电视台合办了"北京时间"，主打新闻视频直播功能。2016年9月，是新京报和腾讯新闻合作推出的视频新闻项目"我们视频"。

六 新技术、新形式应用广泛，打造现象级产品

大数据、云计算、移动直播、H5、AR/VR等技术在媒体融合中得到了广泛的采用，平台搭建更为顺畅，内容产品更加丰富，促进了新闻阅读体验的升级。2017年，新闻类APP月度覆盖人数较2016年有了较大的提升，最大增幅达37.1%。④

---

① 新华网：《2016年新闻出版产业分析报告》，2017年7月28日，http://www.xinhuanet.com/zgjx/2017-07/28/c_136479321.htm。
② CNNIC：《第39次〈中国互联网络发展状况统计报告〉》，2017年1月22日，http://www.cnnic.net.cn/hlwfzyj/hlwxzbg/hlwtjbg/201701/t20170122_66437.htm。
③ 199IT：《企鹅智酷：2017中国新媒体趋势报告》，2017年11月16日，http://www.199it.com/archives/654084.html。
④ 艾瑞：《融合创新是传统媒体及时止损托底的一剂良药》，2018年3月1日，http://www.sohu.com/a/224638352_445326。

短视频、直播等新媒介形式成功打造出众多优秀新闻产品。2016年央视新媒体各平台共推出500场移动直播，总时长近1.9万分钟，累计观看人数9亿人次。2017年"两会"期间，央视新闻移动网矩阵号共推出243场移动直播，其中，央视新闻移动网直播110场，直播时长总计7363分钟，累计触达人数逾4.6亿，在线观看人数逾2.25亿，开拓了主流媒体融合发展的新境界。2017年3月，人民日报新媒体中心推出原创视频《人民代表习近平》和《改变——习近平治国理政这四年》，观看人数超1.3亿，成为时政类短视频标杆产品。

新技术的出现促进了新闻报道在内容和形式上的创新，在重大事件的报道中，新技术的应用更成为亮点，生产出众多现象级媒体产品。2016年"两会"期间，VR技术首次被运用于全国两会报道。人民日报"中央厨房"推出H5互动产品《傅莹邀请你加入群聊》，24小时内点击量超300万次。应用新技术手段和大数据技术，媒体实现了特色节目的开发。如中央电视台打造的原创时政微视频《初心》（《梁家河篇》《正定篇》《宁德篇》）24小时内阅读量突破4.1亿，10天阅读量近13亿，创全网时政微视频传播新纪录。①《中国舆论场》通过央视网大数据舆情分析系统推出"中国舆论场指数"，在直播过程中引入"在线观众席"，互动总人次达9000多万次，被誉为"在融媒体时代开启了电视新闻评论的全新模式"。

机器人写稿、无人机、人工智能等领域也实现了突破。2016年1月4日，深圳晚报无人机采访队宣告成立。4月7日，新华网无人机频道在新华炫闻客户端正式上线。2017年"两会"期间，新华网组建了新闻网站首家无人机队。2016年11月，光明日报基于人工智能、大数据分析、语音识别技术，推出了国内首个人工智能新闻信息服务平台"光明小明"。2017年，人工智能受到更多重视。7月，国务院印发《新一代人工智能发展规划》。10月，人工智能被写入党的十九大报告。12月，工信部印发《促进新一代人工智能产业发展三年行动规划（2018—2020年）》。智

---

① 聂辰席：《深化媒体融合发展　壮大宣传文化阵地》，载《融合平台——中国媒体融合发展年度报告（2016—2017）》，人民日报出版社2017年版，第82—89页。

能音箱在2017年成为一匹黑马,上至阿里巴巴等巨头,下至喜马拉雅等细分领域,都在此处发力。

七 广泛跨界融合,实现多元创收

为实现利润增长,媒体在经营和管理融合上发力,通过多元经营实现盈利,增强造血能力。

"澎湃新闻"是全国第一个由传统媒体整体建制转型而来的新媒体,不仅成功将《东方早报》的读者人群迁移到了客户端,广告收入也远超《东方早报》。2016年12月28日,"澎湃新闻"获得六家上海国有独资或全资企业战略入股,增资总额为6.1亿元。但这样的案例毕竟是少数,在内容价值回归的主流趋势下,新闻付费再次进入人们的视野。尽管人民日报在2016年12月21日宣布停止了实行6年的数字报收费。但2017年财新传媒启动财经新闻全面收费后的良好运作,还是引发关于新闻付费再次关注。

尽管新闻内容价值在提升,但新闻广告收入仍在持续下降。2017年报纸和杂志的广告刊例收入分别下降32.5%和18.9%[①]。为此,广泛跨界融合,取得非报业收入,实现多元化经营成为普遍的选择。温州日报报业集团以政务经济为基础,策划大量展会、深入资本市场,并打造了"温都猫"电子商城综合平台。2017年,温州日报报业集团获得了5.27亿元的总营收,版外经济占比超过2/3。河南日报报业集团则开拓了新媒体、金融投资、户外广告、房地产、酒店、教育、文化物流、商业印刷等多个产业领域,2017年,其多元产业收入占到了总收入的69%。强化资本运作,也是创新盈利模式的一大途径。2016年8月,人民日报社、招商局集团、深圳市三方共同组建首支媒体投资基金——"深圳市伊敦传媒投资基金",在资本运作方面做出积极探索。2016年10月28日新华网股份有限公司(简称"新华网")在上海证券交易所成功挂牌上市。

---

① 199IT:《CTR:2017年中国广告市场回顾》,2018年2月1日,http://www.199it.com/archives/685351.html。

第四节 2018年至今——纵深发展，步入智能化新时期

经过3年的发展，我国媒体融合在广度和深度上都有了显著成效。从2018年开始，媒体融合进入重点突破期，随着中央对县级融媒体中心建设的部署，媒体融合工作从省以上媒体延伸到基层媒体、从主干媒体拓展到支系媒体。同时，短视频持续火爆，引发了全民参与、全民娱乐的盛况；人工智能的广泛应用正在重塑用户的信息消费行为，智能化成为媒体发展的新方向。媒体融合发展已经进入了最关键的决胜阶段。

一 机构改革引领媒体融合持续推进

2018年3月31日，中共中央印发了《深化党和国家机构改革方案》，国家新闻出版广电总局的新闻出版职责被划入中央宣传部；在国家新闻出版广电总局广播电视管理职责的基础上组建了国家广播电视总局，作为国务院直属机构；中央网络安全和信息化领导小组改为中央网络安全和信息化委员会，成为中央直属议事协调机构。9月，广电总局13个司局中，新增了媒体融合发展司。党和国家机构在媒体领域的改革，有助于加强党对新闻舆论工作的集中统一领导，规范了新闻传媒行业的发展，维护了互联网空间的健康有序，确保媒体融合工作能够朝着正确的方向持续推进。

通过整合中央电视台（中国国际电视台）、中央人民广播电台、中国国际广播电台，4月19日，中央广播电视总台正式揭牌成立。三台切实推进媒体融合，在内容、人才、渠道等方面实现全方位打通，产生了1+1+1＞3的效果。2018年博鳌亚洲论坛期间，央视时政微视频"习近平的海南情缘"首次采用央广节目音频资料和央广播音员配音，推出不到40个小时，全网推送阅读量近4000万。2018年俄罗斯世界杯成为总台成立后的首个大型国际赛事，央视在世界杯期间赛事新媒体端触达用户

232.86亿人次，CCTV新媒体端新增激活用户4893万。①多年来，中央主流媒体在媒体融合工作上始终处在前列，起到了积极引导作用。随着总台在融合工作上的发展，相信可以为我们带来更多惊喜。

随着融合的渗入以及评价体系的完善，媒体融合作品越来越受到关注。2018年起，"中国新闻奖"增设了媒体融合奖项，设立了短视频新闻、移动直播、新媒体创意互动、新媒体品牌栏目、新媒体报道界面和融合创新等6个项目。②

二 县级融媒体中心建设打通"最后一公里"

截至2017年底，我国共有2851个县级行政区划单位。③庞大的县级区划也意味着庞大的媒体组织规模，以及最广泛的用户群体。只有将媒体融合落实到县级，才能真正做到深度融合、全面融合。

在2018年8月21日召开的全国宣传思想工作会议中，中共中央总书记习近平发表了重要讲话，指出"要扎实抓好县级融媒体中心建设，更好引导群众、服务群众"。县级融媒体中心的概念首次在中央会议上提出，此后县级融媒体中心建设成为媒体融合的重点和热点。9月20日至21日，中宣部做出部署，"要求2020年底基本实现在全国的全覆盖，2018年先行启动600个县级融媒体中心建设"④。11月14日，中央全面深化改革委员会第五次会议审议通过了《关于加强县级融媒体中心建设的意见》。2018年，关于建设县级融媒体中心的政策、部署密集出台，极大地促进了县级媒体融合的推进，真正打通了我国媒体融合的"最后一公里"。

在全国宣传思想工作会议召开前，河南、湖南等多地已开始了建设

---

① 腾讯新闻：《超燃！盘点中央广播电视总台的闪光时刻》，2018年11月16日，https://news.qq.com/a/20181116/015586.htm。
② 中国记协网：《中国新闻奖首设媒体融合奖项 评选工作即日启动》，2018年5月9日，http://www.xinhuanet.com/zgjx/2018-05/09/c_137165471.htm。
③ 中华人民共和国民政部：《2017年社会服务发展统计公报》，2018年8月2日，http://www.mca.gov.cn/article/sj/tjgb/201808/20180800010446.shtml。
④ 人民网：《县级融媒体中心建设全面启动》，2018年09月22日，http://media.people.com.cn/n1/2018/0922/c40606-30308803.html。

县级融媒体中心的尝试。7月,北京市16个区的融媒体中心建设全部完成,在全国率先实现融媒体中心全覆盖。全国宣传思想会议后,县级融媒体中心建设进程迅速加快,截至12月,福建省84个县(市、区)融媒体中心也已经全部挂牌成立,实现了全覆盖。仅在2018年12月,全国各地至少有60家县级融媒体中心揭牌。

2019年1月15日,《县级融媒体中心省级技术平台规范要求》《县级融媒体中心建设规范》同时发布,县级融媒体中心的建设将更加规范。2月19日,中央广播电视总台"全国县级融媒体智慧平台"正式上线,在客户端"央视新闻+"开设"最前沿县级融媒体"入口,助力县级融媒体中心形成渠道丰富、覆盖广泛、传播有效、可管可控的移动传播矩阵。目前已有100家县级融媒体中心矩阵号入驻。

三 从抢占新媒体阵地到争夺用户忠诚度

根据CNNIC的数据,截至2018年12月,我国网民规模为8.29亿,手机网民规模达8.17亿,网民中使用手机上网人群的占比达98.6%。随着网民规模和手机网民规模双双突破8亿,以及国内手机市场出货量的大幅下降,互联网人口饱和趋势日益显著,移动互联网进入了存量时代。

截至2018年12月,我国市场上监测到的移动应用程序(APP)在架数量达到了449万款。[1]在2018年第三季度,中国移动网民人均每月仅新装2.3个APP,有近一半的人一个新APP也没有安装。[2]这表明移动应用程序的数量也在接近饱和,在移动互联网各个领域,头部平台仍保持着牢固的地位,新入局的平台难以实现突围。火爆2018年的短视频平台在海外的拓展也已达到一定高度,TikTok(抖音海外版)在iOS和Android平台下载量突破10亿大关。

另一个值得关注的趋势则是,网民对网络和移动APP的忠诚度提升。

---

[1] CNNIC:《CNNIC发布第43次〈中国互联网络发展状况统计报告〉》,2019年2月28日,http://cnnic.cn/gywm/xwzx/rdxw/20172017_7056/201902/t20190228_70643.htm。

[2] 199IT:《猎豹全球智库:2018年Q3中国APP市场报告》,2018年10月31日,http://www.199it.com/archives/789582.html。

网民的人均周上网时长较 2017 年末提高了 0.6 个小时。①

以上变化说明，经过近几年的发展，传统媒体早已形成以"两微一端"为核心的新媒体矩阵，抢占新媒体阵地的战争转变为争夺存量用户的战争。媒体亟须将"流量"思维转变为用户思维，融合大数据等技术手段，着力于以优质内容吸引和固定用户，增强用户黏性。

四 新技术得到常态化运用，智能化趋势显著

VR、AR 等技术手段继续带来惊喜，人工智能在媒体中的应用更加多样，显示出更强的智能化发展趋势。2018 年"两会"期间，新华社推出《AR 看两会——政府工作报告中的民生福利》报道，用户可使用客户端 AR 功能扫描二代身份证浏览政府工作报告，这是国内首次采用端内原生 AR 技术报道全国"两会"。人工智能对新闻生产的渗透也日益广泛。3月 2 日，新华社"媒体大脑"发布了史上首条关于两会的 MGC（机器生产内容）视频新闻《2018 两会 MGC 舆情热点》，用时仅 15 秒。6 月，新华社发布了媒体大脑 2.0——MAGIC 智能生产平台，人民日报也发布了其创作大脑。12 月 7 日，新华社发布全球首个"AI 合成主播"。芒果 TV 已将人工智能技术运用于节目的选材和制作，《妻子的浪漫旅行》就是根据 AI 运算结果，联系社会热点话题开发出来的。

2018 年，短视频领域进入成熟期，但无论短视频还是网络直播，其应用仍主要集中在娱乐领域，作为信息载体的应用范畴还可继续拓展。视频化已经成为移动互联网的重要趋势，5G 技术的发展，4K 的广泛应用，都更让人们对视频行业的发展寄予厚望。3 月，人民网与腾讯公司、歌华有线成立了视频合资公司，共同发力直播和短视频领域。12 月 6 日，《焦点访谈》首次在《央视新闻》抖音号发布短视频，迅速获得了 200 万播放量，5 万次点赞。抖音还与 2019 年央视春晚、地方春晚开始了深度合作，让直播融入更多互动环节，将收视率和互动性转变为商业价值。

---

① CNNIC：《CNNIC 发布第 43 次〈中国互联网络发展状况统计报告〉》，2019 年 2 月 28 日，http：//cnnic.cn/gywm/xwzx/rdxw/20172017_7056/201902/t20190228_ 70643.htm。

五 互联网空间严管严控成为常态

2018年起,原国家新闻出版广电总局等部门先后出台了《关于进一步规范网络平台视听节目的传播秩序的通知》《国家广播电视总局关于学习宣传贯彻〈中华人民共和国英雄烈士保护法〉的意见》,以及《关于进一步加强广播电视和网络视听文艺节目管理的通知》等多项政策、规定,针对网络传播中涉及红色经典、英烈、偶像养成类节目、嘉宾片酬、收视率(点击率)造假等问题的内容做出了规定,确保网络空间风清气正。

2018年,暴走漫画、二更食堂、@Ayawawa等账号,以及陈一发、莉哥等网络主播先后因发表不当言论受到处理,引起了人们对自媒体的关注。11月10日,央视《焦点访谈》《新闻联播》等新闻栏目发出了报道,对自媒体领域存在的低俗色情、标题党、谣言、黑公关、刷量、伪原创等六大问题提出批评。人民网也先后评论"自媒体账号乱象"。针对自媒体领域的问题,国家网信办会同有关部门,自10月20日起,开展了集中清理整治专项行动,依法依规处置了"唐纳德说""傅首尔""紫竹张先生""有束光"等9800多个自媒体账号。针对自媒体"网络水军"敲诈勒索等违法犯罪活动,公安部成功侦破了团伙犯罪案件28起,关闭各类网络大V账号1100余个。[①]

针对新媒体平台的问题,有关部门也及时采取了相应的整治措施。在隐私侵权、内容监管、服务资质等方面,采取了约谈、督促整改、下架等措施。在版权保护方面,四部门联合开展了打击网络侵权盗版的"剑网2018"专项行动。网络环境的严管严控将在一段时间内成为常态,但若想实现网络空间的持续清朗,各平台也必须认清主体责任,加强自我监管意识,为媒体融合的持续拓展提供良好的网络环境。

---

① 央视网:《公安部:严打自媒体违法犯罪 关闭大V账号1100余个》,2018年12月8日,http://news.cctv.com/2018/12/08/ARTIaFSsaYFVoH9NTS0cl6NZ181208.shtml。

大众短视频使用情况调查报告

蒲 晓[*]

第一节 受调查者短视频接触与使用情况

一 短视频APP使用种类

抖音是调查人群中使用范围最广的短视频APP。对调查人群使用短视频APP类型进行调查，87.3%的受调查表示使用抖音APP，有82.7%的人拥有含短视频的社交APP（如微信、微博、QQ、陌陌），34.6%的人拥有含短视频的新闻资讯APP（如头条、腾讯、网易）（见图1）。

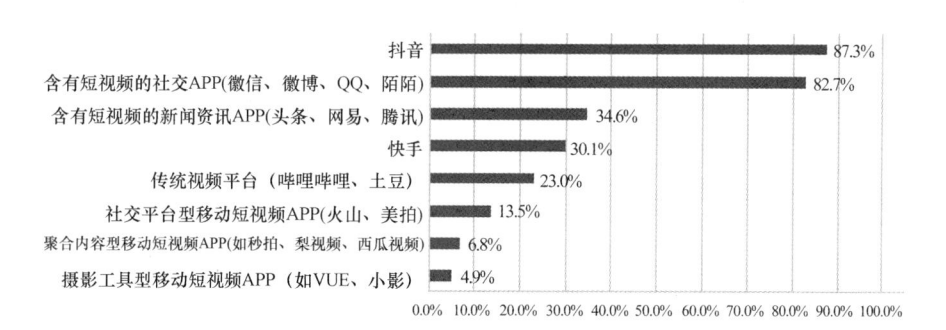

图1 各类短视频平台使用人数占比

---

[*] 蒲晓，中国社会科学院研究生院新闻系研究生。

二 短视频使用动机

短视频契合了人们娱乐休闲、认知生活、表达个性的需求。在使用短视频的主要目的上,超过九成的人(90.5%)认为短视频可以打发时间,休闲放松。一半多的人(53.4%)使用短视频是为了记录生活,分享信息。有51.8%的人通过短视频来获取最新资讯,了解亲友动态,满足社交需求(见图2)。

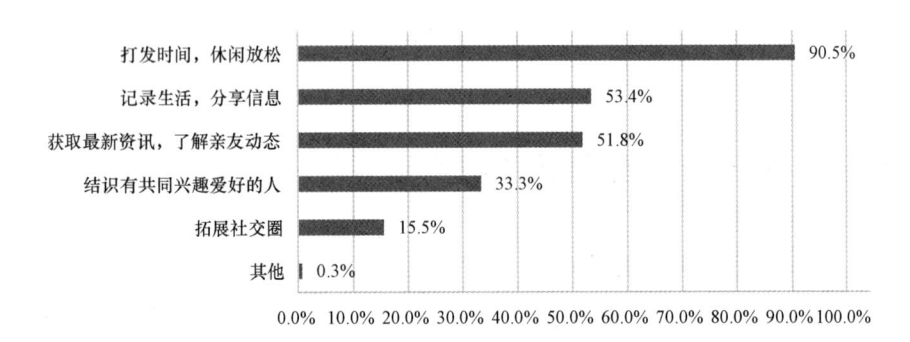

图2 大众使用短视频的主要目的

三 短视频使用时间分配情况

(一)集中使用时段

人们表示,短视频明显占用了自己的无聊闲暇时间、睡觉时间和看电视与电影时间(见图3)。饭后消遣、晚上睡前和周末节假日往往是人们集中使用短视频的时间段(见图4)。

(二)日均使用时长

就每天在短视频上所花费的时间,超过90%的受调查者每天使用短视频在半小时以上,其中有超过一半的受调查者(53.9%)花费时间在30—60分钟,近三成的受调查者(33.7%)花费时间在1—3小时。另外有4.6%的人花费时间在30分钟以下,7.8%的人花费时间在3小时以上(见图5)。

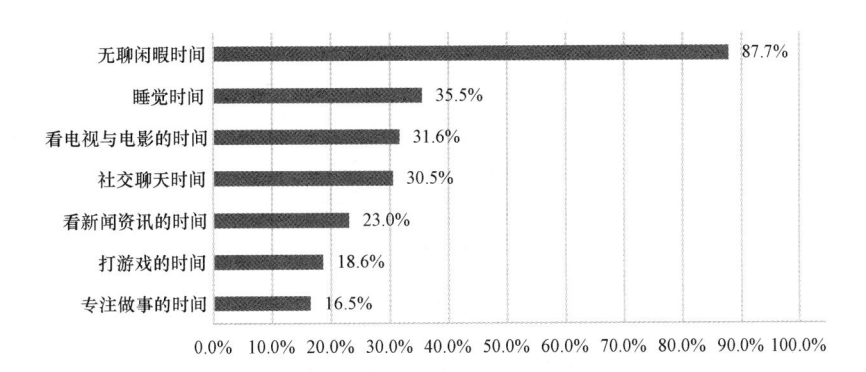

图3 观看短视频明显占用了哪些时间

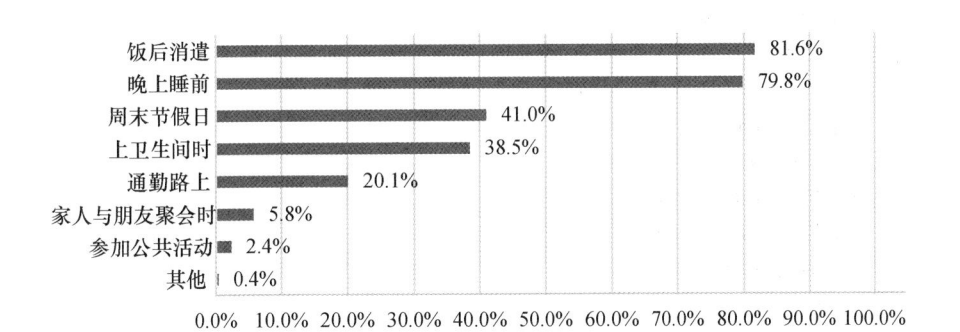

图4 通常在哪些情况下使用短视频

四 短视频获取认知和下载来源

社交网络是人们获取其认知和下载的重要来源。从受调查者对短视频的认知来源看，微信和朋友圈（84.0%）、微博（43.1%）、亲朋好友（32.9%）是人们获取短视频认知的主要来源（见图6）。

在短视频APP下载获取渠道方面，人们倾向于通过在社交网络看到别人转发的内容（71.5%）、熟人推荐（55.5%）、主动搜索（37.3）等途径获取下载短视频（见图7）。

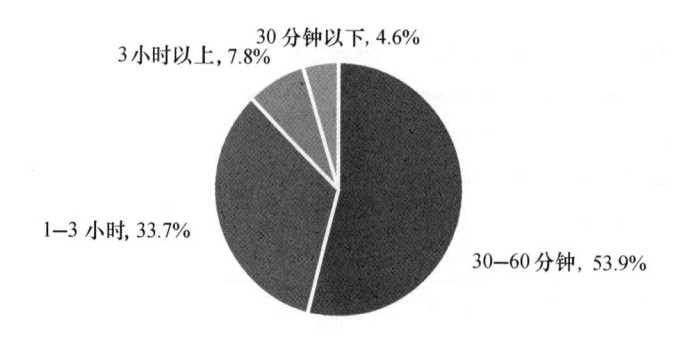

图 5 平均每日在短视频应用所花费时间情况

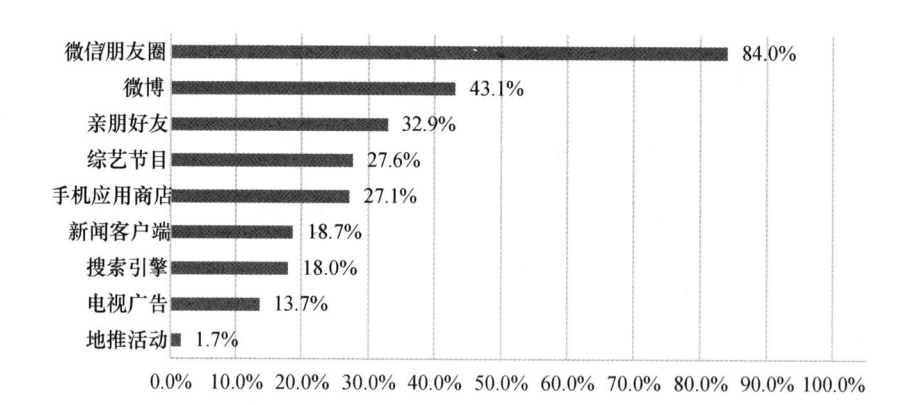

- 30 分钟以下：4.6%
- 30—60 分钟：53.9%
- 1—3 小时：33.7%
- 3 小时以上：7.8%

图 6 对短视频的认知来源

- 微信朋友圈：84.0%
- 微博：43.1%
- 亲朋好友：32.9%
- 综艺节目：27.6%
- 手机应用商店：27.1%
- 新闻客户端：18.7%
- 搜索引擎：18.0%
- 电视广告：13.7%
- 地推活动：1.7%

五 影响选择、打开短视频的因素

（一）优质的短视频内容是用户选择一款短视频 APP 的重要原因

有 75.1% 的受调查者认为，人们对视频内容质量相当看重。有 57.8% 的受调查者会在意短视频 APP 的界面设计，体验是否良好。有 56.4% 的受调查者会在意内容的更新速度（见图 8）。

（二）超七成用户认为短视频标题成人们打开视频的重要影响因素

在促使人们打开短视频的原因中，71.1% 的人认为是标题，56.4% 的人会因为视频标签打开，45.4% 的人会因为观看人数打开（见图 9）。

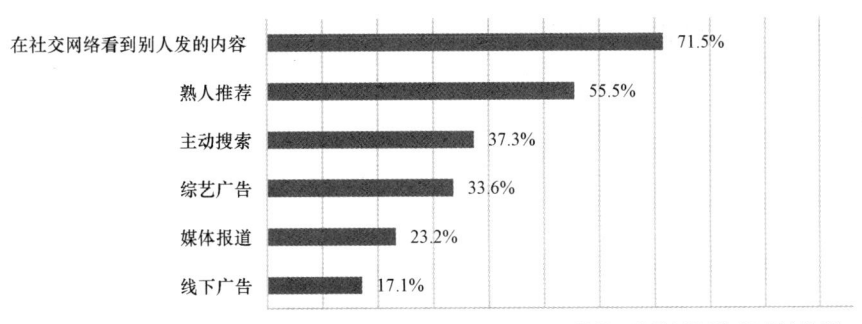

在社交网络看到别人发的内容 71.5%
熟人推荐 55.5%
主动搜索 37.3%
综艺广告 33.6%
媒体报道 23.2%
线下广告 17.1%

图7 短视频APP的下载获取渠道

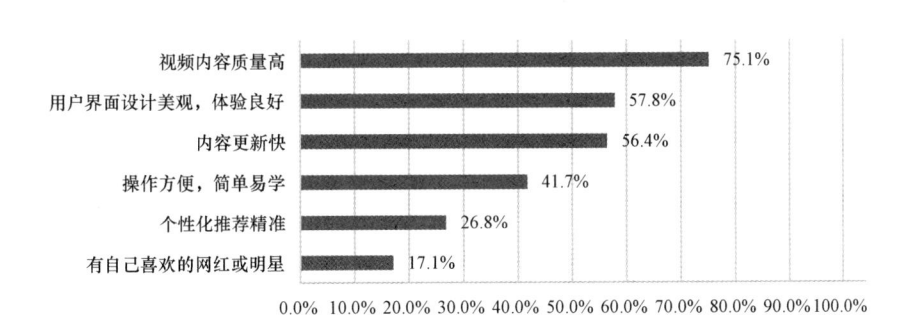

视频内容质量高 75.1%
用户界面设计美观，体验良好 57.8%
内容更新快 56.4%
操作方便，简单易学 41.7%
个性化推荐精准 26.8%
有自己喜欢的网红或明星 17.1%

图8 用户选择/下载/使用短视频APP会考虑的因素

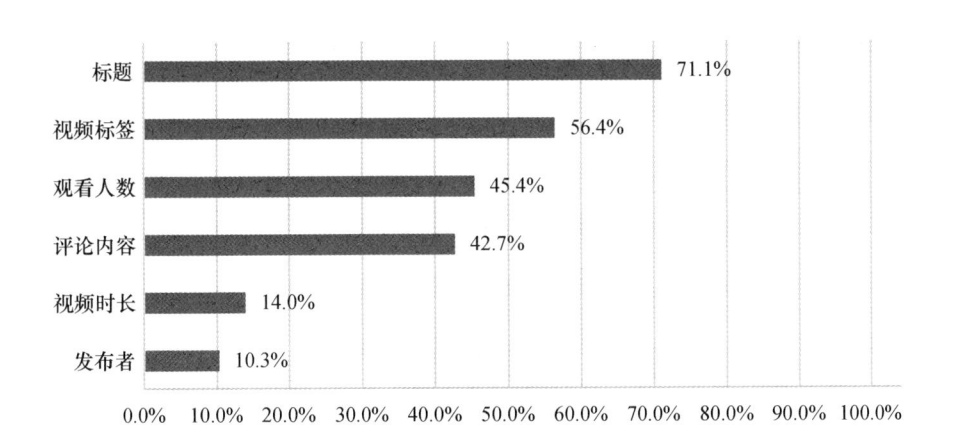

标题 71.1%
视频标签 56.4%
观看人数 45.4%
评论内容 42.7%
视频时长 14.0%
发布者 10.3%

图9 打开短视频的主要原因

六 短视频使用形式偏好

（一）大众倾向于手机端使用短视频

在最近半年，人们最倾向于用手机端使用短视频，有99.3%的受调查者选择此选项。其次是平板（iPad）和PC端（台式机、笔记本）（见图10）。

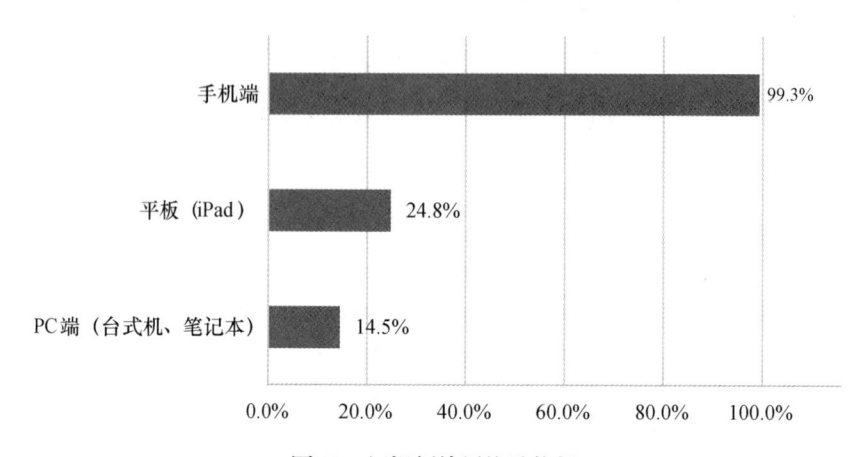

图10 短视频使用终端偏好

（二）近一半受调查者对横竖短视频无特别偏好

就短视频的形式来看，近一半的人（48.3%）可以接受横竖两种形式的视频，只喜欢竖屏短视频（32.5%）的人多于喜欢横屏短视频（19.2%）的人（见图11）。

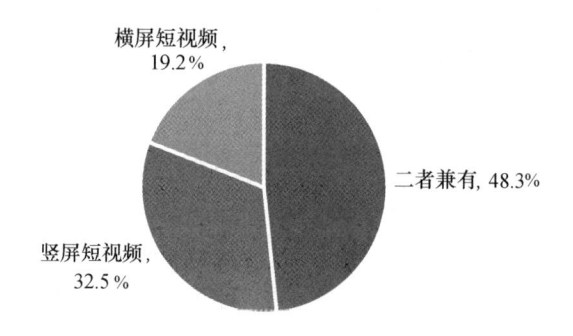

图11 大众喜欢的短视频形式

七 短视频内容偏好

（一）最受关注用户类型是才艺达人

在受调查者关注的短视频用户类型中，有82.7%的人关注才艺达人，66.5%的人关注有意思的普通人，48.1%的人关注颜值高、时尚用户这类群体（见图12）。

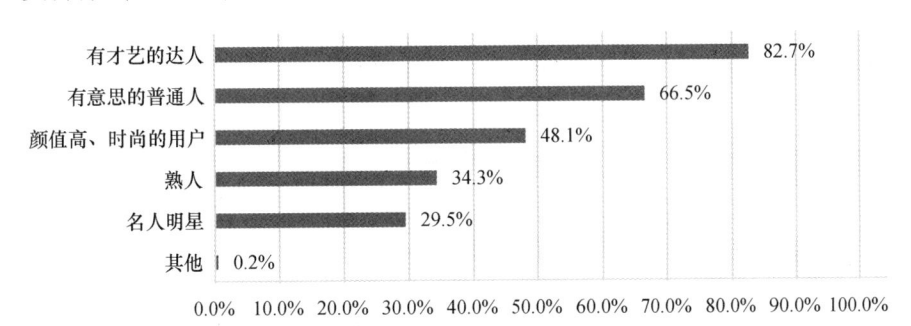

类型	比例
有才艺的达人	82.7%
有意思的普通人	66.5%
颜值高、时尚的用户	48.1%
熟人	34.3%
名人明星	29.5%
其他	0.2%

图12 大众喜欢关注哪类短视频用户

（二）最受欢迎内容是搞笑模仿类

在受调查者喜欢观看的短视频内容类型中，有59.8%的用户关注搞笑模仿类短视频，有35.0%的用户关注技能展示类短视频，有34.7%的用户关注日常生活类短视频（见图13）。

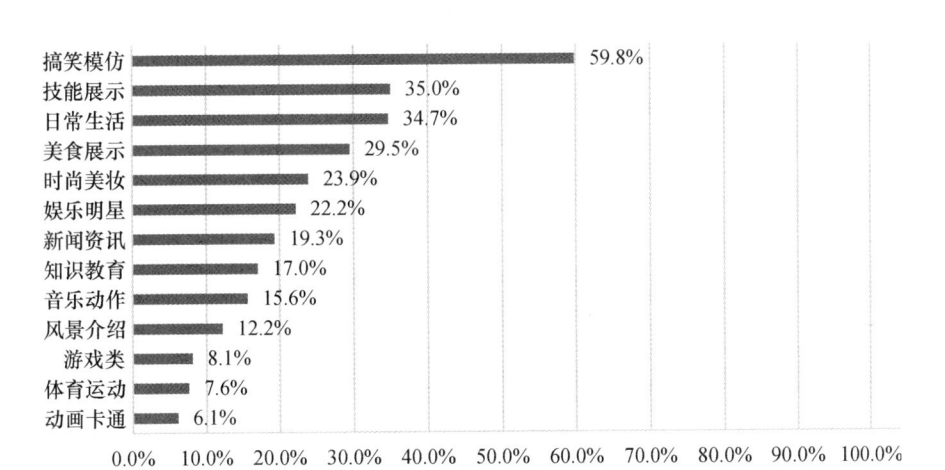

类型	比例
搞笑模仿	59.8%
技能展示	35.0%
日常生活	34.7%
美食展示	29.5%
时尚美妆	23.9%
娱乐明星	22.2%
新闻资讯	19.3%
知识教育	17.0%
音乐动作	15.6%
风景介绍	12.2%
游戏类	8.1%
体育运动	7.6%
动画卡通	6.1%

图13 大众喜欢关注哪类短视频内容

（三）更偏爱事实型新闻短视频，多数认可新闻短视频可信度

在对新闻类短视频的用户态度调查中，62.6%的人喜欢偏事实型新闻短视频，24.3%的人喜欢偏感情型新闻短视频，13.1%的人认为说不清（见图14）。

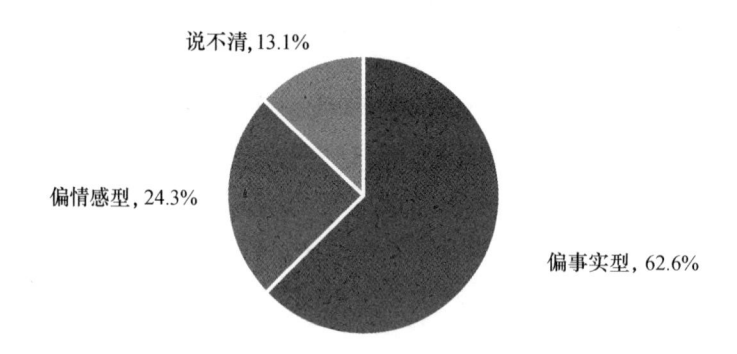

图14 大众喜欢哪种类型的新闻类短视频

关于新闻类短视频的信任度这一问题，受调查者态度较为乐观。超过七成受调查者（72.0%）认为基本可信，5.5%的受调查者认为非常可信，11.5%的人基本不信，10.5%的人认为说不清，几乎没有人（0.5%）完全不信（见图15）。

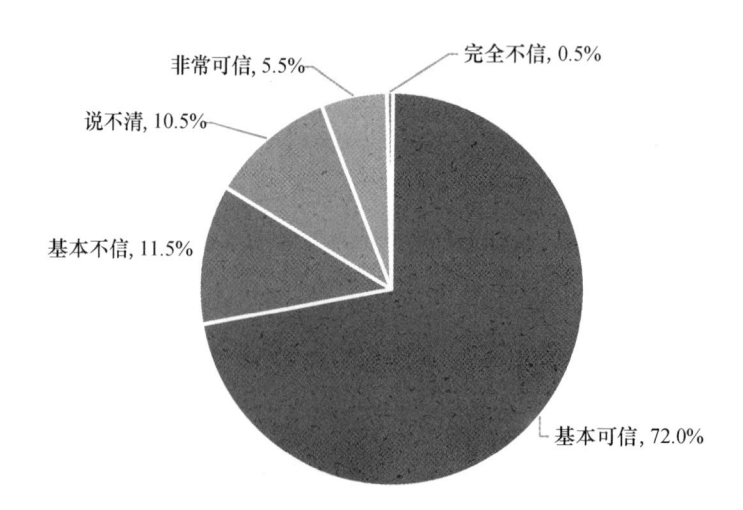

图15 大众对新闻类短视频信任程度

八 短视频拍摄使用功能

各特色拍摄功能均受到用户喜爱。短视频拍摄功能中，30.9%的用户青睐配乐功能，26.0%的用户喜欢美颜功能，18.0%的用户喜欢剪辑功能，14.3%的用户喜欢背景、场景功能，有7.0%和3.8%的用户分别喜欢字幕功能和贴纸功能（见图16）。

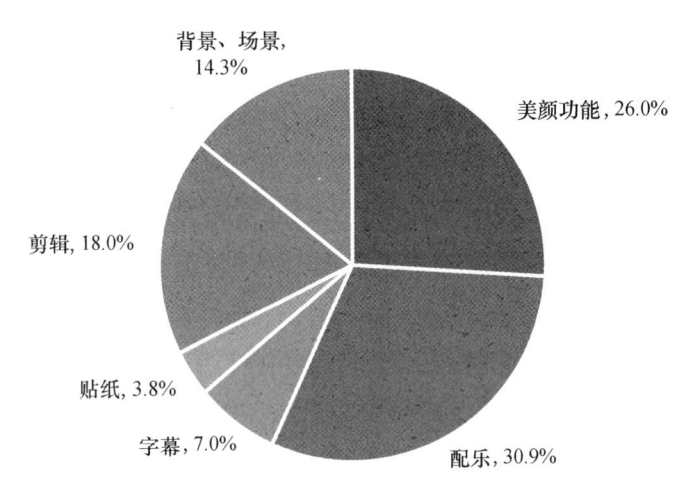

图16 大众最喜欢哪类短视频拍摄功能

九 短视频发布与分享

（一）发布动机

在用户发布短视频的各类动机调查中，66.4%的人想要记录生活，63.9%的人因为看到别人拍的视频有趣且忍不住尝试秀一秀，有35.9%的人想要以此获得关注（见图17）。

（二）发布内容类型

有88.1%的受调查者在网上发布短视频后希望被广泛分享观看。在这批被调查者中，如果使用短视频上传与分享内容，有76.7%的人更乐意发布与分享搞笑有趣的事，有52.1%的人想要分享美食、风景等内容，有43.8%的人想要分享与亲友的日常生活（见图18）。

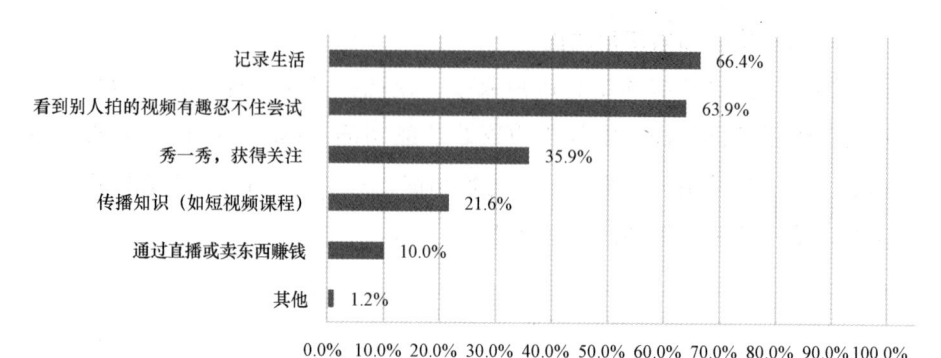

图17 在短视频APP上发布短视频的动机

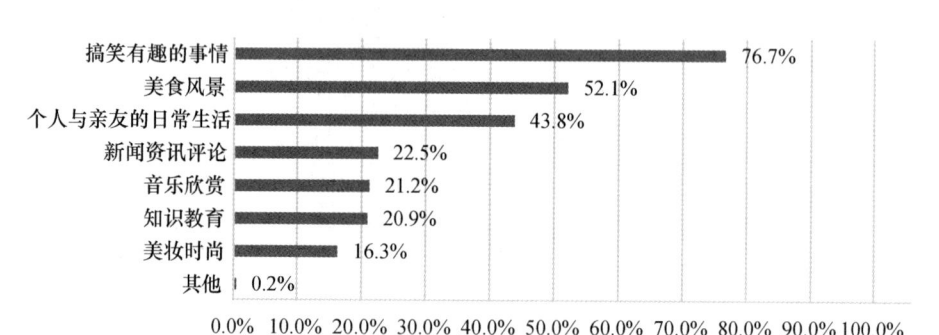

- 记录生活 66.4%
- 看到别人拍的视频有趣忍不住尝试 63.9%
- 秀一秀，获得关注 35.9%
- 传播知识（如短视频课程） 21.6%
- 通过直播或卖东西赚钱 10.0%
- 其他 1.2%

图18 大众乐于分享的短视频内容类型

- 搞笑有趣的事情 76.7%
- 美食风景 52.1%
- 个人与亲友的日常生活 43.8%
- 新闻资讯评论 22.5%
- 音乐欣赏 21.2%
- 知识教育 20.9%
- 美妆时尚 16.3%
- 其他 0.2%

（三）发布渠道

在转发或分享短视频的渠道上，69.7%的用户倾向于用微信（包括聊天、朋友圈、公众号），52.3%的用户会选择带有社交评论功能的短视频APP（抖音、快手等），有33.8%的人想要用QQ（包括聊天与空间）（见图19）。

（四）传播发布对象

在短视频转发和分享对象上，有95.1%的人乐意向朋友转发，其次是家人（79.0%），再次是同事（66.7%）（见图20）。

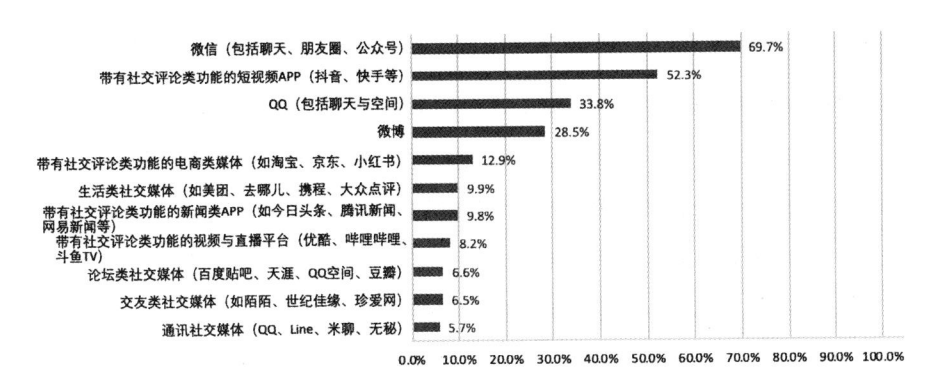

图19 转发和分享短视频的渠道

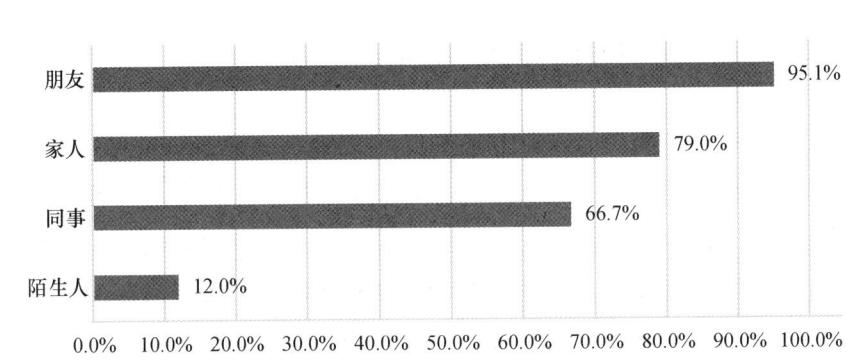

图20 短视频转发和分享对象类型

十 对短视频态度的测试评价

（一）对短视频的正面作用给予肯定

96.2%的人认为短视频操作简单，方便易学；95.1%的人认为短视频功能多且好玩；93.3%的人认为短视频方便发布到社区进行分享；93.6%的人认为短视频可以缓解压力；82.8%的人对短视频使我增长知识的价值表示正面肯定（见表1、图21）。

表1　　　　　　　　大众对短视频正面作用的评价　　　　　　　　（%）

问题	赞成	比较赞成	不太赞成	不赞成	说不清
短视频操作简单，方便易学	59.3	36.9	1.8	0.3	1.7
短视频功能多且好玩	56.4	38.7	3.6	0.7	0.6
短视频方便发布到社区进行分享	51.1	42.2	5.1	0.3	1.3
观看短视频使我增长了知识	39.4	43.4	11.6	2.2	3.4
观看短视频，缓解了压力	56.9	36.7	4.2	0.3	1.9

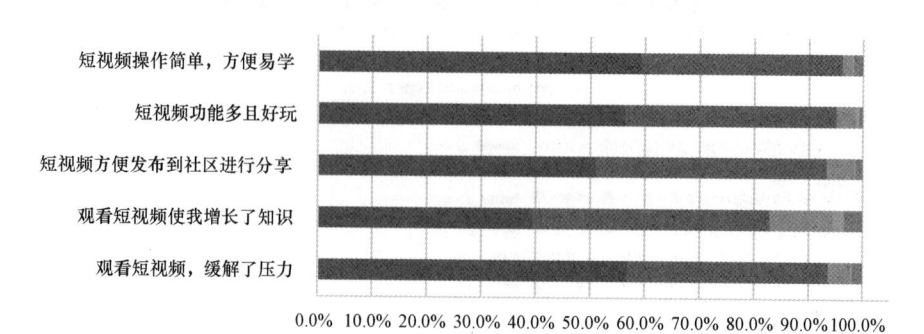

图 21　大众对短视频正面作用的评价

（二）短视频对社交的作用

在提到短视频对社交的促进作用时：82.0%的人肯定了短视频能让人随时了解朋友动态的作用；在肯定短视频对现实社交作用方面，肯定人数下降，66.4%的人认为短视频使得与他人沟通更便捷；86.0%的人肯定了短视频方便了解社会热点的作用；共55.3%的受调查者认为可通过短视频拓宽人脉；55.3%的受调查者认为短视频对交际能力有所提升（见图22）。

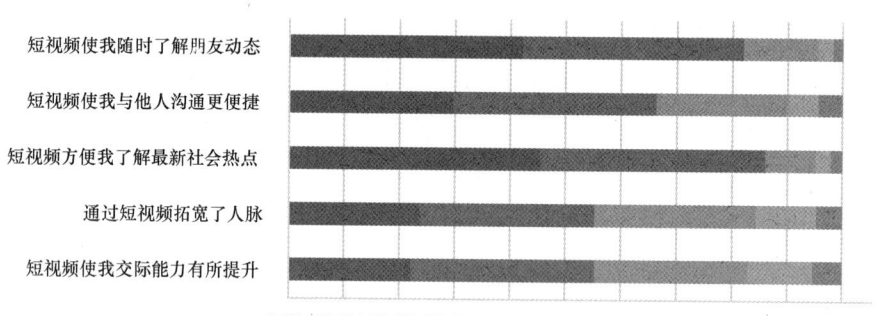

图 22　对"短视频能促进社交"这一看法的评价

（三）短视频依然存在负面作用

59.3%的人认为短视频有些内容较为低俗；61.1%的人对短视频内容真实性表示怀疑；64.7%的人认为短视频有泄露个人隐私的风险；59.9%的人认为短视频挤占了人际交往、睡觉、游戏时间；58.5%的人认为短视频使信息碎片化，减少了深度思考的时间；对短视频个性化推荐导致信息内容更加同质化这一看法，68.2%的人持赞成态度。而对短视频内容画质不高、手机屏幕太小导致感官体验不佳、短视频妨碍日常生活节奏、负面价值观容易影响人等观点，均有不到四成的人赞成（见表2、图23）。

表2　　大众对短视频负面作用的评价

问题	赞成	比较赞成	不太赞成	不赞成	说不清
短视频有些内容较为低俗	26.4%	32.9%	24.8%	10.8%	5.1%
短视频内容真实性值得怀疑	22.5%	38.6%	22.8%	6.2%	9.9%
短视频有个人隐私泄露的风险	25.1%	39.6%	22.2%	6.1%	7.0%
观看短视频挤占了现实人际交往/睡觉/游戏时间	25.5%	34.4%	29.4%	7.7%	3.0%
观看短视频使信息碎片化，减少了我深度思考时间	23.5%	35.0%	26.6%	8.9%	6.0%
短视频的个性化推荐使我接收的信息内容更加同质化	24.4%	43.8%	20.7%	4.8%	6.3%
短视频内容画质不高，制作粗糙	10.3%	24.4%	44.1%	16.9%	4.3%
手机屏幕太小，移动短视频感官不佳	12.8%	23.5%	46.0%	14.9%	2.8%
观看短视频某种程度上妨碍了我日常生活与工作的节奏	11.2%	22.5%	44.8%	17.8%	3.7%
较容易受到短视频负面价值观的影响	8.5%	14.8%	42.7%	30.5%	3.5%

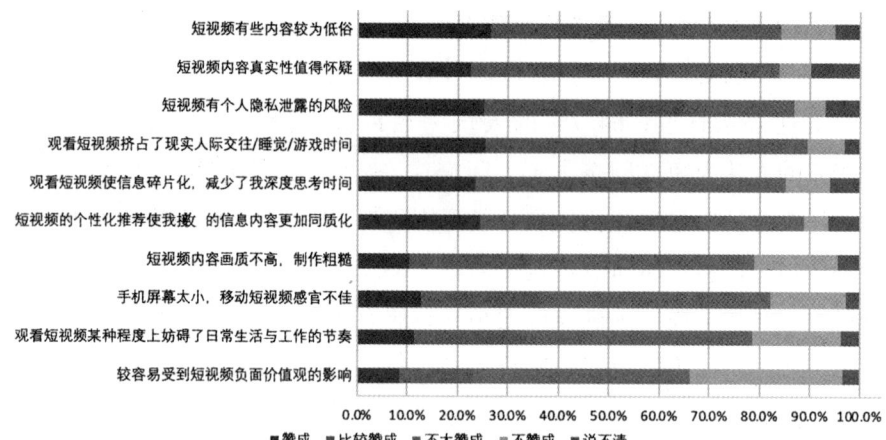

图 23　大众对短视频负面作用的评价

十一　作为信息传播交流形式的短视频

在是否愿意采用短视频来代替文字交流这一问题上，只有40.7%的人愿意（见图24）。

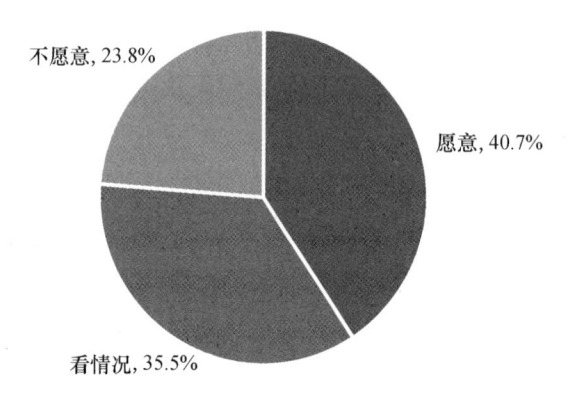

图 24　用短视频代替文字交流的态度

十二　短视频广告

短视频广告影响用户的使用体验效果。对短视频产品中的广告态度调查中，近八成人表示反感，这批人中大部分人表示（65.1%）虽然反感，但认为还可以接受（见图25）。

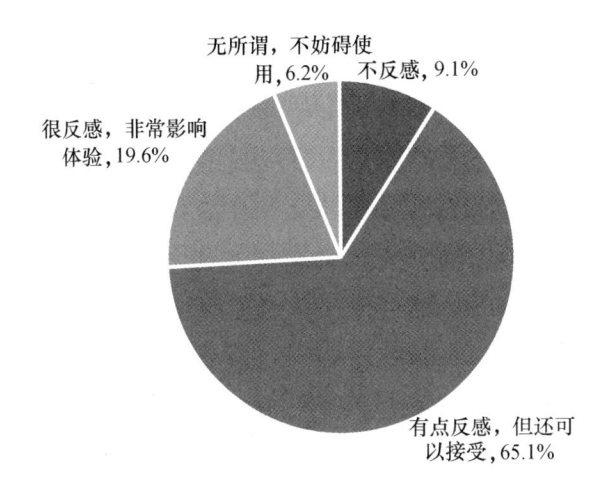

图25 大众对短视频产品中广告的态度

第二节 受调查者抖音 APP 的接触和使用情况

一 87.3%的受调查者表示使用抖音

目前，抖音正成为国民级短视频产品。截至2018年12月，抖音国内日活跃用户突破2.5亿，国内月活跃用户突破5亿。① 在近半年来是否使用抖音这一问题上，87.3%的受调查者表示使用过，12.7%的受调查者听说过，但没使用。

在没使用过抖音的人中，对其不使用抖音的几项原因进行调查：56.7%的人认为手机内存有限，抖音内容占用太多手机内存；有45.7%的人认为抖音负面新闻太多；27.6%的人认为视频内容不吸引人（见图26）。

---

① 参见《2018抖音大数据报告》。

212 / 新媒体影响力指数报告（2019—2020）

```
手机内存有限，内容占用太多手机内存          56.7%
              抖音负面新闻太多              45.7%
               视频内容不吸引人      27.6%
           用过，但感觉操作上不便捷   14.2%
            功能太少无法满足我的需求  11.8%
                        其他     11.8%
     0.0% 10.0% 20.0% 30.0% 40.0% 50.0% 60.0% 70.0% 80.0% 90.0% 100.0%
```

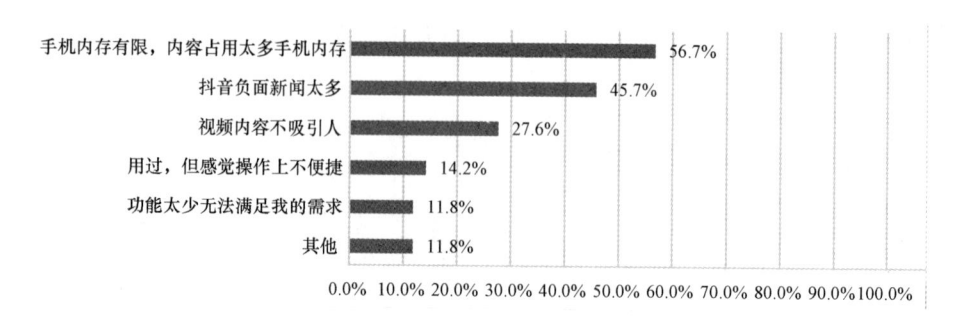

图 26　大众听说但不使用抖音的原因

二　抖音 APP 的使用时间情况

（一）使用总时长

在使用抖音的 873 人里，超过五成的人（58.4%）表示使用抖音在半年以上，26.5% 的人使用了 3—6 个月，12.7% 的人在 1—3 个月，极少数人（2.4%）少于 1 个月（见图 27）。

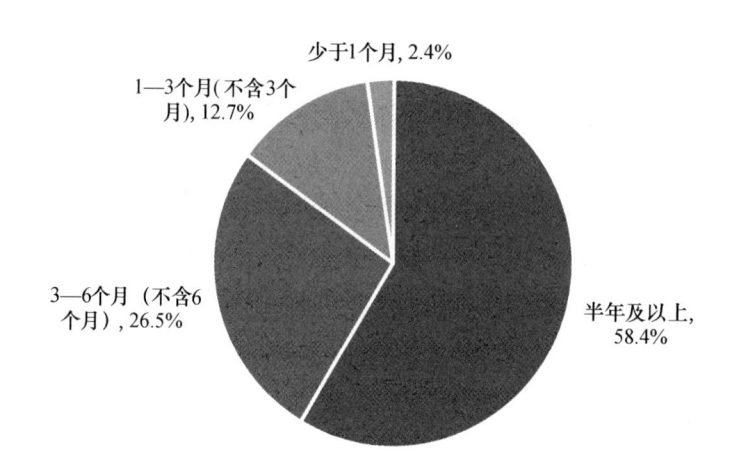

少于1个月，2.4%
1—3个月(不含3个月)，12.7%
3—6个月（不含6个月），26.5%
半年及以上，58.4%

图 27　大众使用抖音 APP 的时间

（二）单次使用时长

在使用时长方面，41.0% 人的每次使用会占据 30 分钟—1 小时；29.4% 的人使用 10—30 分钟；16.8% 的人使用 1—2 小时；使用 2 小时以上和 10 分钟以内分别有 8.5% 的人和 4.2% 的人（见图 28）。

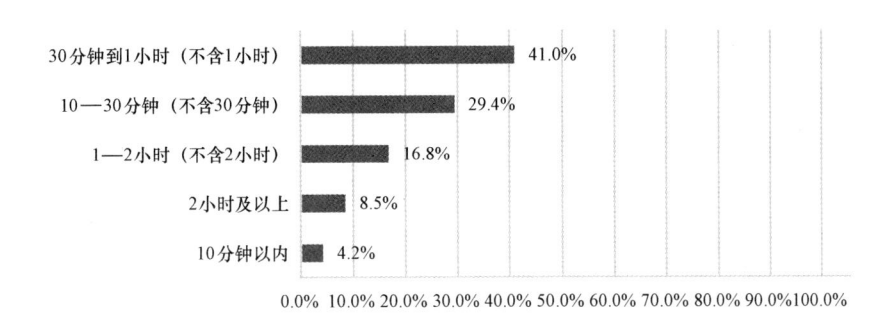

时长	百分比
30分钟到1小时（不含1小时）	41.0%
10—30分钟（不含30分钟）	29.4%
1—2小时（不含2小时）	16.8%
2小时及以上	8.5%
10分钟以内	4.2%

图28　大众单次使用抖音时间情况

（三）日常使用高峰时段

《2018抖音大数据报告》显示，截至2018年12月，抖音的使用时间在一天内出现三个高峰时段。抖音用户在12—13点出现午高峰，在18—19点出现晚高峰，在21—22点出现夜高峰（见图29）。[1]

抖音用户的活跃高峰

- 12—13点　午高峰
- 18—19点　晚高峰
- 21—22点　夜高峰

图29　抖音用户日常活跃高峰时段

---

[1] 参见《2018抖音大数据报告》。

三 大众接触抖音渠道

微信、微博等社交软件成为近半数人接触抖音的渠道。调查发现，48.4%的受调查者通过社交软件（微信、微博等）推广接触抖音，40.2%的受调查者是通过朋友推荐，10.8%的人通过应用商城，0.6%的人通过其他途径（见图30）。

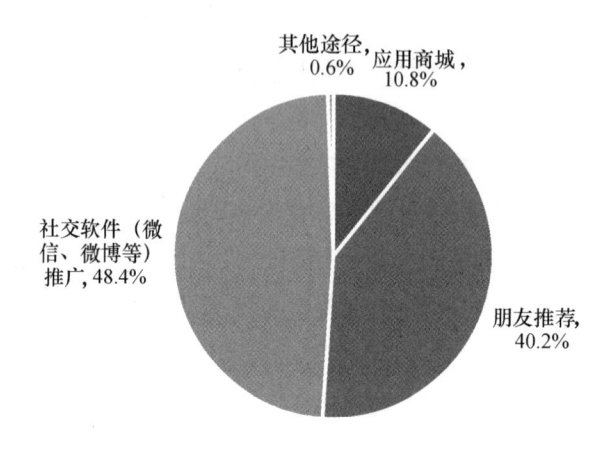

图30 大众了解接触抖音的渠道

四 使用抖音动机

消遣娱乐，缓解压力是使用抖音的最主要原因。调查发现，使用抖音的动机里，有89.2%的人使用抖音是消遣娱乐，缓解压力。有36.2%的人使用抖音来关注热点并进行社会参与，34.8%的人使用抖音来记录生活（见图31）。

五 抖音APP的突出特点

内容独特性、音乐性、社交性是抖音APP受欢迎的重要原因。在抖音较其他短视频APP更有吸引力的几项选项中，65.8%的人选择内容独特性，56.8%的人选择音乐性，45.7%的人选择社交性（见图32）。

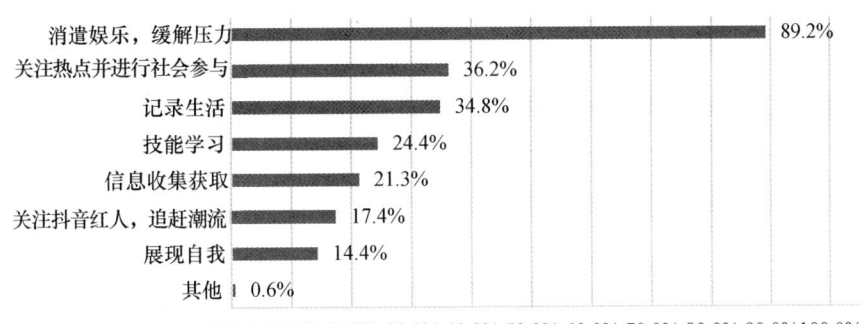

图 31 大众使用抖音的动机

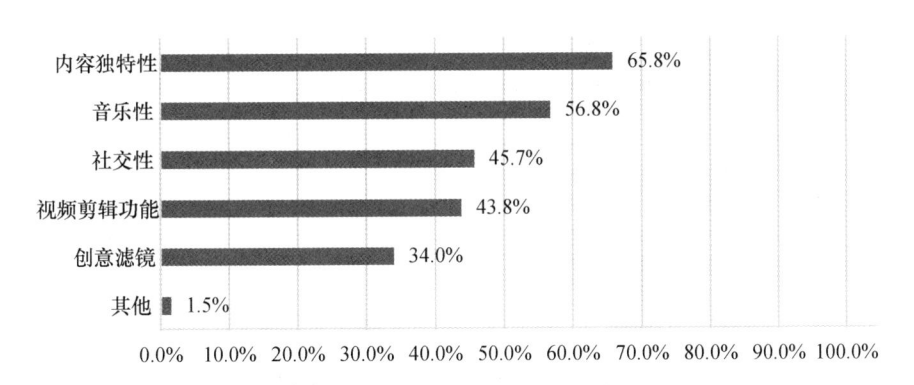

图 32 抖音较其他短视频 APP 更具吸引力的特点

六 抖音短视频内容选择偏好

（一）纯素人类用户人群覆盖比最高

在对用户喜爱的几类群体这一问题的调查上，66.1%的人观看纯素人类，喜爱看网红、成熟"关键意见领袖"类的人占比 64.4%，57.2%的人喜欢看名人明星类（见图33）。

（二）生活技能类内容最多人观看

在用户通常喜爱看哪类抖音视频内容调查中，54.6%的人表示喜欢看生活技能类，39.4%的人选择日常生活类，37.1%的人选择风景旅游类（见图34）。

```
纯素人类                    66.1%
网红、成熟关键意见领袖类      64.4%
名人明星类                  57.2%
品牌机构类                  28.9%
其他                       0.2%
```
0.0% 10.0% 20.0% 30.0% 40.0% 50.0% 60.0% 70.0% 80.0% 90.0% 100.0%

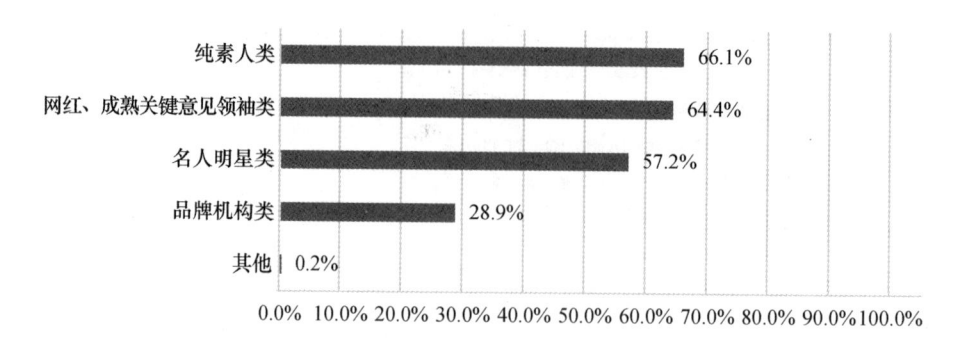

图33　抖音APP中大众喜欢关注哪类短视频群体

```
生活技能类                  54.6%
日常生活类                  39.4%
风景旅游类                  37.1%
高颜值"小哥哥""小姐姐"       34.8%
美食类                     31.6%
萌娃萌宠类                  25.4%
话题挑战类                  24.1%
美妆时尚类                  16.3%
明星类                     14.1%
其他                       0.6%
```
0.0% 10.0% 20.0% 30.0% 40.0% 50.0% 60.0% 70.0% 80.0% 90.0% 100.0%

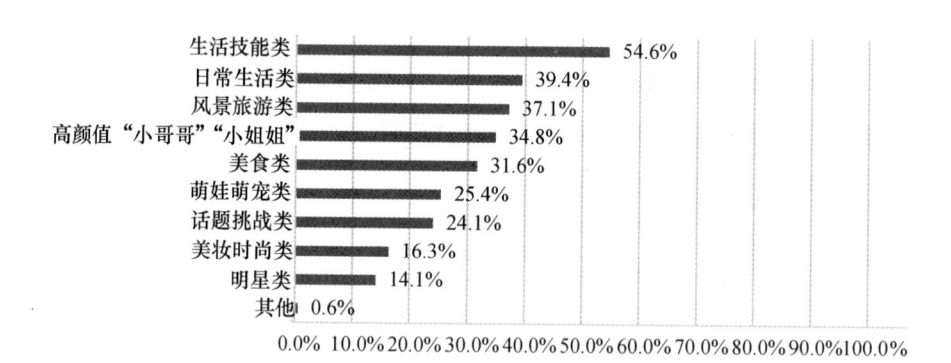

图34　抖音APP中大众喜欢关注哪类短视频内容

七　抖音短视频录制

（一）仅三成受访者录制抖音视频

在使用抖音的873人中，有29.3%的人没有录制过抖音视频，有39.2%的人模仿但没有录制过抖音短视频，有31.5%的人录制过（见图35）。

（二）录制功能中音乐剪辑受多数人喜爱

在对喜欢抖音录制中的功能进行调查时，录制过抖音的275人中，音乐剪辑、美颜功能、滤镜风格成为受喜爱的功能。其中，74.9%的人喜欢音乐剪辑，68.4%的人喜欢美颜功能，44.0%的人喜欢滤镜风格（见图36）。

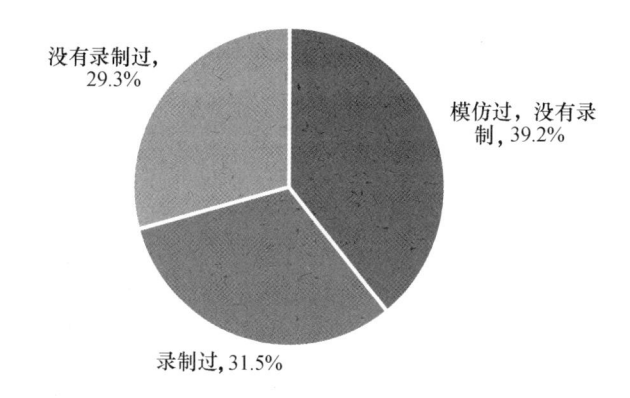

图35 模仿录制抖音短视频的情况

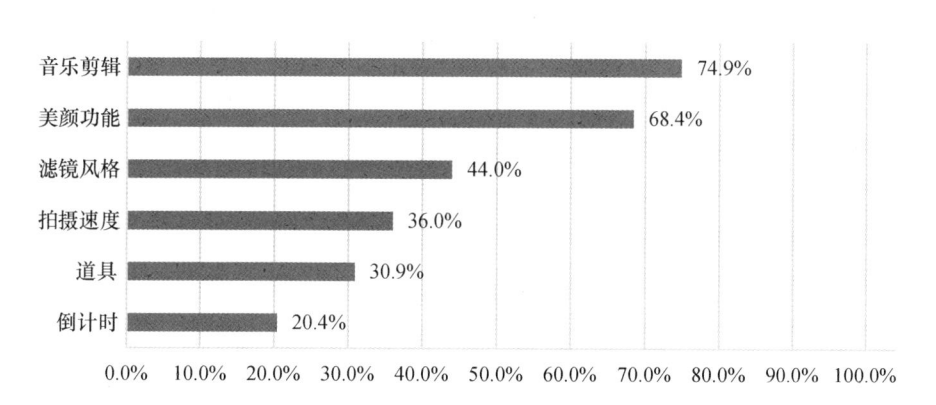

图36 抖音APP中大众喜欢的录制功能

作为一款音乐创意短视频社交软件,抖音音乐深受大众喜爱。背景音乐丰富了短视频的场景体验感,音乐让短视频像电影大片一样壮阔。(见图37)[1]

(三)不同年龄段用户拍摄内容各不相同

在录制内容中,不同年龄抖音用户最爱拍摄内容各不相同。60后偏爱萌娃,70后偏爱单人现代舞,80后青睐手势舞,90后热衷于自拍(见图38)。[2]

---

[1] 参见《2018抖音大数据报告》。
[2] 参见《2018抖音大数据报告》。

图37　2018抖音最受欢迎的背景音乐Top10

八　大众评论反馈、互动意愿

（一）超九成受访者观看抖音评论内容

在抖音的评论区里，有95.8%的人表示会观看抖音评论内容。浏览抖音评论区的原因里，53.0%的人表示想看网友对视频的态度，31.1%的人表示想要看网友抖机灵，剩下15.9%的人表示想要获得补充信息（见图39）。

不同年龄抖音用户最爱拍摄的内容

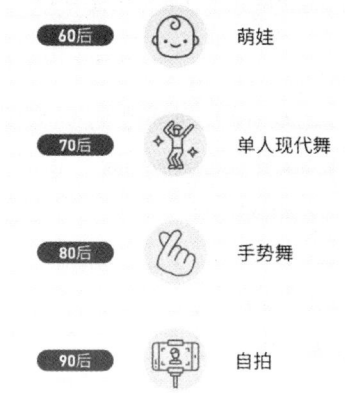

- 60后　萌娃
- 70后　单人现代舞
- 80后　手势舞
- 90后　自拍

图38　不同年龄抖音用户最爱拍摄的内容

获得补充信息，15.9%
看网友抖机灵，31.1%
看网友对视频的态度，53.0%

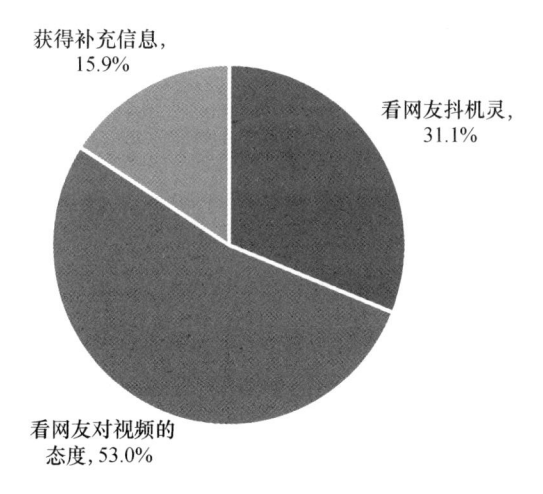

图39　浏览抖音评论区内容的原因

（二）用户互动反馈意愿较强

关于用户进一步的使用习惯调查中，在关注一个用户之后，有87.2%的人会刷 ta 之前发的视频，有44.1%的人会关注 ta 关注/点赞的用户，有26.7%的人会关注 ta 的微博（见图40）。

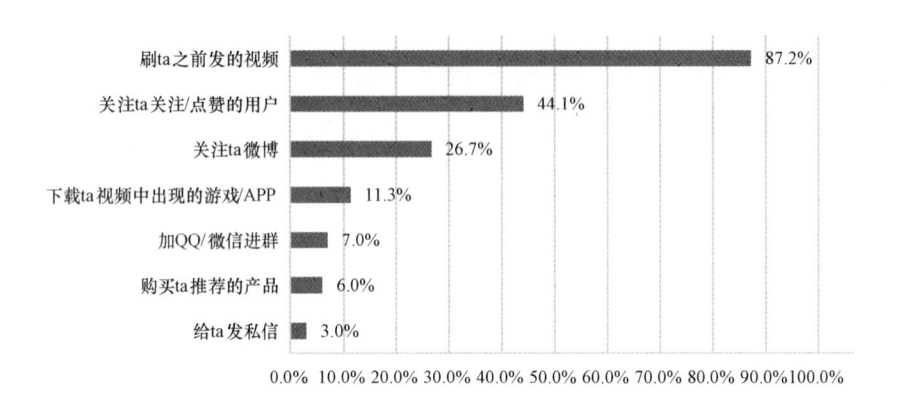

行为	比例
刷ta之前发的视频	87.2%
关注ta关注/点赞的用户	44.1%
关注ta微博	26.7%
下载ta视频中出现的游戏/APP	11.3%
加QQ/微信进群	7.0%
购买ta推荐的产品	6.0%
给ta发私信	3.0%

图40 关注一个用户的后续行为

九 对抖音的态度测试评价

（一）多为正面评价，九成用户表示将继续使用

在测试对抖音 APP 看法的时候，81.4%的人认为抖音短视频内容有趣，有许多新奇创意视频。62.4%的人认为其拥有强大运营团队，是其前沿科技打造的 APP。有51.9%的人认为抖音是低门槛自我展示的社交平台。

在目前是否还使用抖音的调查中，有96.2%的人表示还使用。极少数（3.8%）表示不使用。这极少数人中，不再使用抖音或卸载抖音的原因是：48.5%的人认为抖音太浪费时间了，24.2%的人表示当初下载只是随便看看，15.2%的人觉得看久了看腻了，还有各3.0%的用户认为是不感兴趣和设计不合口味（见图41）。

（二）抖音在短视频观看、录制上功能丰富，使用便捷

在对抖音的内容、播放流畅度、可操作性、时长设置、程序稳定等近十个特征做态度测评，大部分人肯定了其在短视频观看、录制上的丰

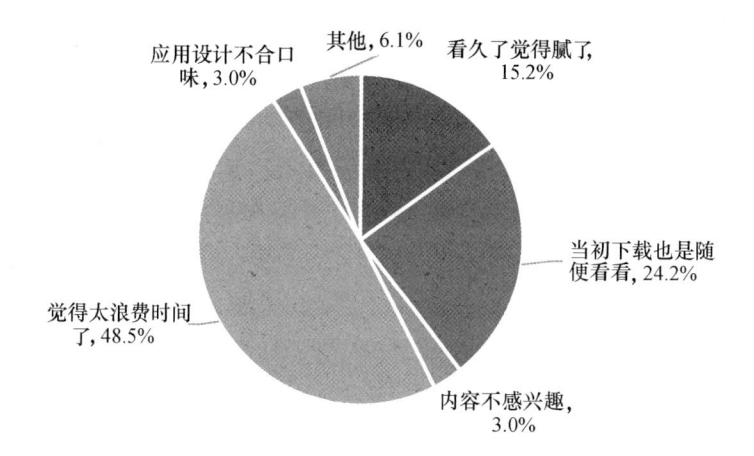

图41 大众不再使用或卸载抖音原因

富性和实用性（见表3，图42）。

表3　　　　　　　　　对抖音各指标的满意程度　　　　　　　　（%）

问题	非常不满意	较不满意	一般	较满意	非常满意	说不清
内容丰富	3.9	9.3	28.1	38.1	20.4	0.2
播放与切换视频流畅程度	2.4	5.7	14.7	47.7	29.2	0.3
拍摄的易操作性	1.8	5.6	13.8	44.4	32.0	2.4
视频的上传速度	2.3	4.9	21.7	46.8	21.0	3.3
分享内容的快捷多样性	1.5	4.5	16.0	44.6	31.9	1.5
能迅速找到感兴趣视频	1.7	7.1	24.5	42.1	23.1	1.5
录制视频时长足够且科学	2.6	10.8	31.6	36.2	15.4	3.4
音乐的丰富性	2.9	5.0	13.2	41.1	36.5	1.3
社交性强	1.9	7.1	29.9	37.4	20.6	3.1
程序稳定	1.1	2.9	13.5	51.2	28.3	3.0

（三）超过一半用户认为抖音对社交有促进作用，成为自己生活的一部分

在抖音对社交的帮助上，61.1%的抖音用户认为通过使用抖音，社

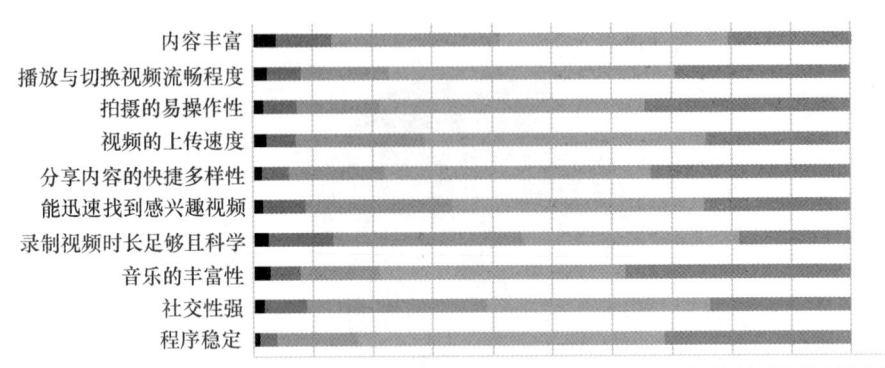

图 42　对抖音各指标的满意程度

交是一件轻松的事。57.8%的抖音用户认为抖音可以结交新的朋友，58%的用户认为使用抖音可以帮助维系已有朋友的联系，61%的用户同意抖音让社交变得轻松（见图43）。

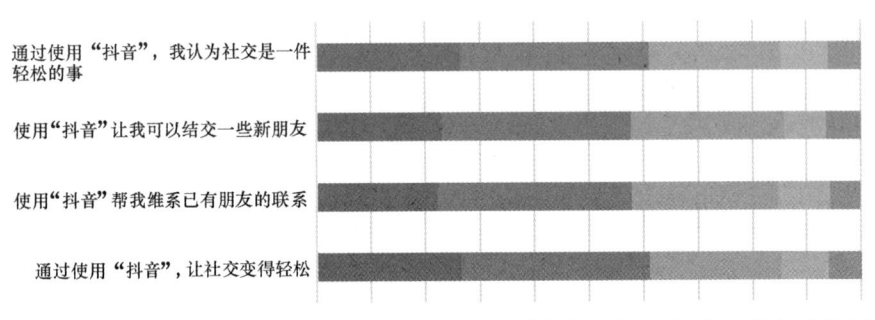

图 43　对"抖音能够促进社交"这一看法的态度

有53.3%的人对抖音上瘾，认为抖音已经成为其生活的一部分。40.0%的用户表示一刷抖音就是2—3小时非常常见，抖音让人上瘾。但有61%的用户认为抖音并未占用其大部分其他工作、学习、生活的时间。仅有47.8%的抖音用户认为抖音提高了自己学习、工作和生活的质量。

仅有 26.6% 的抖音用户认为抖音视频内容低俗且同质化，观看时间过长让人心生厌倦（见图 44）。

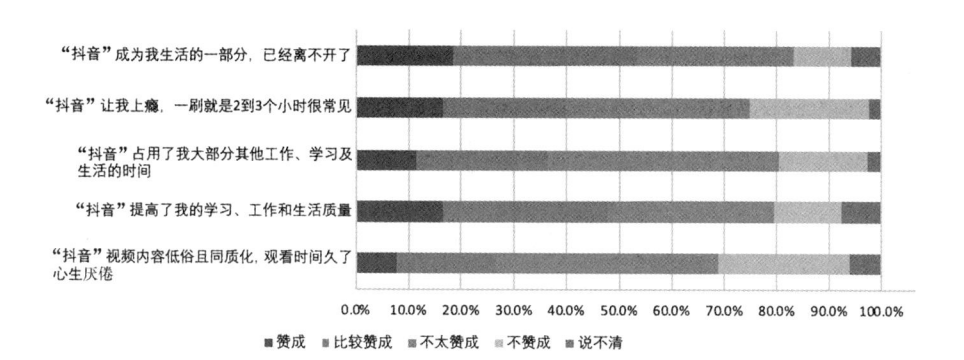

图 44 对抖音一些看法的态度

十 抖音防沉迷功能

如上所述，抖音在满足人们日常生活精神需求的同时让人上瘾，为此抖音上线了防沉迷功能，调查发现防沉迷功能有待进一步推广。对于抖音防沉迷功能，不到一半（40.2%）的人听说了解过，59.8% 的用户没有听说过（见图 45）。在听说过的受调查者中，近八成人（83.8%）认为抖音防沉迷功能有效果，其中有 18.8% 的人认为有很大效果，65.0% 的人认为防沉迷功能有一些效果（见图 46）。

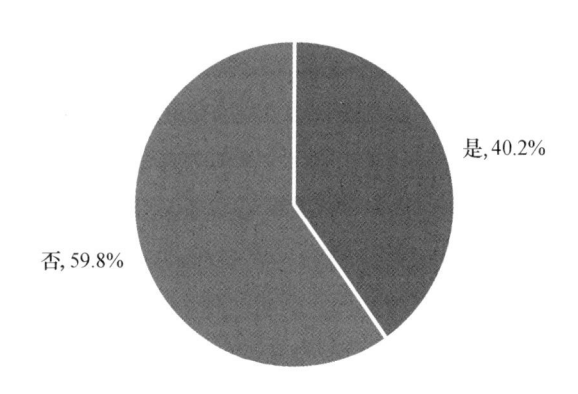

图 45 是否听说过抖时防沉迷功能

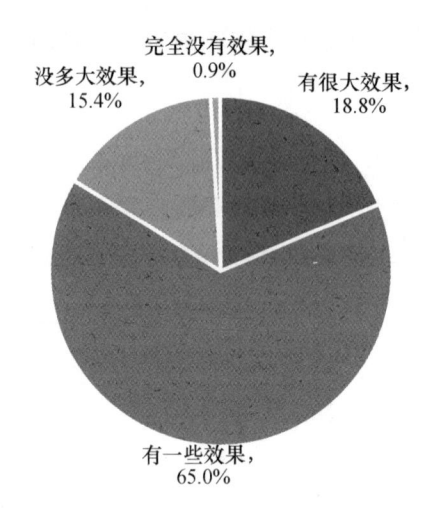

图46 大众对抖音防沉迷功能效果认知情况

调查小结

一 短视频契合了人们娱乐休闲、认知生活、表达个性的需求，是人们表达对生活热爱的工具

在使用短视频的主要目的上，选择人数占比排名前三的选项分别是：打发时间，休闲放松（90.5%）；记录生活，分享信息（53.4%）；获取资讯，满足社交（51.8%）（见图47）。

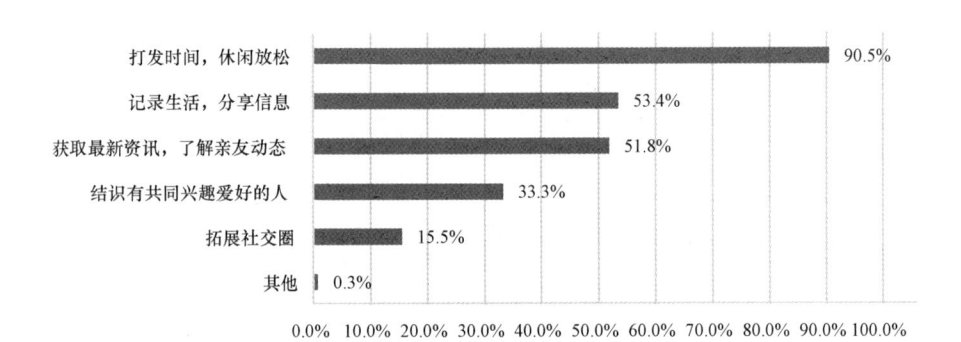

图47 大众使用短视频的主要目的

受调查者喜欢观看的短视频内容类型中，选择人数占比排名前三的选项分别是搞笑模仿类短视频（59.8%），技能展示类短视频（35.0%），日常生活类短视频（34.7%）。在抖音中，生活技能类内容受到近一半人（54.6%）喜爱，在用户发布短视频的各类动机调查中，66.4%的人想要记录生活。

综上，短视频已成为人们表达生活、记录生活的重要工具，体现了人们对生活的热爱，构成了人们生活的一部分。

二 抖音是调查人群中使用范围最广的短视频APP

对调查人群使用短视频APP类型进行调查，87.3%的受调查者表示使用抖音APP，仅有12.7%的受调查者听说过，但没使用。其次有82.7%的人拥有含短视频的社交APP（如微信、微博、QQ、陌陌），34.6%的人拥有含短视频的新闻资讯APP（如头条、腾讯、网易）（见图48）。

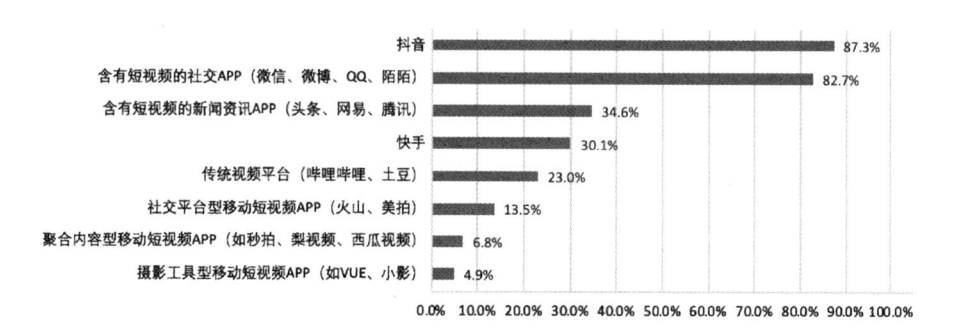

抖音	87.3%
含有短视频的社交APP（微信、微博、QQ、陌陌）	82.7%
含有短视频的新闻资讯APP（头条、网易、腾讯）	34.6%
快手	30.1%
传统视频平台（哔哩哔哩、土豆）	23.0%
社交平台型移动短视频APP（火山、美拍）	13.5%
聚合内容型移动短视频APP（如秒拍、梨视频、西瓜视频）	6.8%
摄影工具型移动短视频APP（如VUE、小影）	4.9%

图48 各类短视频平台使用人数占比

三 社交软件是人们对短视频认知接触，下载分享的重要工具

在受调查者对短视频的认知来源上，84.0%的受调查者通过微信和朋友圈获取对短视频的认知，43.1%的受调查者曾通过微博获取（见图49）。在短视频APP下载获取渠道方面，71.5%的人因在社交网络看到别人转发的内容从而下载短视频。在转发或分享短视频的渠道上，69.7%的用户倾向于用微信（包括聊天、朋友圈、公众号），52.3%会选择社交评论功能的短视频APP（抖音、快手），有33.8%的人使用QQ（包括聊天和空间）。

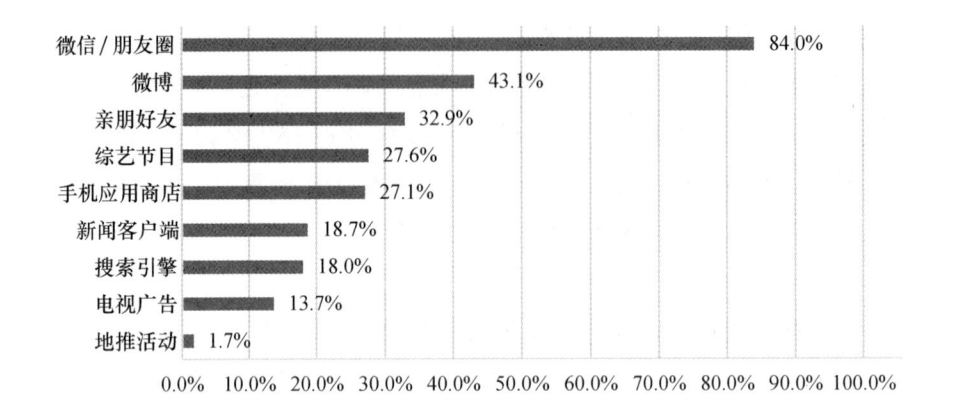

```
微信/朋友圈        84.0%
微博              43.1%
亲朋好友           32.9%
综艺节目           27.6%
手机应用商店       27.1%
新闻客户端         18.7%
搜索引擎           18.0%
电视广告           13.7%
地推活动           1.7%
```

图 49　对短视频的认知来源

在抖音的使用情况中，社交软件也是其推广的重要渠道，有 48.4% 的受调查者通过社交软件（微信、微博等）推广接触抖音（见图 50）。

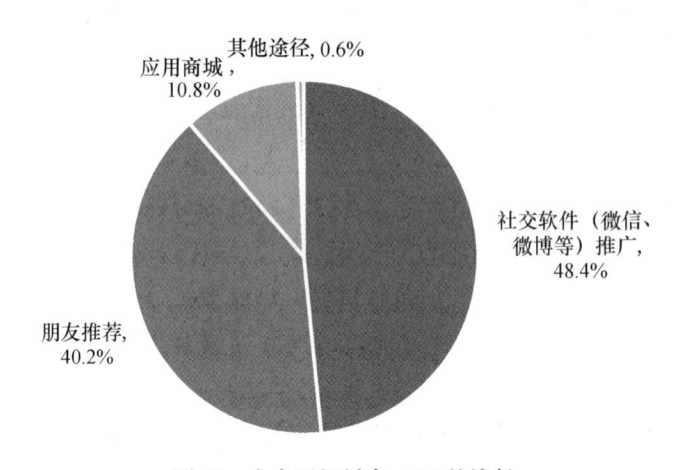

```
其他途径, 0.6%
应用商城, 10.8%
社交软件（微信、微博等）推广, 48.4%
朋友推荐, 40.2%
```

图 50　大众了解抖音 APP 的途径

四　内容质量是影响短视频 APP 出奇制胜的关键因素

新的传播生态中，内容为王的思路在短视频中继续延续。优质的短视频内容质量是用户选择一款短视频 APP 的重要原因，人们对视频内容质量相当看重，有 75.1% 的受调查者这样认为（见图 51）。在抖音较其他短视频 APP 更有吸引力的几项选项中，选择人数最多（65.8%）的选项为内容独特性（见图52）。

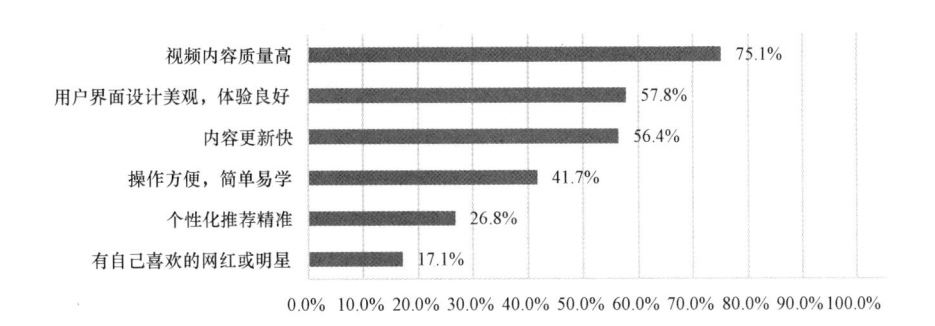

视频内容质量高 75.1%
用户界面设计美观，体验良好 57.8%
内容更新快 56.4%
操作方便，简单易学 41.7%
个性化推荐精准 26.8%
有自己喜欢的网红或明星 17.1%

图51 用户选择/下载/使用短视频 APP 会考虑的因素

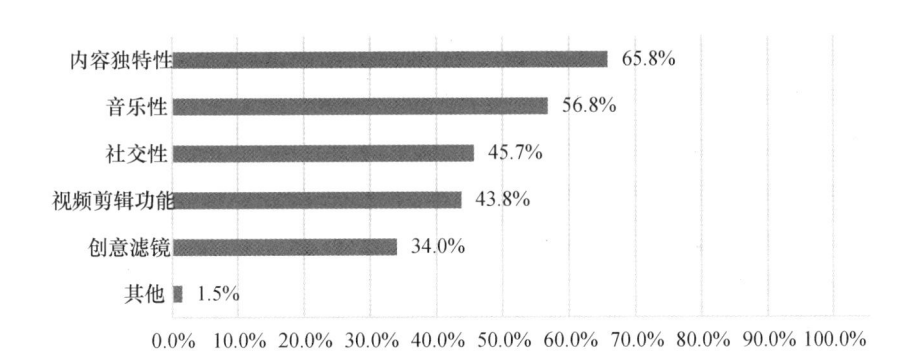

内容独特性 65.8%
音乐性 56.8%
社交性 45.7%
视频剪辑功能 43.8%
创意滤镜 34.0%
其他 1.5%

图52 抖音较其他短视频 APP 更具吸引力的特点

五 音乐是短视频使用场景不可忽视的重要因素

短视频拍摄功能中，30.9%的用户青睐配乐功能，当选用户最喜爱的拍摄功能（见图53）。在抖音较其他短视频 APP 更有吸引力的几项选项中，56.8%的人选择音乐性，选择人数占比排名第二。在对用户喜欢抖音的录制功能进行调查时，74.9%的人喜欢音乐剪辑，人数占比最多（见图54）。

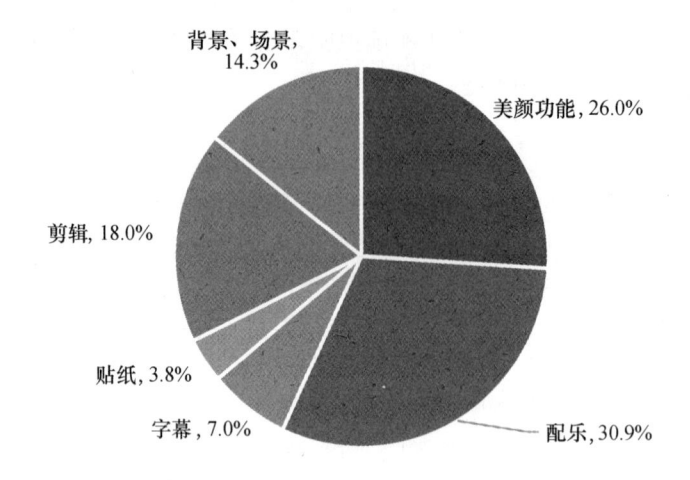

图 53　短视频拍摄中大众喜欢的功能

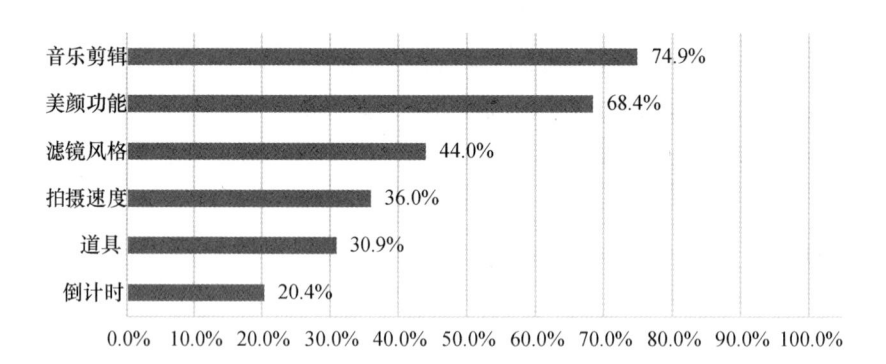

图 54　抖音短视频录制中大众喜欢的功能

六　抖音 APP 中大众对信息活动的反馈、参与意愿较强

抖音的评论区是其 UGC 内容生产的重要组成部分，有 95.8% 的人表示会观看抖音评论内容。浏览抖音评论区的原因里，53.3% 的人表示想看网友对视频的态度，31.1% 的人表示想要看网友抖机灵，剩下 15.9% 的人表示想要获得补充信息。关于用户进一步的使用习惯调查中，在关注一个用户之后，有 87.2% 的人会刷 ta 之前发的视频，有 44.1% 的人会关注 ta 关注/点赞的用户，有 26.7% 的人会关注 ta 的微博（见图 55）。

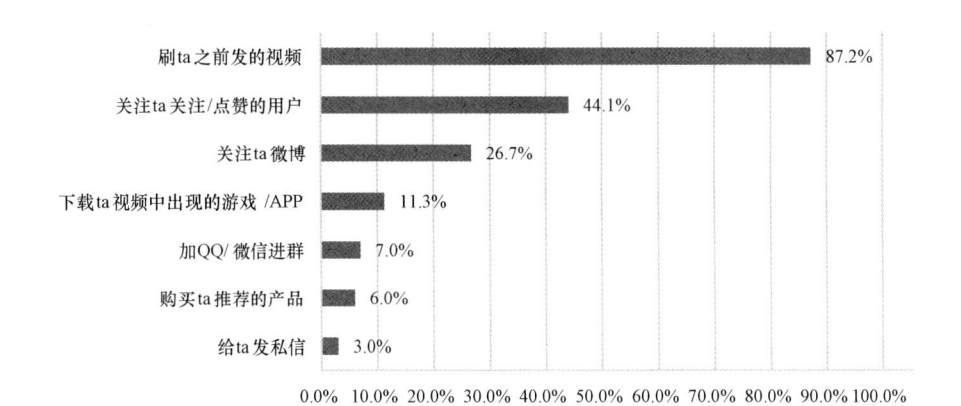

图55 关注一个用户后大众的后续行为

七 九成用户表示在继续使用抖音，对其态度多为正面肯定

在使用抖音的调查对象中，有96.2%的人表示还在继续使用，极少数（3.8%）表示不再使用抖音（见图56）。均有超过半数使用抖音的受调查者肯定了抖音在促进社交、休闲放松、缓解生活压力等方面的积极作用。

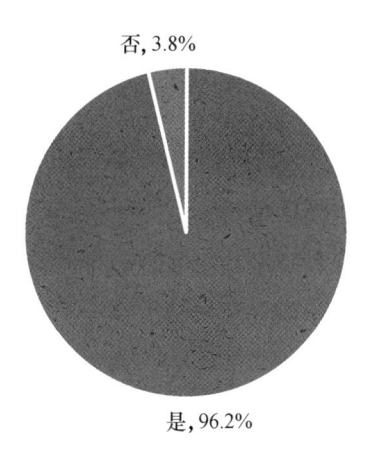

图56 是否还在继续使用抖音

案例研究：新奥特媒体融合解决方案

王　婷　等[①]

第一节　移动新闻采编产品——爆新闻

爆新闻主要为新闻机构、记者、爆料人等提供基于云服务和移动端的新闻采编服务，是媒体融合协同生产的重要工具。爆新闻使传统新闻采编方式摆脱对专业设备的依赖，用手机就可以进行素材采集、文稿创作、视频编辑、文件传输、新闻直播等工作，高效、便捷地完成新闻采编，手机可以取代专业摄像机、转播车、非编工作站，提高新闻时效性。

在应用方面，爆新闻既可以满足新闻机构对新闻事件的快速外围报道、电视现场连线、现场新闻制作回传等场景需要，也可以作为高校融合新闻教学实验平台，模拟新闻全业务流程辅助教学，降低实验成本打通专业媒体，学生成果转化、学以致用。目前，爆新闻已经逐渐被应用于广电行业各省市县电视台，当前用户有SMG、CCTV+、湖北卫视、河南电视台、辽宁网络广播电视台等。

一　产品构成

主要包括三方面，一是新闻线索服务，主要来自第三方爆料平台、

[①] 王婷、邱月、王丹丹、王芳、崔欣润、吕静，中国社会科学院研究生院新闻学与传播学系硕士研究生。

新闻大数据、互联网线索汇聚，主要参与者为 UGC 爆料人；二是移动新闻生产服务，主要由独立新闻工作者从事移动新闻采编、移动新闻制作、智能新闻生产、移动新闻直播；三是新闻共享交易服务。

其产品业务可有助于解决社会痛点：（1）新闻线索及大数据服务解决了新闻机构及时了解新闻动向、热点、风向标问题；（2）移动新闻生产服务解决了在新闻现场完成新闻报道的新闻时效性问题；（3）为新闻机构提供新闻二次交易平台，提高新闻价值；（4）交易平台扩大了新闻机构的新闻源；（5）为爆料人和独立新闻工作者提供获取收益的平台。

目前形成了两种商业模式，第一种为 B2B2C 模式，爆新闻服务平台（元数据、文稿、拍摄、视频编辑、图片编辑、音频编辑、直播）为新闻机构提供付费服务，新闻机构为用户提供免费服务。第二种模式依赖共享交易平台 baoxinwen.com 分成，主要机制为机构记者向新闻机构供稿，新闻机构上传至共享交易平台，平台向机构付费；机构记者直接向共享交易平台供稿，新闻机构使用平台稿件，机构向平台付费；独立爆料人向共享交易平台供稿，平台向爆料人付费。

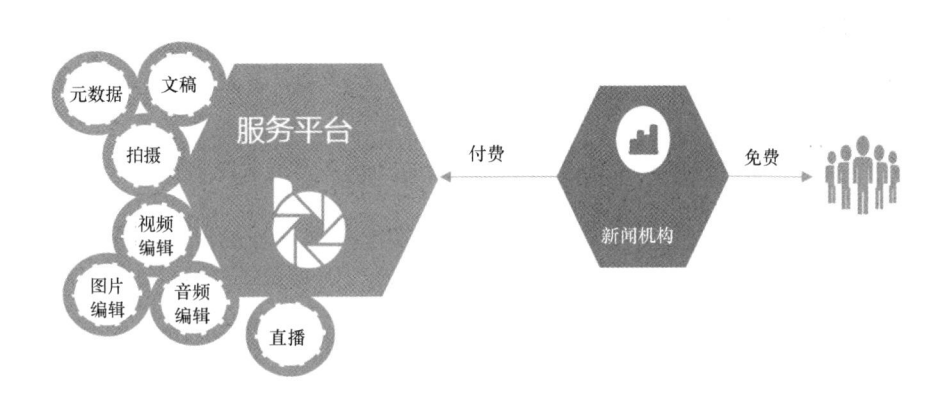

图 1　主要产品运行模式

二　智慧新媒体综合解决方案

（一）服务流程

爆新闻的主要服务流程为，媒体特质智能评估—推荐个性化解决方

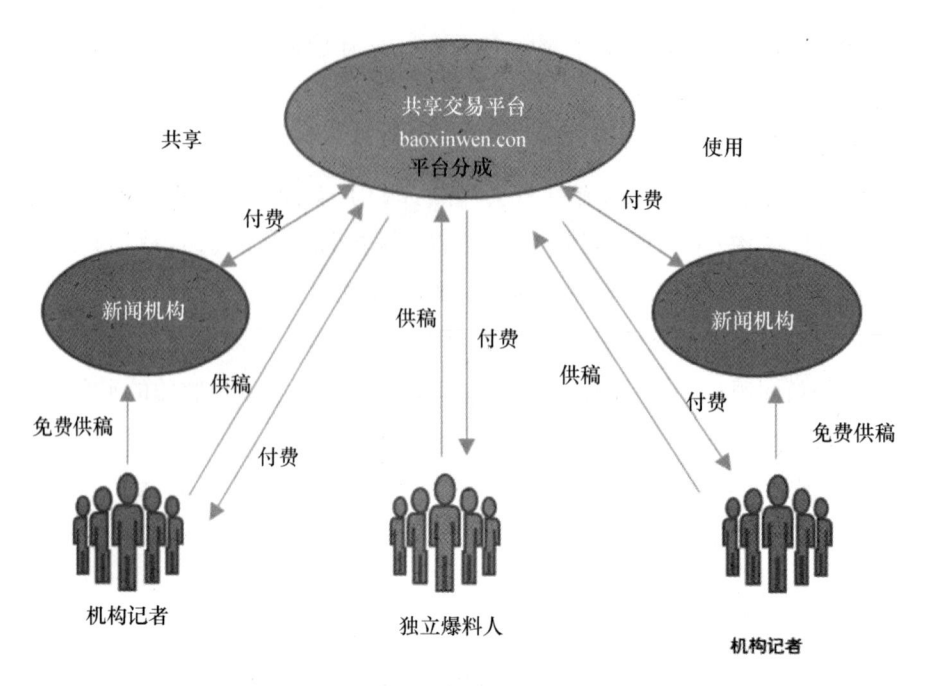

图 2 两种商业模式

案—账号即开即用—快速上线运营，随后，爆新闻将"助力构建内容生态平台"，还将通过免费升级，实现"功能持续迭代"，免去用户维护烦恼。

媒体机构的记者通过爆新闻的云服务、爆新闻 APP、网页端工作平台，创建新媒体矩阵（微博、微信、头条、第三方平台、APP、小程序、网页），或通过认证号（图文、视频、直播），对接广告、电商、政企，连接用户，用户可以浏览资讯、爆料、互动、享受服务、留言、发送动态，参与其中。

在这一过程中，对内容生产者来说，最重要的是应当坚持"内容为王"。其中有三个关键词——内容生产、产品包装、渠道占有，这三个关键词贯穿在软件设计之中。

其内容传播矩阵大概有四个方面的来源，第一是 PGC，这部分内容不论数量多寡都代表着品牌 ID；第二是内容汇聚，即转发内容以此扩展内容来源；第三是 PUGC，共创内容，媒体自身的专业内容生产人员是有

图 3 "爆新闻"服务流程

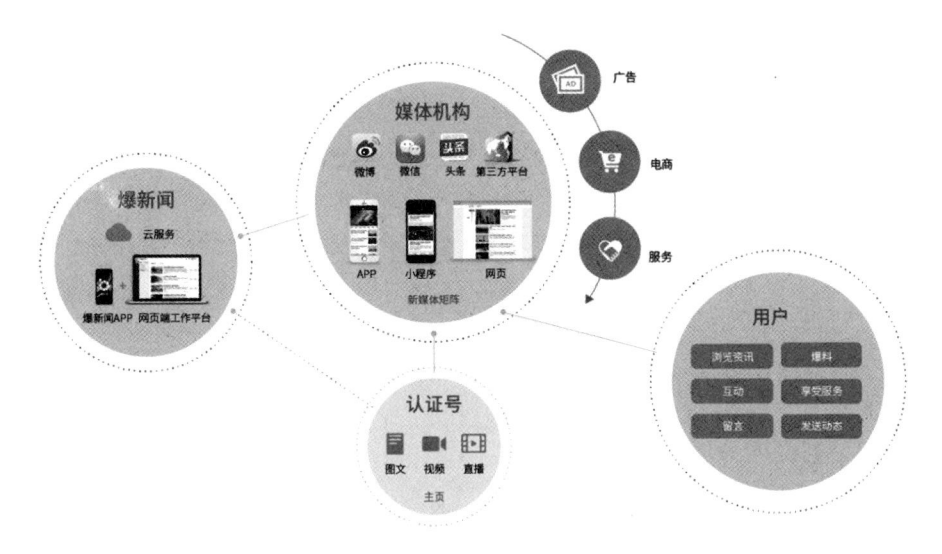

限的,因此可以收纳专业的写作人员进入系统,授权、认证其生产内容,成为认证号系统;第四是社群,不同于一般的 UGC,而是更具价值的社群。在具备这些来源,形成一定的品牌影响力后,将形成内容+,使影响力变现。

(二) PGC 内容生产解决方案

针对 PGC 内容生产的采编发一体化解决方案,可盘活 PGC 内容生产系统,使之更快地适应新媒体,实现从技术革新到内涵革新。这套完整方案,涵盖采集、生产、发布、运营各个环节,快速构建新型采编发网络。

移动采编更快,随时随地进行采编工作,作为手机端视频编辑工具,图文排版工具、录音、动画制作、视音频采集等。

权限与管理有序,实现用户权限管理,栏目与栏目的相对独立,保证内容共享以及资源合理分配,可配置的生产管理流程。

协同创作便捷,可以做到 PC 端与手机端协同,多人协同创作,即时通讯,同时具备学习系统与激励机制。

（三）内容汇聚解决方案

该方案主要与知闻合作，可收集全网新闻，以及微博数据接口、380多家认证机构等广泛的信息来源。在技术上，存在信息的甄别、清洗机制，具备视频下载、智能推送系统等功能。

在这一方案中，所有的内容将被分成重点必发、价值观、梳理远边、身边的事四块，形成一个稳定的三角形。重点必发内容，将政策要闻、国际国家要闻、重大事件作为重点必发内容，汇聚到一起。价值观，即通过对媒体机构的特质进行智能评估，做出关键词推送。梳理远边，指将远处发生的最新、最热的事情梳理出来，实施资讯滚动刷新，全网最热推荐等。身边的事，则关注地域资讯，如地域政府政策、地域微博、地域公众号。

通过这四方面，可以形成线索汇聚，推荐出更有报道价值的内容。在此基础上，媒体可以通过转发来填补报道缺失，转发380家可转发媒体的内容，既保证内容在发出前，已由专业媒体和人士甄别、过滤，也实现了对版权的认证和保护。最后，整个系统也是一个学习系统。

（四）社群媒体解决方案

社群媒体通过内容吸引并筛选用户，筛选下来的用户会形成高质量社群，社群通过一套规则体系，又源源不断地产出优质内容。在这里，不仅有内容的生产和传播，还有高效的互动。内容不再由一个中心产出，而是整个社群成员共同贡献。

在这一方案中，通过爆料（多样化运营）、活动（模板、组件）、广场（视频、图文）等功能，打造出高质量内容，实现高互动。内容吸引用户沉淀到社群，最后实现商业变现。

（五）内容+解决方案

现在已经进入"内容+"时代，想要借助内容提升自己的影响力，必须要做融合。WEB APP具有灵活简单上线快的特点，可提供投票、活动等关联组件，地方服务、政务等关联服务，以及关联电商平台。在这部分做大后，可以提供定制功能，拓展更多可能。业务流程方面如提供定制化功能，政务、教务等，技术赋能方面，如趣味强大的短视频制作，服务对接方面，如开放平台、数据提取与共通。

整个系统汇聚多种内容来源，融合直播、图文、短视频等生产流程，支持跨平台多渠道分发，快速构建"内容+"体系。同时，配置多样化内容运营服务，包括互动组件（评论、点赞、抽奖、弹幕）、数据统计（内容效果分析、粉丝画像）、多平台发布管理（内容一键发布到多平台）。

（六）轻量级融合媒体解决方案

提供轻量级融合媒体解决方案，实现传统媒体的快速转型。当前客户包括河南电视台、辽宁网络广播电视台、安徽卫视、SMG、滨海时报等。

在内容编辑方面，可以实现图文编辑、视频制作、BS非编，汇集民众爆料（更多来源）、图文视频采集、音频编辑、线索汇聚。特点有：多种编辑工具，满足各类新闻样式；内容多端同步，随时随地编辑；支持多人协同，提高团队效率。

在内容管理方面，可实现配置审核流程、任务实时追踪、可视化管理、多平台发布、运营统计。能够快速生成专属APP，在专属内容页面发布，对接各大发布平台（微博、微信、头条、网站）。

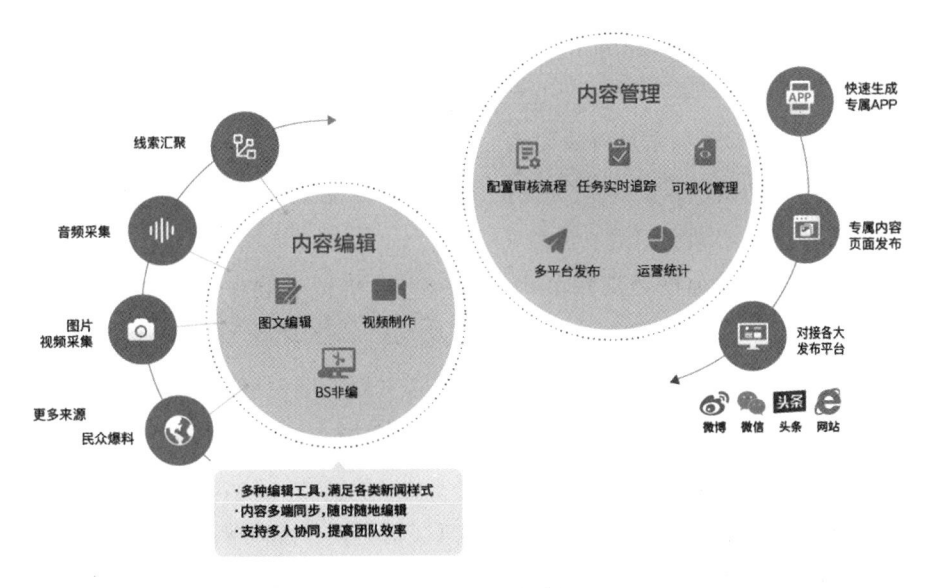

图4　内容编辑和内容管理

(七）互联网直播解决方案

提供互联网直播解决方案，打造新闻新形态。信息可由 APP/摄像机/推流设备输入云导播台，输出到多终端观看。其特点有二，一是具备多种推流方式，能够实现多机位切换，多种画中画模式，丰富的模板字幕，图片 logo 任意叠加，提供时间组件。二是具有丰富互动组件，能够实现投票、抽奖、评论、弹幕等。

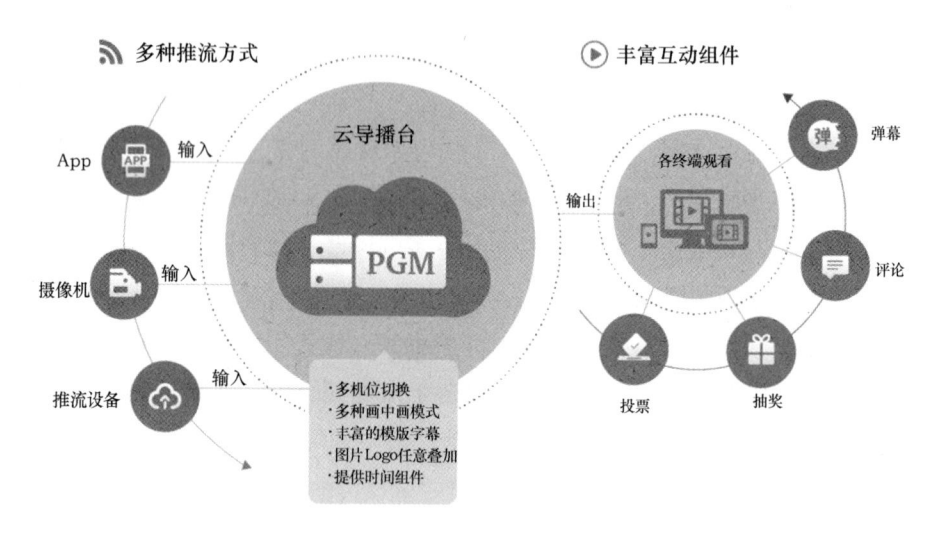

图5　直播解决方案中的多种推流方式和丰富互动组件

（八）移动新闻采编解决方案

提供移动新闻采编解决方案，使移动采编能力灵活地与其他系统对接，典型客户如湖北卫视、内蒙古电视台。

通过图片视频形式采集的内容，经过手机视频制作/电脑 BS 非编，实现剪切编辑、配音配乐、字幕 logo、模板特效等功能，再经过内容页面发布至终端。视频素材、音频素材、新闻文稿、图文新闻、视频新闻等内容经过审核，发送到台内系统、融合媒体系统、内容管理系统。

（九）其他解决方案

此外，还有其他解决方案，能够实现灵活对接、模块赋能。通过将记者回传、UGC 爆料、手机直播、实拍短视频、现场图片的内容发送至全媒体演

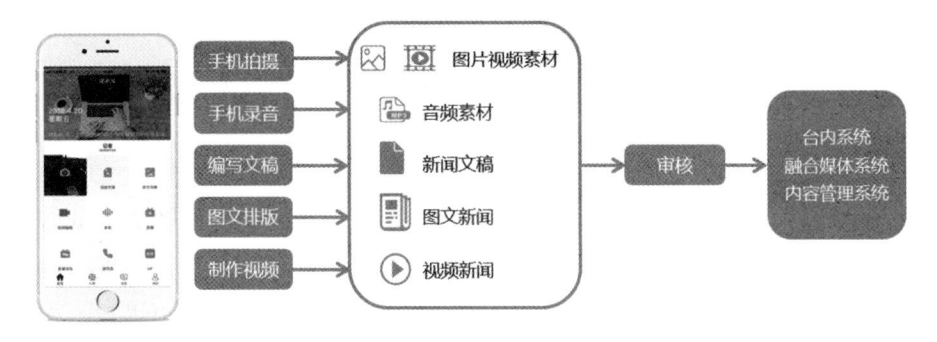

图 6　移动新闻采编解决方案主要流程

播室，再发布到网站、微博、头条、APP、微信、第三方平台等，最后在用户中实现评论互动，而用户评论互动的结果将反馈至全媒体演播室。典型应用案例如芜湖县广播电视台融媒体中心。或者，将本地记者、异地记者、海外记者、签约记者、通讯员、爆料人获取的内容，传送至爆新闻内容库，经过审核，进一步生产，最终发布。典型应用案例如 CCTV＋。

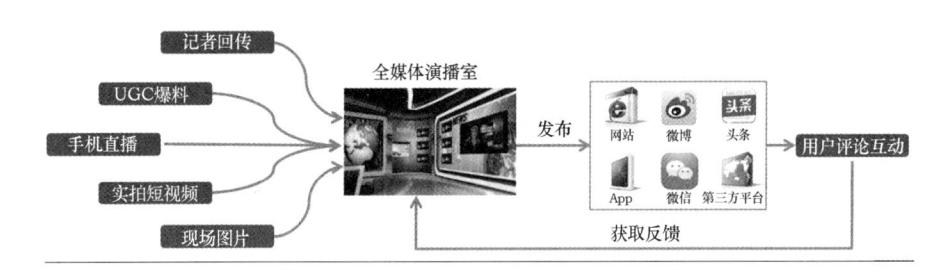

图 7　其他解决方案中的运行流程

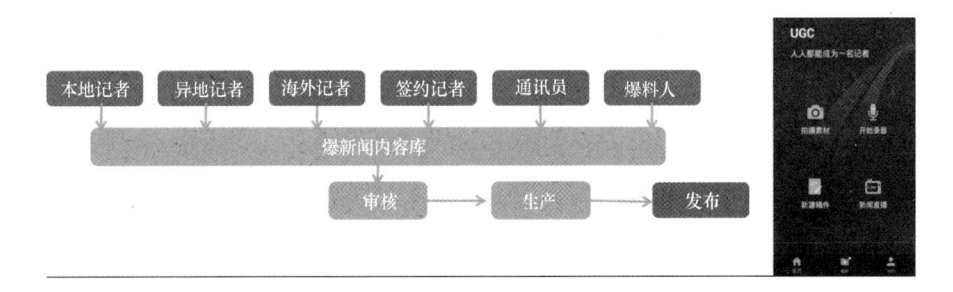

图 8　其他解决方案中的运行流程

第二节 "舆情监测及传播分析"产品

主要业务包括：通过媒体数据采集、数据智能化整理分析、数据资产化服务，构建媒体大数据内容经营平台，实现媒体内容高附加值的管理及服务；为电视台、电台、报业以及自媒体等媒体或机构，提供全媒体内容高效、精准、兼具广度及深度的挖掘服务，同时不断积累和构建媒体内容大数据仓库。为媒体及相关行业提供媒体传播分析服务；提供舆情监控及分析服务，提供竞品分析服务；提供行业融媒体解决方案；提供行业数据采集及分析定制化解决方案。

图9 舆情监测及传播分析产品体系

舆情监测及传播分析主要包括以下几个环节：

第一，数据监测方面。知闻科技自动对全国各省市，以及地区县级新闻网站、论坛、社区、微博、博客、微信（公众号）、境外中文网站进行监测。并且从全网22万多个网站、510万个微博大V账号、50万个微信公众号、7万多个国内论坛、500多个境外中文网站、百度贴吧等渠道获取数据。数据采集效率大概为重点监测网站2—3分钟轮询一次，微博和贴吧数据2—5分钟采集一次。通过2000多台云服务器全天7×24小时不间断地采集网络数据，每天采集数量不少于4000万条信息。

第二，数据抓取方面。知闻科技的数据抓取能力主要表现在广度、速度、精度和深度上，在广度上，全方位采集，不留死角，通过"定向+非定向"的方式补充采集；在速度上，最快两分钟轮询一次，采集速度可达300万/小时；在精度上，模板和脚本引擎实现元数据抽取，信息抽取准确率达99%以上；在深度上，可以实现采集到任意指定的页面层级，并且对负面信息全量采集。

第三，数据处理方面。知闻科技的数据处理中提取的元素主要包括文章标题、内容、作者、转载网站、发布时间、阅读数、转发数、跟帖，准确率在99%以上。在数据处理过程中能够实现数据预处理，即支持多层分类、系统排重、网络新闻聚类。在信息检索方面，使用布尔逻辑检索关键词配置和解析，其中1亿篇文章检索响应时间0.03秒，而1亿万篇文章100个并发响应时间0.3秒。

第四，数据呈现方面。通过制造专业简报、多种方式预警（邮件、短信、APP）的方式，对数据进行有效的利用和处理。

根据对以上环节的把握，"舆情监测及传播分析"产品可实现的功能包括以下几种：

（一）提供数据，实现多元化数据服务支撑

依托平台强大的数据采集、智能分析处理能力，"舆情监测及传播分析"产品提供适合各业务场景的数据服务。包括网络资讯数据、社交媒体数据、知识百科数据、官方统计数据、个性化数据定制等。

（二）实现传播监测，掌握深层情报

可以针对指定地域、机构、企业、品牌、人物、新闻等进行全网信息监测，并且提供危机预警追踪、自动舆情简报、信息走势、信息属性、来源分布、地域分布等图表分析。

（三）提供竞品分析，即品牌、人物、行业数据竞争分析比对

通过对市场走势、媒体投放情况、正负面信息、用户分析等方面对比分析，帮助客户了解竞争情报，为自身品牌宣传提供决策数据。具体包括信息量对比、走势对比、情感分析对比、正负面高频词对比、关键词云对比、信息地域、媒体来源、活跃媒体对比等。

（四）全网事件分析

针对某一事件、人物、品牌、地域等进行个性化监测方案设置，从新闻媒体、微博、微信、客户端、网站、论坛等互联网各个渠道采集并提取相关信息，按其传播路径、关键词云、发展态势、媒体观点和网民观点等多个维度进行全方位的智能化分析，并用丰富的可视化图表呈现分析结果。具体而言包括事件走势、传播趋势、信息来源、情感分析、地域分布、传播路径、热门信息、关键词云、关联词汇观点分析（新闻观点、论坛观点、微博观点）等。

（五）微博传播分析

微博传播分析具有刻画传播路径、洞察关键人物、解读用户画像、分析传播质量等功能。包括真实转发量、覆盖人次分析，识别传播路径、引爆点、转发层级、关键用户，转评者性别、地域、兴趣标签分析，转评内容敏感度分析、热词分析、表情分析、网友观点分析等。

（六）微博事件分析，即对微博事件进行多维度分析

针对某一事件、人物、品牌、地域等进行个性化监测方案设置，从微博平台采集并提取相关信息，按其传播路径、热门信息、意见领袖等多个维度进行全方位的智能化分析，并用丰富的可视化图表呈现分析结果。具体包括传播趋势、事件脉络，热门信息、热门词汇、意见领袖、核心传播人博主分析（地域、性别、认证、水军），评论分析（观点、情绪）等。

第三节　云摄美平台介绍

云摄美平台主要由短视频 APP 美摄、创作交易系统"I剪"和线下的云摄美短视频学院三部分构成。美摄是一款面向个人、企业、机构等用户的移动端视频制作、社区交流 APP，在业内率先推出了用户可自定义视频时长的全高清视频编辑模式。APP 上线于 2014 年，是视频技术公司——新奥特集团内部投资孵化的项目。从 2017 年起拆分成专门为移动音视频提供 SDK 解决方案的"美摄科技"，以及短视频服务平台云摄美，并由现有团队对美摄 APP 进行重构。I 剪基于美摄庞大的 PGC 用户，建

成从内容源拍摄到完成专业制作的全流程服务、交易系统,让有内容创作能力和有内容需求的用户在平台上各取所需。

一 云摄美平台定位

(1)刚需视频全产业链服务平台。

(2)聚焦个人、企业、机构关于视频的刚需市场。

(3)满足"视频+行业"时代到来的视频刚需,构建"价值内容的供需平台"。

二 云摄美平台发展历程

自2014年正式上线以来,2014年9月28日,美摄V1.0版本经过一年的积极研发,终于诞生,并在安卓各大应用商店上线。美摄APP经过三年多的技术沉淀,以及最近半年的战略布局和运营,目前用户已达1000万,会员开通才几个月就已近2万,付费用户突破4万。

图10 美摄版本1.0界面设计

美摄APP3.0版本增加了"画中画"模式、倒放功能和视频海报功能。其中"画中画"模式可以实现双屏合拍,不仅满足想要和自己喜欢的偶像、朋友合体的心愿,还可以很轻松就拍摄一个丰富多彩的合成视频;视频海报,拥有更多丰富多彩的主题和形式,满足用户各种场景需要。另外,美摄APP3.0版本新增了社区功能——I剪,属于剪辑师们的专属社区，剪辑大神们将制作好的视频建立自己的专属频道、主页，更方便用户进行交流与互动。

美摄3.0版本上线，在延续高清画质、多拍模式、功能玩法创新优势的同时，也有利于为美摄精心构建的 I 剪社区加入更为多样化的内容元素，赋予短视频更多的时尚品质，拓展更加广阔的品牌合作空间。

美摄 V1.0 版本具备上述功能亮点，包括五种实时镜头、多段拍摄模式、多种编辑功能、丰富主题及高清视频效果。

美摄团队根据市场和用户反馈，进一步精进产品，于 2015 年 6 月 8 日，推出 V1.5.0 版本，V1.5.0 版本的改进包括：

（1）视频字幕重大改版，全新的字幕模式，可以任意选择视频添加地点；

（2）新增了图片时长的调整及图片展现方式的一键调整功能；

（3）新增视频和图片的亮度、饱和度以及对比度的调整；

（4）优化了 UI 界面及选择素材的逻辑，更加清晰、方便；

（5）优化了自带音乐及拍摄时曝光补偿的范围；

（6）提升了分享视频的质量；

（7）解决了部分手机上不能保存及分享视频花屏的问题；

（8）解决了已知 BUG，整体提升了产品的稳定性。

三　产品介绍

（一）美摄 APP

美摄 APP 是一款面向用户的移动端视频拍摄制作交流 APP，高清及专业作为美摄特色区别于其他视频 APP。从前期拍摄到后期制作，为用户提供独有的高清体验专业编辑及社区分享。一键闪做功能，让用户在短时间内做出大片效果。新近开放的拾音功能，提供完整的音频编辑工具。

美摄 APP 打赏功能：这是连接用户和提升参与度的很好的方法。用户对优质视频进行打赏，打赏的交易币叫作美枚。获取美枚有两种方式：（1）充值，6 元 = 42 美枚；（2）通过在美摄 APP 里做任务来领取活力值，1 美枚 = 100 活力值，获得的美枚可以兑换成人民币使用。

美摄 APP 会员政策：99 元一年的会员资格，可以享受 1080P 高清视频制作、1080P 高清视频发布、会员作品无时长限制、会员视频永久储存、优先享受平台优惠活动等政策。高清一直是创作者的追求，美摄运营的全世界最好的美摄 SDK，编辑功能强大，用户体验流畅感官能力非常好。之前一直是大 V 才有资格发高清视频，现在购买美摄 APP 的会员就可以发布高清视频并且可以长久保存。

（二）I 剪

I 剪是视频制作交易系统。基于美摄庞大的 PGC 用户，及中国市场大量的专业内容需求市场，美摄正在打造一个视频制作交易平台。

图 11　I 剪界面设计

（三）云摄美短视频学院

云摄美短视频联合中国传媒大学、中国电影电视技术学院等多家视频传媒专业机构，依托美摄 APP 领先的视频编辑技术，立足公益，打造线上线下明星导师课程，为个人、企业、机构、城市提供"刚需视频"全产业链的专业课程培训。

（四）美摄双微（官方微博、微信公众号）

美摄官方的微博、微信公众号每天在美摄 APP 所产生的数万部优质原创内容攫取最潮流热点、有代表性的作品，并挖掘每一个故事背后的故事，通过视频、图文、动画等多媒体形式，展示给粉丝和读者。

图 12　美摄分享渠道

（五）自媒体平台（美摄头条、网易、一点、搜狐等官方号）

美摄官方头条、网易、一点、搜狐等其他自媒体号同时运营，输出平台优质内容，搭建短视频矩阵，月点击近千万次。

四　快速发展

（一）用户构成

在美摄 APP 的用户中，普通用户占 32.9%，专业拍摄玩家占 31.2%，自媒体团队占 7.52%，大 V 用户占 9.06%，专业剪辑师占

8.25%，原创课堂讲解的人占 17.26%。

（二）美摄资源

美摄 APP 发展了丰富的自媒体、KOL 资源，聚焦原创视频，美摄拥有多领域的自媒体资源。美摄自媒体 KOL 资源：美摄 APP 拥有包括陈翔六点半、二更、暴走漫画、办公室小野等 Top1000 的 KOL 及有妖气漫画、拜托啦学妹、一千馆、无节操学院等优质自媒体、工作室。涵盖搞笑、动漫、原创短剧、美食、情感等各个领域的优质资源。

作为中国原创视频平台，美摄拥有众多平台签约培养的国际网红资源。美摄 APP 网红资源：独自拥有或签约包括 Jong May（美国网红）、"孙中山"特型演员、K 姐 KATELINA、伊恩（英国网红）等具有一定知名度的国际化网络红人资源。

图 13　Jong May（美国网红）

另外众多机构、组织个人选择美摄 APP 作为官方视频发布平台。美摄入驻企业机构资源：美摄 APP 入驻了中国企业、组织、机构。他们选择美摄 APP 作为官方视频发布平台。包括北京时装周，北京汽车摩托车运动协会，单色舞蹈学校等。

五 合作项目案例分析

案例 1：美摄 APP 携手北京时装周，一场视频 + 时尚的大秀

图 14 美摄 APP 携手北京时装周现场

2017 年 9 月 19 日讯，基于美摄 APP 优秀的用户体验和强大的创新力、北京时装周强烈的国际范儿及时尚魅力，2017 年 9 月，美摄平台和北京时装周达成合作伙伴关系，共同举办"美摄——2017 北京时装周原创视频大赛"，打造兼具北京文化特色与国际影响力的原创视频品牌活动。

活动期间，美摄达人拍摄的短视频在美摄 APP 活动专区及美摄微信、微博等渠道第一时间展示。同时，在时装周凤凰中心秀场，还专门设置了美摄的互动区，现场的小伙伴们都可以直接下载美摄 APP 录制短视频参与比赛。本次活动是美摄和北京时装周在短视频领域的一次碰撞，通

过美摄的平台,让更多的人感受到时装周的魅力,体验到用短视频看时装秀的快感。

活动视频总量1059个;国家化KOL19;互动点赞量128740个,总浏览量500000+。

案例2:万达借助美摄平台网红资源库,建立专属网红达人团

图15 "带你发现丹寨"拍摄画面

2017年10月,美摄和万达共同举办的"带你发现丹寨"活动正式起航,十余名来自全球各地各个领域的精英美摄达人,奔赴贵州丹寨万达小镇。他们是刚刚在中秋晚会演唱的中美,中国达人秀的红人老外伊恩,刚从全国旅行回来的K姐,国家级摄影师张文忠老师和龚泉老师,时尚美妆达人米C、音乐旅行达人走四方和人气博主Candy粉妞妞、时尚模特闫莉、节目编导林蕊、搞笑原创短剧达人鹏鹏和独立音乐创作人羽子偕老,可以说阵容强大,这是美摄和万达携手举办的以达人视角,通过发现丹寨故事助力小镇扶贫的一次活动。短短几天内,美摄达人拍摄的照片和视频在美摄活动专区、微博、微信朋友圈等国内外全网展示,引爆成百上千万的浏览量和关注度。每一位美摄达人,都从自身视角出发拍摄短视频,集合成《这个小镇很有货》系列,现在美摄活动专区有上百部的视频,点燃了成百上千万的浏览量和关注度,为广大美摄用户视频直播形式展示了丹寨万达小镇的地方特色。

案例 3：美摄 APP + 光明网

图 16　会议现场美摄 APP、云美摄短视频平台 CEO 崔松讲话

2018 年 5 月 16 日，由美摄 APP 与光明网联手举办的"感触新时代，记录新影像——身边正能量随手拍"短视频公益征集活动启动发布会在中国传媒大学举办。

2018 随手拍正能量短视频公益大赛旨在鼓励和推动大众的公益意识，歌颂真善美，弘扬主旋律，传播正能量。活动主办方积极响应落实国家"要培育和践行社会主义核心价值观"的战略部署，通过新媒体与央媒的结合，面向全社会征集公益短视频内容。征集内容，不限题材和时长，用美摄 APP 拍摄，主题可涉及：公益、教学、才艺、文化、民俗、城市风景等；参赛者从 2018 年 5 月到 2019 年 3 月活动期间，可通过美摄 APP、光明网、光明电视的专属报名通道参与活动，最终评选出本次活动的优秀短视频作品。

百度云服务发展报告

陈 寿 王 浩 曹亚孟[*]

第一节 中国云计算发展历程与现状

一 按阶段划分：市场准备期、成长期和发展成熟期

云计算的概念早在20多年前已开始启蒙：1983年，Sun Microsystems 提出"网络是电脑"。

中国云计算产业可分为市场准备期、成长期和发展成熟期三个阶段。

2006—2010年是市场准备阶段。这一阶段主要进行云计算技术储备和概念推广，国内各界对云计算认识尚浅，行业解决方案和商业模式都还在尝试中，多为政府牵头构建公有云。

2006年3月，Amazon推出弹性计算云（Elastic Compute Cloud）服务，2006年8月，Google首次提出"云计算"（Cloud Computing）的概念。随后国内外互联网公司和传统IT巨头纷纷加入竞争，开启全球IT架构的云计算时代。

中国云服务市场从2007年起步，开始处于对概念和技术消化吸收的阶段，同时对客户认知和需求也在逐步培育。

2010—2015年是成长阶段。云计算产业高速发展，越来越多的厂商

---

[*] 陈寿，百度智能云战略规划管理部首席分析师；王浩，百度智能云战略规划管理部高级分析师；曹亚孟，百度智能云GTM高级市场经理。

开始介入技术的研发和应用推广，业界对商业模式不断探索，成功案例逐渐丰富，全国各地开展大型云计算项目的建设。

2010年前后阿里云带动了一批互联网企业和创新型公司向公有云服务领域发展，具有深厚行业服务背景的ICT设备厂商也开始向企业级云市场发力，生态架构开始完善，业务方向多层次发展。截至目前，国内形成了由各种业务背景的公司共同参与，云服务业务混合多样，并在持续快速演化的市场态势。

2015年后进入发展和成熟阶段，云计算产业链结构趋于稳定，行业解决方案成熟，云计算被纳入行业信息化建设不可或缺的技术方案考虑。

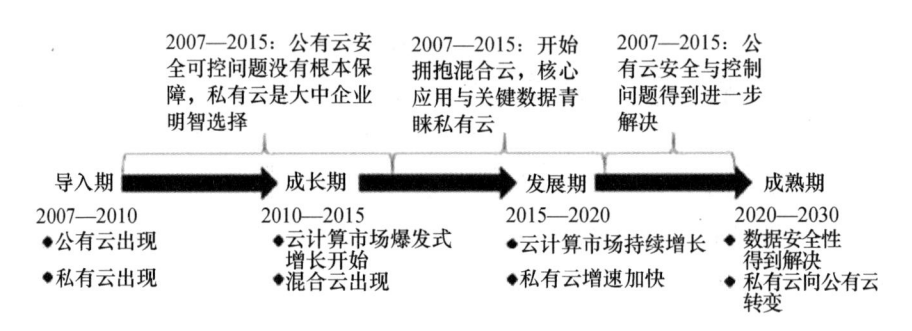

图1　云计算的发展阶段

中国云计算市场规模持续增加，公有云市场中，IaaS增速最快，PaaS前景广阔。2018年中国云计算市场中，公有云市场规模383亿人民币，占比42%；预计2021年公有云市场规模903亿人民币，年复合增长率33%。其中，IaaS成为公有云市场中增速最快的领域。直接面向企业用户的SaaS依然占据庞大的市场份额，PaaS市场整体规模偏小，但前景看好。

PaaS和SaaS拥有更广阔的市场。根据调研机构数据：全球范围内的过去、现在以及未来，SaaS都是云计算市场最主要的组成部分。预计2020年之前企业对IaaS的需求依然强烈，复合年增长率达到36.6%，PaaS平台的复合年增长率为38%，SaaS为28%。

目前我国云计算市场只占全球市场总规模不到5%，这与我国人口规模、商业规模、GDP 水平占全球的份额极不匹配，市场提升空间巨大。[①]

二 中国云计算行业特点

（一）云计算产业的经济特征：市场潜力大、高投入、高风险

云计算产业属于资本密集型产业，实现云计算服务投资高昂，建立和发展需要雄厚的资金作为后盾。尤其集中在硬件基础设施与虚拟化、自动化为代表的网络资源管理技术方面。一般情况下，云计算中心规模都较为宏大。据前瞻研究院 2018 年数据，从 ISP 主要厂商的数据中心和业务发展情况来看，其中谷歌服务器数量最多有 300 万台服务器，BAT 服务器总和 200 多万台，谷歌、亚马逊、微软、Facebook 的服务器数量均超过 BAT 总和。

（二）云计算发展特点

1. 云服务成为 ICT 领域最具活力的增长点之一

虽然整体产业规模尚小，但增长率远高于 ICT 产业平均水平，已经与移动智能终端一起成为全球 ICT 产业增长最快的领域。云计算充分体现了互联网"快速迭代"的特征，是当前 ICT 产业技术和应用创新最活跃的领域之一。

2. 价格战成为云计算巨头竞争的手段

2018 云栖大会，阿里云对对象存储 OSS、表格存储、EOS 云服务器、性能测试 PTS 铂金版等都进行了降价。但随着市场格局趋稳，云厂商价格战动力逐渐减弱。

3. 安全担忧促进云保险诞生

云服务的安全问题可能会给用户造成损失，进而引发赔偿问题。云保险正是一种针对云服务提供的风险管理方式，即对于云服务提供商可能发生的服务失败做出经济赔偿的承诺。云保险可以被云服务提供商作为服务等级协议（SLA）的一部分，也可以由云服务提供商的合作伙伴——第三方保险公司单独提供。

---

① 数据来源：IT168。

4. 开源项目成为"事实标准"

除了谷歌、亚马逊、VMware 等在云计算技术领域拥有绝对领先实力的公司以外，开源已经成为绝大多数公司进行云计算系统开发的基础。Open Stack、Hadoop 等部分开源项目已经建立起各自的产业生态，成为汇集产业不同环节的事实上的"标准"。核心的开源社区已经成为汇集产业最广泛力量的组织。

三 中国云计算市场现状

据中国信通院发布的《2018 年云计算白皮书》，2017 年我国云计算整体市场规模达 691.6 亿元，增速 34.32%。预计 2018 年中国云计算市场达到 907 亿人民币，其中公有云市场规模 383 亿人民币，占比 42%。预计 2021 年云计算市场将达到 1858 亿人民币，公有云 903 亿人民币，占比 49%，公有云三年复合增长率 33%。

（一）私有云市场

信通院数据显示，2017 年中国私有云市场规模达 426.8 亿元，同比增长 23.8%。预计到 2021 年市场规模将达到 955.7 亿元。据中国信息通信研究院调查统计：70% 企业采用硬件、软件整体解决方案部署专有云，少数企业单独采购和部署虚拟化软件，硬件厂商仍是私有云市场的主要服务者，其中国内设备厂商已经占据半壁江山。

（二）公有云市场

2017 年我国公有云市场规模达 264.8 亿元，同比增长 55.7%；其中，IaaS 成为公有云市场中增速最快的领域。直接面向企业用户的 SaaS 依然占据庞大的市场份额，PaaS 市场整体规模偏小，但前景广阔。

（三）市场对比

以上数据可以看出，公有云市场规模的增速为私有云市场规模增速的 2 倍之多。而从未来 3—5 年的预测来看，公有云市场规模增速将逐渐减缓，而私有云市场规模增速始终保持平稳。考虑到数据安全和定制化需求，公有云和私有云将长期共存，预计 2021 年以后公有云和私有云的市场规模和增速将趋近一致。

随着云计算的成熟，2018 年中国云计算市场迎来了快速增长期。据市场咨询机构 IDC 报告，2018 年中国云管理服务市场规模达 3.07 亿美元，同比增长 132.4%，其中云运维管理服务和云迁移实施服务市场份额占比最大，分别为 44.1% 和 28%，云增值开发服务在市场占比为 23%。

（四）按服务模式划分云计算细分市场

1. IaaS

IaaS 市场是目前我国云计算市场中增速最快的细分领域，2017 年市场规模达到 148.7 亿元，同比增长 157.2%。[①]

2. SaaS

目前 SaaS 的市场份额位居三大模式之首，也受到几乎所有 IT 巨头的关注。中小企业将成最大消费群，同时基础性应用成为突破口。

企业级 SaaS 市场依旧呈现快速增长，未来五年复合增长率将超过 35.7%，在 2022 年规模将达到 378 亿人民币，但市场较国外仍差距明显，与国外相比，国内 SaaS 服务成熟度不高，缺乏行业领军企业，市场规模偏小。

3. PaaS

目前国内的 PaaS 模式云计算创业公司众多，巨头只选择了即时通讯、推送、视频、支付等少数热门领域作为试水，尚未完全切入。IDC 预测，未来五年，中国公有云市场总体保持高达 41.0% 的增速，其中增长速度最快的将是 PaaS，年复合增长率将超过 55.7%。

四 中国云计算市场与百度云的成长

作为一家以技术为信仰的高科技公司，百度一直将技术创新作为立身之本，着力于互联网核心技术突破与人才培养，在搜索、人工智能、云计算、大数据等技术领域均处于全球领先水平。

百度云于 2015 年正式对外开放运营，作为百度旗下面向企业及开发者的智能云计算服务平台，肩负百度技术能力对外输出的重任。百度云致力于为各行业提供以 ABC（人工智能 AI、大数据 Big Data、云计算 Cloud Computing）为一体的云计算服务。

---

① 来源：易观研究《中国云计算 IaaS 服务市场年度综合分析 2018》。

2017年，百度云提出 ABC Inspire 战略，可以概括为百度云以"最全面、最落地的 A，最开放、最安全的 B，持续先进的 C，ABC 三位一体唤醒万物，赋能行业"。比如，ABC Inspire 工业领域，让工业领域的质量检控不一样；ABC Inspire 媒体，让媒体的传统处理方法有了颠覆性的提升；ABC Inspire 金融，让金融行业领域开始走向大众化，用大数据方式提高防范金融风险的能力。

中国云计算市场竞争激烈，但过去两年百度云发展迅速，在强者如林的竞争环境中脱颖而出，不断获得客户与业界认可。2018 年，咨询机构 Forrester 发布的 Q3 中国公有云报告中，百度云凭借营收增速和市场占有率大幅增长，强势入围了卓越表现者（Strong Performer）象限。

百度是一家天生的云计算公司，未来，百度云将继续输出百度的技术能力，与合作伙伴一起不断优化产品和服务，让智能的云计算成为各行业企业发展的新引擎。

第二节　百度云计算产品发展及介绍

一　百度云的产品战略

2016 年 7 月的百度云计算战略发布会上，李彦宏发布百度云"人工智能＋大数据＋云计算"三位一体的发展战略。

云计算已经不是简单的云存储，或是对计算能力的需求，而是越来越与大数据和人工智能进行融合。一方面，大数据的发展与应用，离不开云计算强有力的支持；云计算的发展和大数据的积累，是人工智能快速发展的基础和实现实质性突破的关键。另一方面，大数据和人工智能的进步也将拓展云计算应用的深度和广度。百度除了云计算能力之外，还有大规模的数据处理能力、人工智能技术、精准的用户画像能力以及基于地图的定位功能……所有这些能力聚合起来，不仅能为企业提供云计算服务，同时还能满足企业在大数据和人工智能方面的需求。

二　百度云基础云组件介绍

百度云常规基础云计算的产品很多，核心应用组件分别是：云主机

(BCC)、云磁盘（CDS）、云数据库（RDS）、公网带宽（EIP）、负载均衡（BLB）、对象存储（BOS）、内容分发网络（CDN）、视频点播服务（VOD）、音视频直播（LSS）、简单缓存服务（SCS）、安全（BSS）、DNS 解析、运维监控等。

（一）百度云云主机（BCC）

百度云云主机 BCC（Baidu Cloud Compute）是处理能力可弹性伸缩的计算服务。管理方式比物理服务器更简单高效，可根据用户的业务需要创建、释放任意多台云服务器实例，提升运维效率，为用户快速部署应用构建稳定可靠的基础，降低网络规模计算的难度，使用户更专注于核心业务创新，且无须花费时间和费用来购买及维护托管虚拟机的硬件，有效降低 IT 成本。

BCC 云主机提供多种配置选择，其中包括：CPU、内存、公网带宽、镜像类型、操作系统、CDS 磁盘、临时数据盘，客户可以根据实际需要选择。

（二）百度云云磁盘服务（CDS）

百度云云磁盘服务 CDS（Cloud Disk Service）是一种安全可靠的高弹性存储服务，作为云主机的扩展块存储部件，为云主机数据存储提供高可用和高容量支持。其有独立于云服务器的生命周期，支持快速扩容、在线备份和回滚；支持数据随机读写，在吞吐、IOPS 以及异常恢复时间等方面，均有不错的性能，具备多副本冗余和快照备份功能，能快速挂载到云主机上。

（三）百度云云数据库服务（RDS）

百度云关系型数据库 RDS（Relational Database Service）是专业、高性能、高可靠的云数据库服务。RDS 提供 Web 界面进行配置、操作数据库实例，还为用户提供可靠的数据备份和恢复、完备的安全管理、完善的监控、轻松扩展等功能支持。相对于自建数据库，RDS 具有更经济、更专业、更高效、更可靠、简单易用等特点，使用户能更专注于核心业务。

（四）百度云公网带宽服务（EIP）

百度云弹性公网 IP EIP（Elastic IP）作为一个独立的商品为用户提供

公网带服务。EIP 的主要用途包括：

- 通过 EIP 实例，用户可以获取公网带宽服务；
- 用户可灵活配置 EIP 实例的计费模式，包括按需按带宽付费、按需按流量付费和包年包月按带宽付费三种；
- 用户可将 EIP 实例与任意 BCC 或 BLB 实例绑定或解绑，匹配用户的不同业务场景。

（五）百度负载均衡服务（BLB）

百度负载均衡 BLB（Baidu Load Balance）通过将同一区域的多台百度云服务器虚拟成一个组，设置一个内网或外网的服务地址，将前端并发访问转发给后台多台云服务器，实现应用程序的流量均衡，性能上实现业务水平扩展。百度云负载均衡服务 BLB 支持提供 4 层（TCP 协议）和 7 层（HTTP 和 HTTPS 协议）的负载均衡服务，负载均衡还通过故障自动切换及时地消除服务的单点故障，提升服务的可用性。

（六）百度对象存储服务（BOS）

百度对象存储 BOS（Baidu Object Storage）提供稳定、安全、高效以及高扩展的基于互联网存储服务，无使用容量限制，支持单文件最大 5TB 的文本、多媒体、二进制等任何类型的数据存储。数据多地域跨集群地存储，可以在互联网任何位置随时执行对象的存储操作，提供开放的 API 和 PHP、JAVA 等多平台 SDK，并具备管理控制台，以实现资源统一利用，降低使用难度，提高工作效率。

（七）百度内容分发网络（CDN）

百度云内容分发网络 CDN（Content Delivery Network）将源站内容分发至全国所有的节点，缩短用户查看内容的延迟，提高用户访问网站的响应速度与网站的可用性，解决网络带宽小、用户访问量大、网点分布不均等问题。

CDN 的基本思路是尽可能避开互联网上有可能影响数据传输速度和稳定性的瓶颈和环节，使内容传输得更快、更稳定。

CDN 通过在网络各处放置节点服务器所构成的在现有的互联网基础之上的一层智能虚拟网络，能够实时地根据网络流量和各节点的连接、负载状况以及到用户的距离和响应时间等综合信息将用户的请求重新导向离用户最近的服务节点上。其目的是使用户可就近取得所需内容，解决 Internet 网络拥挤的状况，提高用户访问网站的响应速度。

（八）百度视频点播服务（VOD）

百度 VOD（Video On Demand）是百度云 BCE（Baidu Cloud Engine）提供的面向音视频点播的 PaaS（Platform as a Service）服务平台，为开发者提供音视频文件的存储、管理及播放服务。用户无须了解音视频存储、转码、加密、分发、播放等技术细节，即可快速搭建安全可靠、可定制的点播平台和应用。

（九）百度音视频直播（LSS）

音视频直播 LSS（Live Streaming Service）是一个直播 PaaS 服务平台，旨在帮助企业及个人开发者快速搭建自己的直播平台及应用，LSS 的产品架构图如图 2 所示：

图 2 LSS 的产品架构图

LSS 提供直播"采集端—服务端—播放端"全套定制开发能力，采集端从直播源获取直播推流送到 LSS 服务端，LSS 服务端完成直播流的处理（包括转码、加密、添加水印、生成缩略图等），播放端进行播放。

（十）百度简单缓存服务（SCS）

百度简单缓存服务 SCS（Simple Cache Service）是高性能、高可用的分布式内存缓存服务。SCS 的主要优势如下：

- 部署简单、高性能高可用、完善的灾备设计；
- 数据持久化和安全性验证；
- Memcache & Redis 引擎；
- 多种编程语言支持；
- 节点监控、故障监控 & 自动容错。

（十一）百度云安全服务（BSS）

百度云安全服务 BSS（Baidu Security Service），其目标是保护百度云客户的云主机、负载均衡等资源不被攻击者恶意侵入或进行拒绝服务攻击，保证客户上层业务应用的正常可靠运行，提升客户的安全信心。

百度云安全服务包括 WAF（Web 应用防火墙）、抗 DDOS 攻击、渗透测试等服务。百度云在服务期限内，每季度通过入侵检测、漏洞扫描、穿透性测试等方式对业务系统进行一次主动安全测试，保障整个云服务系统安全。

（十二）DNS 解析服务

百度云 DNS 服务是基于百度自研 DNS 设备发布的，结合百度流量调度技术 TDO，为用户提供高效、灵活、安全的权威 DNS 解析及流量调度的服务。

（十三）运维监控服务（BCM）

百度云监控 BCM（Baidu Cloud Monitor），是一款依托于百度开放云的监控产品，包括了云服务监控、站点监控、自定义监控、报警管理、开放 API、监控采集客户端等主要功能，为百度云用户提供全面、可靠、及时的监控服务。其通过监控采集、存储、展示、计算、汇聚、报警、统计的一体化功能体系，为用户的服务保驾护航。

三 百度云 AI 和大数据产品介绍

百度云在 AI 和大数据领域有很多特色个性化产品，包括但不限于：人脸识别、自然语言处理、图像识别、知识图谱、网络舆情、客群洞察、百度Mapreduce、百度深度学习、百度数据仓库等。

（一）人脸识别

百度人脸识别系统，基于深度学习的人脸识别方案，准确识别图片中的人脸信息，提供人脸属性识别、关键点定位、人脸1∶1比对、人脸1∶N识别、活体检测等能力。其产品功能包括下列要点：

功能名称	具体内容
人脸检测与属性分析	精准定位图中人脸，获得眼、口、鼻等72个关键点位置，分析性别、年龄、表情等多种人脸属性
人脸对比	对比两张人脸的相似度，并给出相似度评分，从而判断是否为同一个人
人脸搜索	针对一张人脸照片，在指定人脸集合中搜索，找出最相似的一张脸或多张人脸，并给出相似度分值
活体检测	提供离线/在线方式的活体检测能力，判断操作用户是否为真人，有效抵御照片、视频、模具等作弊攻击
视频流人脸采集	设备端离线实时监测视频流中的人脸，同时支持处理静态图片或者视频流，输出人脸图片并进行图片质量控制

（二）自然语言处理

百度云提供国际领先的自然语言处理技术，帮助客户的产品更好地理解这个世界。百度NLP产品的功能包括：

功能名称	具体内容
词法分析	提供分词、词性标注、命名实体识别三大功能，支撑自然语言的准确理解
依存句法分析	输入中文句子，即可获得该句的依存句法结构信息
词向量表示	输入单个中文词语，即可获得该词语的向量表示
DNN语言模型	输入中文句子，即可获得句子的通顺程度
词义相似度	依托全网海量优质数据和深度神经网络技术，通过词语向量化来计算两个词之间的相似度

续表

功能名称	具体内容
短文本相似度	输入两段中文短文本,即可输出文本间的语义相似度。帮助快速实现推荐、检索、排序等应用
评论观点抽取	自动分析用户评论,输出评论观点与情感极性
情感倾向分析	对含主观信息的文本进行情感极性判断,为口碑分析、话题监控、舆情分析等应用提供基础技术支持
文章标签	对文章进行核心关键词分析,为新闻个性化推荐、相似文章聚合、文本内容分析等提供技术支持
文章分类	对文章按照内容类型进行自动分类,为文章聚类、文本内容分析等应用提供基础技术支持
对话情绪识别	自动检测用户日常对话文本中蕴含的情绪特征,帮助企业更全面地把握产品体验、监控客户服务质量
文本纠错	识别文本中的错误片段,进行错误提示,给出正确的建议文本内容

(三) 图像识别

百度图像识别是基于深度学习及大规模图像训练,准确识别图片中的物体类别、位置、置信度等综合信息的云服务,包含下列产品功能:

功能名称	具体内容
通用图像分析	包括通用物体及场景识别和图像主体检测两项图像能力
细粒度图像识别	支持动物、植物、菜品、logo 商标、车型等多项细粒度图像识别,对比通用图像分析精度更高,返回信息更为丰富
人体分析	支持人体关键点检测、人流统计、人体属性分析三项核心能力,可用于图像或视频分析
定制化图像识别	自定义图像识别模型,支持自主上传数据,完成训练快速,拥有高精度图像识别 AI 能力
车辆定损检测	识别车辆外观受损部件及损伤类型,应用于车险定损等场景中
相册分类	基于图像分类技术以及神经网络压缩技术实现自动照片整理,支持部署在手机端立即咨询

(四) 知识图谱

百度的知识图谱 Schema 对 W3C RDF/RDFS 进行封装，提供支持类继承、属性多态的面向对象描述体系，在此之上，以 schema.org 为基础修改、扩展定义适合中文环境的词汇体系。该 Schema 目前主要用来规范百度内外部合作方的结构化数据交换，以及作为百度知识图谱构建、知识计算的核心数据结构。

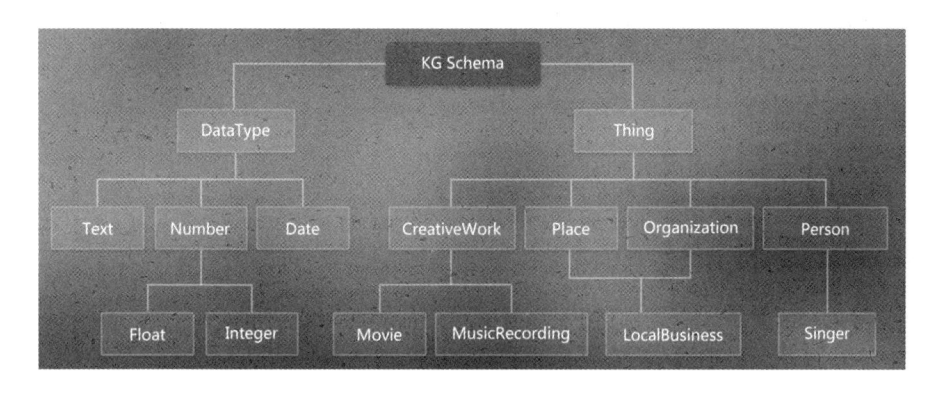

图 3　知识图谱架构

(五) 网络舆情

百度舆情 API，基于百度海量数据的积累与大数据分析处理能力，为政府、广电媒体舆情服务商、企业提供实时舆情数据订阅、智能语义分析、百度搜索指数及全网用户画像等功能，帮助客户实现个性化深度定制舆情分析，把握时事脉搏。

(六) 客群洞察

客群洞察是将用户的社会属性、生活习惯和消费行为等信息抽象成一个标签化的客群模型，通过对客群模型的分析，帮助企业了解市场和用户。

百度作为全球最大的中文搜索引擎，拥有庞大的用户群体以及强大的大数据和机器学习能力。依托于百度的大数据平台，客群洞察为企业用户提供了覆盖范围广、精准度高、多维多元的用户群体特征分析服务。目前客群洞察已广泛应用于流量分析、竞品分析、客群识别、商场选址

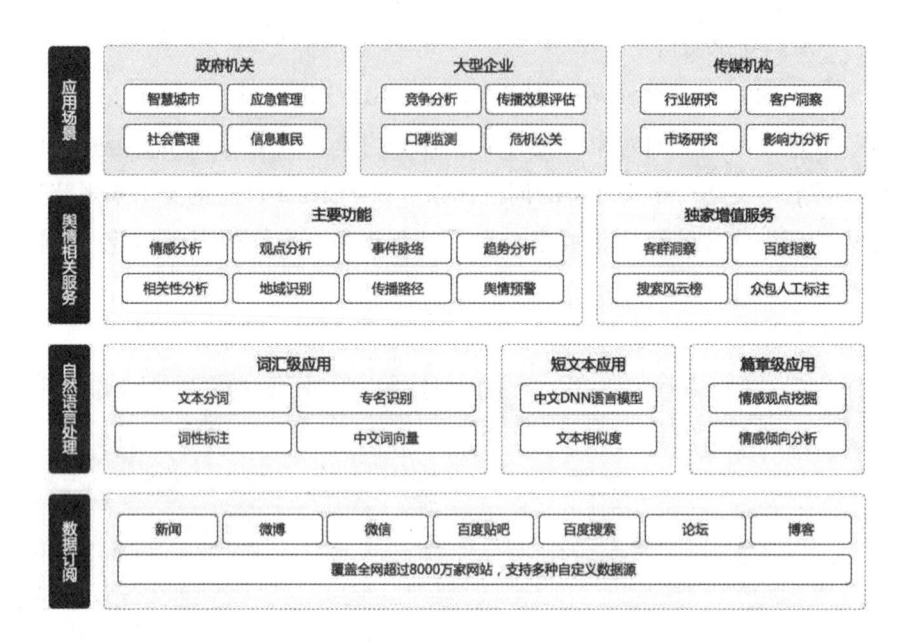

图4 网络舆情 API 架构

等业务场景。

(七)百度 Mapreduce

百度 MapReduce(BMR)是全托管的 Hadoop/Spark 集群,客户可以按需部署并弹性扩展集群,只需专注于大数据处理、分析、报告,拥有多年大规模分布式计算技术积累的百度运维团队全权负责集群运维,百度 MapReduce 支持完整的 Hadoop 生态。

(八)百度深度学习

百度深度学习是一款面向海量数据的深度学习平台。平台基于 PaddlePaddle/TensorFlow 开源计算框架,支持 GPU 运算,依托百度云分布式技术,为深度学习技术的研发和应用提供可靠性高、扩展灵活的云端托管服务。通过百度深度学习平台,客户可以训练神经网络,实现情感分析、机器翻译、图像识别,也可以利用百度云的存储和虚拟化产品直接将模型部署至应用环境。

(九)百度数据仓库

百度数据仓库 Palo 是百度云上提供的 PB 级别的 MPP 数据仓库服务,

以较低的成本提供在大数据集上的高性能分析和报表查询功能。

百度数据仓库 Palo 不是面向 OLTP 的数据库产品，而是一款面向 OLAP 的数据库产品，和百度数据仓库 Palo 功能定位比较相似的产品包括 Greenplum、Vertica、Exadata 等商业数据仓库系统和 Amazon RedShift、Google BigQuery 等云服务，可以参考以上产品来理解百度数据仓库 Palo。

四　百度云物联网产品介绍

百度云是主流云计算厂商里最早发力物联网产品研发和项目接入的，百度云的物联网产品线拥有大量产品服务，本次介绍了如下服务：物接入 IoT Hub、时序数据库 TSDB、规则引擎 Rule Engine、智能边缘 BIE。

（一）物接入 IoT Hub

百度云的物接入 IoT Hub 是全托管的云服务，通过主流的物联网协议（如 MQTT）通讯，可以在智能设备与云端之间建立安全的双向连接，快速实现物联网项目。该服务支持亿级并发连接和消息数，建立海量设备与云端安全可靠的双向连接，无缝对接天工平台和百度云的各项产品和服务。客户可以利用物接入 IoT Hub 来作为搭建物联网应用的第一步。

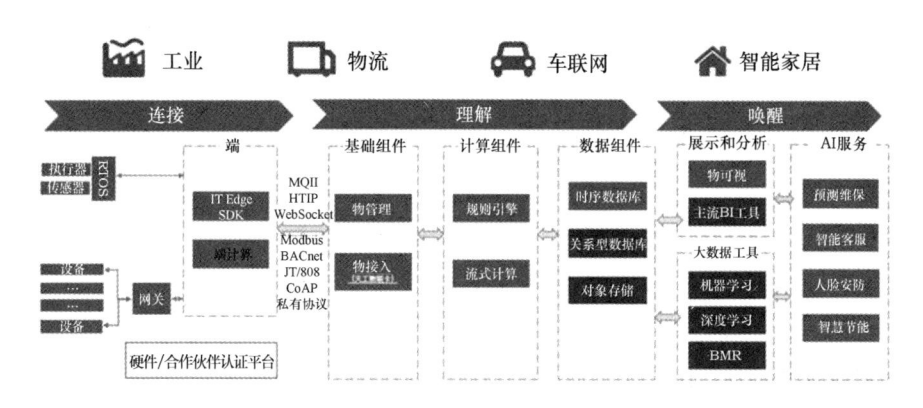

图 5　IoT Hub 物联网架构

（二）时序数据库 TSDB

百度云时序数据库（Time Series Database，TSDB）是一种存储和管理时间序列数据的专业化数据库，为时间序列的存储提供高性能读写、低成本存储、强计算能力和多生态支持的多种能力。

在物联网场景下，TSDB 有广泛的应用。如工业生产环境下，每个厂区有大量的监测点，如果以 10 秒的频率发送数据，50 万监测点每年会产生 1.58 万亿左右数据点。TSDB 不仅可以轻松存储海量数据点，还可以对这些数据进行快速查询并做可视化展示，帮助企业管理者分析数据。典型的物联网场景下，数据从端侧到云端的数据流如图 6 所示：

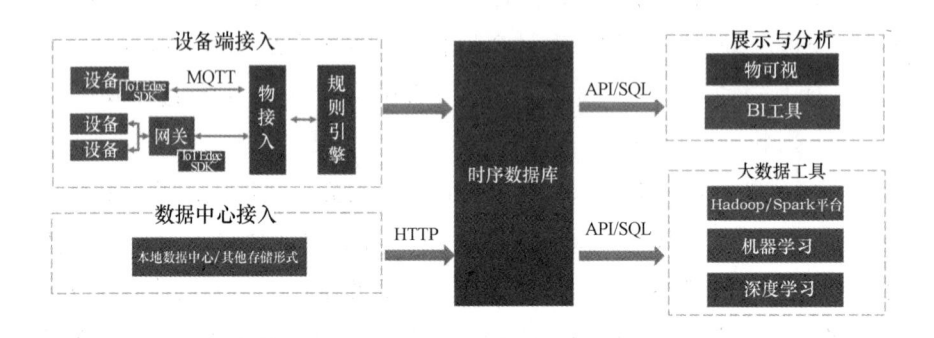

图 6　物联网场景数据流图示

（三）规则引擎 Rule Engine

规则引擎并不是一个全新的概念，在传统软件业中已经有相关的产品。在传统商业管理软件中，由于市场要求业务规则变化频繁，IT 系统必须依据业务规则的变化而快速、低成本地更新。为了达到该目的，要求业务人员能够直接管理 IT 系统中的规则而不需要开发人员的参与，这就是规则引擎曾经在传统软件中的功能；现在百度云物联网规则引擎可以提供同样的功能，并在云端环境下有更好的功能性能体验。

在物联网中，由于数据量巨大，业务规则可能多种多样，也需要将规则的设置变得简单和友好以适应业务规则的多样和变化。大量的数据往往对应着不同的应用分析场景，如监控厂区的温度湿度监控点，每十分钟都会有温度和湿度数据传往云端；对于这些数据，我们希望它们发挥不同的作用，例如以下应用场景：

- 实时告警异常的数据；

- 两个小时内的温度最大最小和均值等；
- 将全部的数据做冷备份以便查询；
- 对去除异常数据之后的正常数据做数据分析和预测。

规则引擎就是通过灵活的设定规则，将设备传上云端的数据，送往不同的数据目的地（如时序数据库 TSDB、Kafka、对象存储 BOS 等）以达到不同的业务目标。

（四）智能边缘 BIE

百度智能边缘产品推行"端云一体"解决方案，它由智能边缘本地运行包、智能边缘云端管理套件组成；在云端进行智能边缘核心设备的建立、身份制定、策略规则制定、函数编写、AI 建模，然后生成配置文件下发至本地运行包，在近设备端的本地运行包里完成数据采集、消息分发、函数计算和 AI 推断等功能，通过一键发布和无感部署的方式，极大提高智能迭代的速度，使之整体达到"训练、管理、配置在云端，采集、转发、计算、推断在本地"的效果。

五 百度云行业应用方案介绍

为了贴合行业具体需求，百度云结合自己多年服务客户的产品设计，制作了多项行业解决方案。本文介绍金融云方案、数字营销云方案、智能呼叫中方案、工业质检方案和机器人开放平台这几个典型案例。

（一）视频云方案

百度云的智能视频平台是一个集合 ABC 能力，整合了内容分发、核心编解码、流媒体技术、视频结构化、视频分析、视频理解等核心技术，涵盖制作、再生产、上传、存储、分析、审核、转码、分发、播放全流程的一站式视频平台并具有较为完善的场景和行业解决方案。

1. 集合 ABC 能力的智能视频平台

智能视频平台首先依托于强大的百度 ABC 能力。云方面，强大的分布式存储、计算、网络基础设施，数十万台服务器、10G/25G 的通用计算网络接入；大数据方面，集采集、传输、清洗、分析、查询、搜索、管理、治理于一身的大数据分析平台，日处理百 P。AI 方面，158 项 AI 通用能力，涵盖语音、图像、文字、场景、人体识别等多个场景。

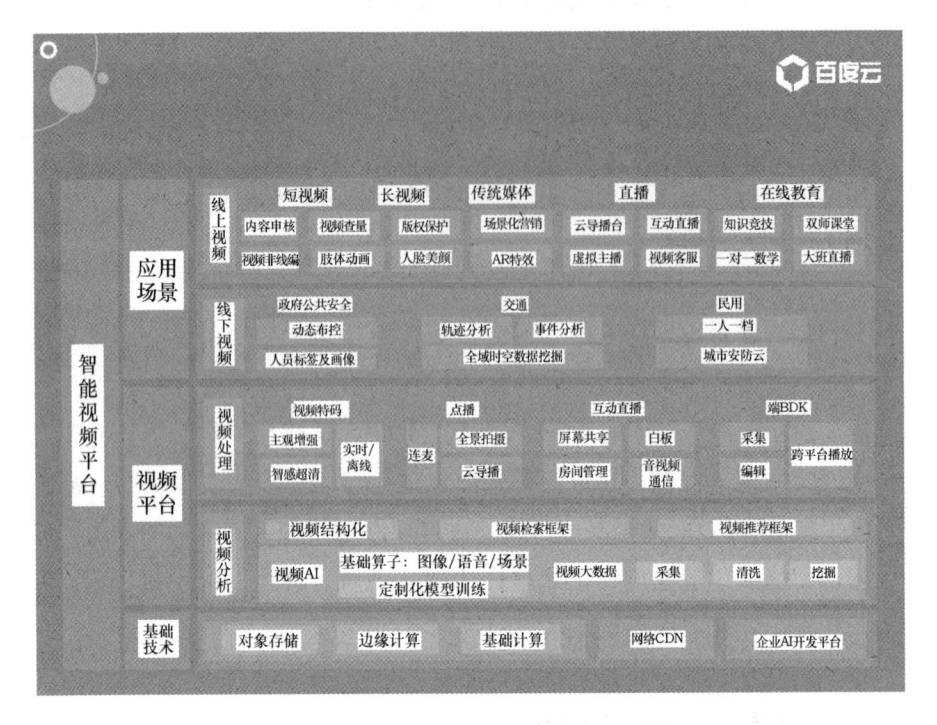

图 7　集合 ABC 能力的智能视频平台

2. 可靠、高效的视频基础能力

智能视频平台具有可靠、高效的视频基础能力。据百度云存储总经理连林江介绍，视频基础能力主要体现在视频存储、内容分发、视频处理三个方面。百度云的对象存储具有万亿 Object、EB 级数据的大规模存储能力，基于国内首个自研的跨 AZ 冗余的 EC 编码架构技术达到服务的高可靠、高可用、高性能；在 CDN 产品上，百度云已经拥有遍布海内外的 800+ 节点，百 T 带宽储备，能够高质量地服务于网页、图片、下载、点播、直播等多种加速场景；在视频转码上，百度云支持倍速转码、多格式多协议，日处理媒资千万以上。通过这些视频基础能力能够实现视频高可靠存储、高质量处理、高体验分发。也通过这些核心能力，百度云在今年春节帮助百度业务平稳顺滑地支撑了春晚红包活动，成功通过了 208 亿互动、100 倍峰值的考验。百度也成为首个春晚不宕机的互联网公司。

对于边缘计算，连林江表示，边缘计算从云架构角度来说是算力的自然衍生，会对计算架构产生非常大的影响。边缘分成了物边缘、移动边缘、云边缘。

在物边缘和移动边缘，2018年百度云在国内首个开源了自研的边缘计算平台OpenEdge，并进入了Linux基金会，在Github好评全球第一。OpenEdge主要是为了贴合工业互联网应用，将计算能力拓展至用户现场，提供临时离线、低延时的计算服务，包括消息路由、函数计算、AI推断等。OpenEdge和云端管理套件配合使用，可达到云端管理和应用下发，边缘设备上运行应用的效果，满足各种边缘计算场景。

CDN作为云的边缘，是算力强大的计算平台，并且相对成熟。连林江表示，百度在这方面其实已经做了很多探索，也做了很多落地实践。在技术和产品角度，首先把CDN虚拟化，容器化。在应用场景上，在百度内部已经做了非常多的实践，典型场景如百度网盘在边缘进行文件实时加密处理，还有像AI/AR博物馆、云游戏渲染、无人车车路协同进行边缘计算、超高清安防监控的边缘视频AI处理等。

3. 视频生产和处理核心能力

在视频平台的生产和处理方面，百度有两项比较关键的核心技术。随着视频场景不断深化、不断创新，核心的一项技术是AR拍摄互动，背后是基于对人脸、肢体、空间识别的AI技术。技术为视频带来更强的趣味性和互动性，增加视频点击率。像3D头像、肢体游戏、指尖作画可以实现更有趣的玩法；通过人脸、肢体、空间识别等AI能力可以实现更智能的特效；通过提供百款滤镜、40多种动态贴纸以及合作伙伴构成的素材生产生态链提供更全面的支持。

另一项更重要的技术是智感超清。智感超清是百度云提供的一个集合了智能编码、感官增强、超分辨率、高清画质支持等多种技术综合的视频处理产品。传统编解码和AI相结合，比如通过根据视频复杂度学习出编码参数，实现智能自适应编码；通过深度学习分离出用户更加感兴趣的区域，实现基于ROI的码率控制，这些能力在降低20%以上码率的同时使得视频更加清晰。在画质增强上，通过边缘锐化和增强，色彩增强、人脸美颜等技术。使得人的主观观影满意度有了大幅提升。

百度应用这个技术携手国家级电影档案馆——中国电影资料馆共同修复纪录片《解放了的中国》，并利用百度的流量优势帮助优秀的经典内容更多呈现在大众面前。

4. 视频 AI 核心技术和产品能力

在视频 AI 领域，百度一直是做得最全、能力最强、应用最深的。比如在视频理解领域大赛 Activity Net，人脸检测和对比 FDDB FLW 大赛上都获得过世界冠军。在场景识别上能够支持 5000 种分类，在物体识别上支持 40000 种，并能提取多达 4000 多种特征，这是百度云最核心的能力。

在视频审核方面通过对图像、语音、文本等多模数据分析，能够对涉政、涉黄、暴恐、违禁、广告等多方面进行审核；借助视频 DNA 和黑库技术，支持去重和侵权的检测、促进视频内容健康分发。

目前从 AI 技术的应用和实践来说，还无法完全做到普适通用化。因此在很多细分场景中，百度基于特定的数据集进行 AI 模型的迭代和优化。百度新提供给大家一个全流程的视频 AI 生产工具平台 VideoMind，提供从数据标注开始，到模型训练、模型评估、模型自动部署的全流程工具平台，并可广泛应用于互娱、广电、政企、银行、安防、城管等行业。

5. 四大视频解决方案

首先是短视频端到端解决方案：百度云提供的解决方案，只需要三步：（1）购买百度云 BCC 服务器，实施镜像部署；（2）设置服务端配置文件并启动程序；（3）设置客户端配置文件，并启动客户端，即可完成一个短视频 APP。百度云的目标是 5 分钟完成短视频 APP 创建。

其次是视频智能生产解决方案：基于百度十多项通用和专用的 AI 能力，结合非线编技术，提供更简单、更智能、更高效的全流程智能视频生产解决方案。在视频编辑和再生产这样的场景中，可以有效地帮助像新闻媒体、视频网站、自媒体、品牌主这样的客户群体，提升视频生产的效率。

再次是视频版权保护解决方案：百度云推出的视频版权保护解决方案基于四大优势，最大最全的监测爬虫库、司法有效的电子证据、绝对领先的超级链架构、高准召的媒体指纹技术。基于这些优势实现原创视频内容的有效保护，该项的方案可以用于版权存证、版权追溯、版权交易、版权检测等多个方面。

最后是视频营销解决方案：营销技术是百度最擅长的，这些技术加上广告内容的视频AI，结合大数据技术实现内容和人的更深理解和更好匹配，实现最优的营销效果，希望通过这样一套完整创新的视频营销解决方案解决视频客户在变现上的困难并提升变现效率。

（二）金融云方案

根据技术发展对金融业态发展趋势的影响，百度提出新感知、新认知、新交互和智能中台的"三新+一中"的概念。

其中，新感知通过AI科技付能金融行业，使其具有"听""看""读"和"说"的能力；基于感知能力，新认知利用AI使金融行业具有"学习""分析"和"预测"能力；新交互，是指更加自然的人机交互，更加智能的人机辅助。而，"一中"是指基于百度云领先的技术实力，打造完善开放的"智能中台"，补齐技术中台、数据中台和业务中台的不足，助力金融企业践行中台战略，彻底解决传统上数据割裂和业务打通性差的问题。

基于"三新+一中"概念，百度推出"云""数""智"和"链"产品，以及智能营销、智能风控、智能运营和智能交互的方案。

- 云——金融云

百度金融云服务是面向金融行业客户（保险、证券、基金、银行、消费金融、互联网金融等）开放的行业解决方案；结合金融行业的特点，为用户解决行业安全合规性的要求，并开放百度多年互联网运营积累的高并发处理、海量数据存储、大数据挖掘及分析、高安全可靠的基础能力，具备高安全性、高可靠、高扩展性的特点，能灵活适配业务增长，帮助传统金融客户向云计算转型。其中，百度金融数据库一体机，以软硬一体化的方式做到开箱即用，在性能、线性扩展和高可用上达到金融级数据库的要求。

- 数——大数据产品

百度基于自身需处理海量数据和数据维度多的实战经验，逐步沉淀出一套完整的大数据产品。这些产品为AI和未来5G万物互联时代，金融行业即将面对的数据爆炸式增长做好了准备。百度产品涵盖数据采集、数据存储、离线数据计算、在线数据和模型构建、数据分析挖掘和数据可视化。

- 智——AI产品

在"听""看""读"和"说"方面，百度提供语音识别、语音合成、OCR、图像识别、视频分析和自然语言处理全套产品。在"学习""分析"和"预测"方面，百度输出基于机器学习和深度学习的平台级产品，付能金融企业构建完整的数据预处理、特征工程、模型训练、模型仓库管理、离线和在线预测以及决策引擎。

- 链——区块链产品

区块链以其可信、透明、去中心化的优势，在金融行业逐步得到重视。百度充分利用在云计算和容器方面的技术沉淀，为降低金融机构使用区块链的门槛，打造了一套完整的区块链平台。通过百度区块链平台的跨链网关技术，融合了Ethereum、Fabric、Quroum和百度超级链的各自优点，为金融机构构建自己的区块链生态提供了保障。

- 智能获客

针对金融机构面对营销领域获客成本高企的压力，百度结合自身大数据和AI领域的优势，通过对个人客户"千人千面"的精准画像，通过运用企业关联图谱和企业画像的能力，在对私和对公两方面同时协助金融机构提升获客成功率。

- 智能风控

风控领域是金融机构经营上长期面对的挑战，百度融合多方数据建模量化个人客户和团体客户风险，进而推进个性化定价；通过反欺诈检测，降低金融机构风险，减少无效成本投入。

- 智能运营

百度利用OCR、NLP、智能知识库、反欺诈模型等技术打造智能审核体系，为金融机构整体提升运营效率打下基础；百度同时发展机器智能，为企业拓展了智能办公场景范围。

- 智能交互

金融机构和客户的交互方式早已从传统的面对面、电话沟通方式，发展到网站、手机端应用，以及最新的智能音箱等多种渠道。如何提升交互的智能水平，如何保障交互过程中服务能力的一致性，如何在多种渠道中同时能集成业务功能，是金融机构面对的现实问题。百度通过自身多模态感知、多模交互的技术积累，充分发挥自身在语音、语言、语义、知识管理和机器人方面的沉淀，构建了能支撑多渠道的交互平台，确保信息传递的高有效性。为客户在电话、在线、智能设备相结合打造全方位客户触达体系。

百度金融云根据金融企业对合规性、隔离性等不同的要求，提供三类云服务形式：

（1）针对银行、保险、证券等金融机构，提供符合人民银行和银监合规标准的金融专属云，金融专属云运行在客户 IDC 机房或者百度提供的金融行业专用机房，管理权和运维权均属于客户，防护要求以及运维要求均为百度云内最高标准；

（2）针对消费金融、基金、保险等金融机构，提供符合监管合规要求的金融专区，金融专区为独立的金融行业专用机房，安全隔离和防护要求以及运维要求均为百度云内最高标准；

（3）针对 P2P、小贷、众筹、金融网销渠道等互联网金融客户，提供符合监管合规要求的金融公有云，在百度云金融公有云可用区中购买云服务资源，但提供更高的安全防护级别，以及客户服务级别。

（三）工业质检方案

百度的智能工业质检解决方案是基于深度学习实现对产品的缺陷分类识别和物体分类识别的方案。

该方案主要包括两大块功能：

1. 产品质量检测

通过训练多层神经网络，对物体表面的缺陷进行大小、位置、形状的检测。进一步可将同一图片上的多个缺陷进行分类识别，相对传统模式针对不规则缺陷明显提升分类准确率。

2. 产品分类

基于人工智能对相近相似物体建立预测模型，可实现精准分类。

该方案依托百度的技术和数据生态，有三大优势：

1. 人工智能机器视觉

智能工业质检解决方案基于百度多年的人工智能技术积累，全面赋能工业。相较传统视觉技术对不规则缺陷的识别能力不足，人工智能预测准确率高达99%＋，准确率随着数据量提升可持续优化。

2. 产品专属模型

提供深度学习能力培训服务，用户基于预制模型能力基础上，可自行优化模型或拓展模型，打造针对场景应用的专属私有模型，进一步提升质检/分类效果。

3. 大数据生态

智能工业质检输出产品质量数据，无缝融入百度大数据平台，实现生产质量数据的全面掌控，为流程优化和工艺再造提供关键数据支持。

六　百度云典型案例

百度云在金融、游戏、媒体、制造、安防、物流等多个行业领域深耕，限于篇幅限制，本次从百度云的案例中精选了百信银行和太原铁路进行说明。

（一）百信银行案例

1. 案例背景

"普惠金融"实质是低成本、便捷、实惠来做金融服务。依据《中国银行业》的数据统计，面对营利压力，从2015年以来，上市银行均开始增加对费用的管控力度，各银行业务及管理费增速明显低于营业收入增速，促使成本收入比均有所下降，进一步提升经营效能。在各大银行对费用的主动管控中，网点转型是控制成本的重要举措之一。"智能化"成为众银行竞相发力的主要方向。

毕马威的一份报告显示，"伴随着市场和政策环境变化，以及新兴金融科技的蓬勃发展，传统金融机构开始积极探索金融科技转型之路"。报告显示，一些新的技术和应用场景，如基于移动互联的手机金融、基于位置服务的智能营销、基于大数据的反欺诈、基于深度智能的客户洞察等金融科技应用，正在深刻改变着金融服务的运作方式。

很明显，在一个通过手机就能呼叫出租车，进行网络支付和转账的世界里，如何通过产品和服务创新来管理客户期望，同时开拓新的业务模式，是每个银行最迫切的需求。正如瑞银集团（UBS）首席执行官塞尔吉奥·埃尔莫蒂（Sergio Ermotti）在接受媒体采访时表示："银行的战场不是前台，而是后端。"金融服务行业没有理由不形成更全面的价值链共享。

随着银行和互联网公司意识到各自在技术、用户、风控、资金和监管上的优势无法取代，于是纷纷走向融合。以百度为代表的互联网公司也开始成为中国 Fintech 生态圈的绝对主力。正如毕马威报告所说，"各大国有银行分别与互联网龙头企业合作，进军金融科技领域；中信和百度联手，促成首家独立法人直销银行——百信银行的设立。这些现象都深度体现传统金融机构推动金融科技转型的魄力与决心"。

图 8　百信银行成立现场

2. 方案介绍

作为国内领先的云计算服务商，百度云提出了 ABC 赋能行业的发展理念。百度云金融行业云在规划和建设之初，就着重考虑了如何通过 ABC 的能力为金融行业客户提供更加完整的"端到端"解决方案。可以说，百度金融云，集中体现了百度云对金融行业的理解，以及全面展示了最前沿的 ABC 技术实力。

在基础云计算层面，百度金融云为金融客户提供了包括云主机、云

图9 金融云 ABC 产品全景图

存储、网络、金融级数据库、中间件和安全等基础架构相关的服务，除了在弹性计算方面，满足了不同金融客户在不同场景下的应用需求，并且具备高度的安全和可靠性。比如通过消息队列 MQ 来实现异地多活，满足金融企业两地三中心的业务安全需要；在金融安全方面，通过 DDoS 高防服务获得更大的防护能力来保证网络安全、通过 WAF 有效阻止黑客入侵保证应用安全，以及在移动端进行风控识别，保证业务安全，整体提升安全短板。

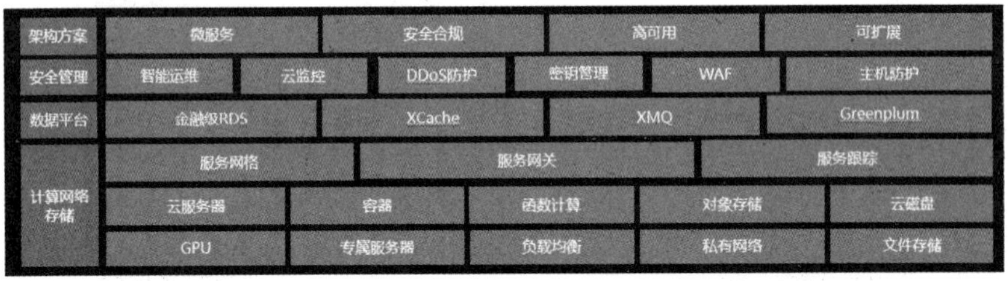

图10 金融云基础架构

在业务创新方面，百度金融云基于百度独特的互联网用户行为数据，挖掘提炼用户画像和行为特征，并且依托深厚的技术底蕴和领先的人工智能技术，理解、识别、获取用户，从而针对银行、互金、保险、证券等金融机构从最初了解潜在用户，到识别低风险、高价值客户，再到有效获取目标用户的需求，相应提供智能网点、智能营销、风险控制等解决方案，并且在新产品研发的场景下，提供基于金融画像的辅助解决方案，帮助金融客户设计更符合目标用户群的新产品。

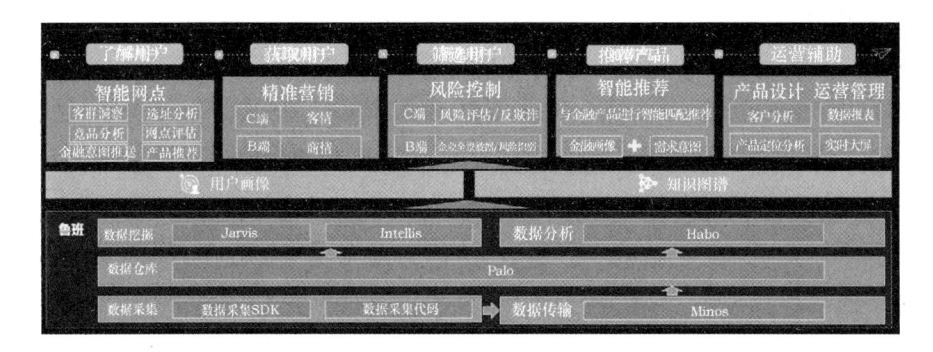

图 11　大数据银行/互金解决方案图示

而在增值服务方面，百度金融云为客户提供了容灾和业务连续性的咨询服务、混合云托管服务、数据迁移服务，并且为特定客户提供金融专有云、私有化部署等多种形态的服务，满足金融客户对数据安全、弹性计算和合规监管的需求。

可以说，作为更了解金融业务的云服务，百度金融云为银行、证券、保险及互联网金融行业提供安全可靠的 IT 基础设施、大数据分析、人工智能及百度生态支持等整体方案，为金融机构的效率提升及业务创新提供技术支撑。

按照百信银行的规划，当前的 IT 战略分为三部分。首先，构建科技金融。2018 年是起步之年，目的是夯实金融科技的基础，为未来发展奠定基石。其次，场景化金融服务。目的是在不同的金融场景下，为用户提供个性化、差异化的服务，从而形成百信银行独特的发展空间和竞争优势。最后业务聚焦，为战略服务。

在这个目标之下，当前百信银行与百度云构建的技术体系正在有条不紊的建设中，从底层开放式架构到融合而智能的大数据和人工智能的能力，百信银行构建了全行业为数不多的全云架构，快速适应业务发展，为全行业 IT 发展提供借鉴。

由此可见，百信银行正在逐步践行"智能银行"的承诺，未来将"聚焦智能和普惠，构建智能账户、智能风控和智能服务等核心能力，主要针对传统银行服务薄弱和未触达的空白领域进行错位发展"。

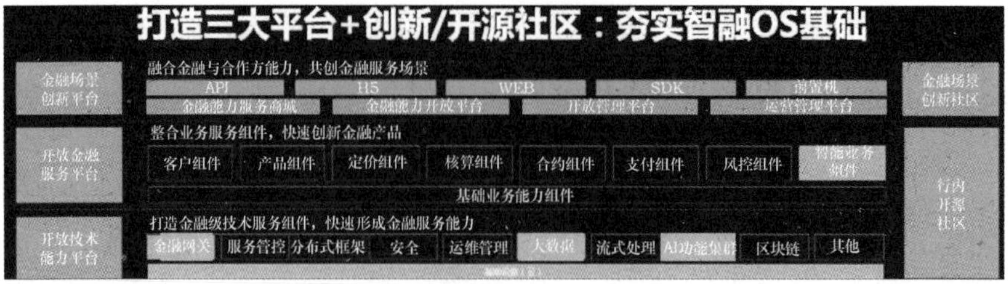

图12　金融三大平台图示

（二）太原铁路案例

1. 案例背景

随着国家"互联网+"行动计划的实施，流通领域也在加速推进互联网+。2016年4月6日国务院总理李克强主持召开国务院常务会议，部署推进"互联网+流通"行动，以促进降成本扩内需增就业，并明确表示要打造智慧物流体系。

中国铁路太原局集团有限公司和百度云合作正是响应国家"互联网+流通"行动的要求，加快推进现代物流建设，倾力打造智慧物流云平台，促进山西物流业的有效供给，助推地方经济转型发展。

云平台建设紧紧围绕"物流更快捷、配送更方便、成本更低廉"三个核心目标，依托太铁铁路网络和实体物流园区，充分利用百度云在云计算、大数据、物联网、人工智能等领域的技术优势，构建"物流+互联网+大数据"相融合的一体化产业生态平台，为上中下游企业提供集中服务，提升集约化管理水平；为物流组织、市场营销、经营管理提供智能化大数据分析决策支持；为线上线下物流运输、仓储配送、商品交易、金融服务、物流诚信等业务提供一站式、全方位服务，形成覆盖线上线下的物流生态系统，积极服务经济社会发展。

2. 方案介绍

百度云提供技术服务，为智慧物流云平台建成物流电商、调度、云仓库管理、支付结算、商品交易、金融服务、数据交换、生态服务等"十大物流应用系统"，百度云的云计算、大数据、O2O、语音技术等优势技术成为物流云平台应用中的亮点。

利用大数据实时计算，实行铁路、公路最优货运派单机制，进一步构建铁路、公路、航空、终端配送在内的一体化物流服务链。与一般打车软件所使用的抢单制相比，派单机制考虑因素更多，计算更复杂。利用云平台的数据优势和百度大数据处理能力，以及太铁铁路网络和区位优势，充分考虑货车车型、货物品类、仓储地点、货车位置、铁路与公路的最优衔接等因素，实时给客户推送空程最少、成本最低、收益最高的最优订单。同时，对返程空车进行资源整合，减少货车的空载率，降低企业和客户的物流成本。

云仓依托线下各个园区的智能仓储管理系统，实现整体仓储信息的把控以及整体仓储网络的调配。作为物流优化的核心环节之一，整个仓储系统信息是智慧物流云基于全局大数据的实时物流最优调度规划的重要基础数据，同时仓储系统的优化调度也是物流调度规划的重要输出。仓储优化和三位一体的物流优化为整体物流成本的降低奠定了坚实的基础。

借助百度在O2O领域的丰富经验，搭建O2O生态服务平台，构建全生态链，创造新的商机。在实现路径优化、配货优化、返程货源预订等功能的基础上，提供会员保险、汽修、加油、住宿等一系列增值服务，不仅可以进一步降低企业和客户的物流综合成本，同时新的商机也将创造更多的服务和就业。

基于百度云智能语音技术，为用户提供物流服务导航。在当前的智慧物流云框架下，百度云的语音识别、文字识别、图像识别等人工智能技术，都可以直接用于物流数据的采集、物流终端的智能交互上。货车载重量大，再加上通常是在高速公路行驶，如果司机使用传统手指触控交互，既不方便，更不安全。经验证，利用百度云成熟的语音识别和语音合成技术，能够让货车司机、客户使用语音顺利地完成接单和下单过程。

云平台正式上线运行后，对于实现区域物流成本的降低，构建创新的物流产业生态体系，有效带动大众创业、万众创新，促进地方经济加速发展，具有非常重大的现实意义。

七　百度云发展规划

（一）云计算行业将保持快速发展

全球领先的云计算企业已披露云收入年份的复合增速在50%左右，国内领先的云计算企业已披露云收入年份的复合增速在70%以上，业绩持续超预期。根据信通院的报告，预计2020年我国云计算规模将达到1560亿元，复合增速高达27%。

（二）云计算是数字化集成的基础设施

云计算正发展成各行各业数字化的基础设施。在进入Cloud2.0时代，云计算的未来在于打破业务流程的边界，打破数据的边界，从海量的数据中唤醒意识。

百度云是兼容数字经济和智能化属性的云，它是行业外脑的主要载体，是挖掘行业洞察的知识引擎。未来，各行各业对云计算的使用将不仅是水、电这样的资源型使用，而是以云为载体，通过AI的脑力获取行业知识，洞悉行业未来可能的方向。而云端的AI服务、工具和基础设施，有助于提高数据科学家和开发人员的生产力，降低开发成本。未来，云将是企业提供AI服务的首选平台。所以，如果用一个比喻来形容2.0时代的云计算，可以说是起到了一个神经中枢的作用。

（三）IoT是未来云计算的连接者

未来的云计算仍将扮演连接者的角色，可以借助IoT技术来连接各种各样的设备终端。在这一阶段，云计算主要发挥其在1.0时代的功能，也就是由网络、计算、存储、服务器等底层设施来搭建高并发的分布式架构来完成计算力的提供和数据的存储。在2.0时代，随着边缘计算、雾计算等新架构的兴起，这些功能同样非常重要。

云计算和IoT的结合将会极大地拓展万物互联的边界，这就为产业的智能化升级奠定了扎实的基础。在2018年有50%的物联网面临网络带宽的限制，40%的数据需要在网络边缘侧分析、处理与储存，而目前的带宽远远不足以支持数据的实时传输和计算。随着越来越多的线下设备终端上网，"云+端"的计算模式将成为物联时代的主流计算模式。而百度云+智能边缘，形成"云管理，端计算"的端云一体解决方案，将云计算的能力赋予本地，百度云无疑走在了云计算市场的最前端，在端云一体化方面的提前布局，将在未来的数字化进程中占有重要的一席之地。

（四）云计算也是未来重要的传道者

未来的云计算还将扮演更重要的传导者角色。以刚刚出海日本的无人量产小巴"阿波龙"为例。"阿波龙"在行驶过程中，它上面搭建的雷达和各类传感器将数据上传给百度云平台，而位于云端的大脑将能够对这些信号，也就是数据进行分析和处理，进而将云端大脑做出的指令返回给"阿波龙"。

总体来看，百度云和百度大脑是相互促进的，百度大脑为百度云的差异化市场策略提供技术支撑，百度云为百度大脑在行业层面发挥效用提供载体和窗口。作为用脑量最多的云，将百度的 ABC 全栈技术能力综合起来，未来百度云的服务可以成为未来企业升级转型的标准配置。

未来百度云将继续以 ABC + IoT 战略，结合实际的业务场景，真正为企业级客户解决问题，产生实际价值。在行业上，未来不仅要巩固目前在金融、媒体、安防、物流等行业的优势，更要真正地站在行业的角度，帮助企业解决数字化进程中遇到的各类实际问题，将百度云的 ABC + IoT 能力，赋能予各行各业。

构建大数据时代的云端企业服务平台

高 征[*]

在2015年的政府工作报告中,我国首次提出了"互联网+"行动计划,推动移动互联网、云计算、大数据、物联网等与现代制造业结合,促进电子商务、工业互联网和互联网金融等的健康发展。也就是在这一年,成为企业服务创业元年,To B新经济时代开始全面到来。从企业互联网到产业互联网,从IaaS、PaaS到SaaS,不断演变进化。进入2019年,随着云计算的全面成熟以及企业数据中心工业标准化的开始,数据管理与综合服务正在成为一个大规模受益的新企业级技术,企业服务的大时代,正快速到来。

云企服作为一家以物联网科技为创新驱动力、以"物联网+"产业为主要目标定位的科技型公司,通过将企业服务物联网化,为企业提供全生命周期的数据增值服务。采用线下聚集企业、政府部门、金融等多种资源,线上进行整合与连接的方式,为企业、政府和金融机构打造服务综合平台,这不仅便利政府对企业进行监管与管理,同时为企业互通互联、信息共享提供了平台。

---

[*] 高征,云商企服网络科技(北京)有限公司CEO。

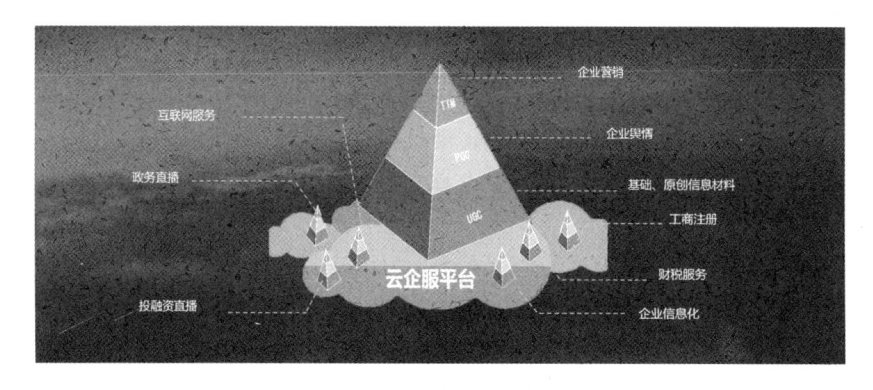

图 1　云企服业务模式

第一节　企业信息化服务

一　中小企业信息化现状与问题

2017年，工信部发布了《关于进一步推进中小企业信息化的指导意见》，指导意见明确表示将实施中小企业信息化推进工程，大力推动"互联网＋"小微企业创业创新培育行动，发挥大型信息化服务商的辐射带动作用，进一步完善中小企业信息化服务体系，深入推进基于互联网的信息技术应用，提高中小企业应用信息技术创业创新发展能力。

中小微企业是我国信息化战略中重要的组成部分，企业信息化建设能够缩短中小企业与市场之间的距离，同时为中小企业提供及时全面的政策信息以及金融服务，能够提高中小企业的企业竞争力，增强抵抗风险的能力。但因为中小企业数量多、分布散、单体规模小、技术人员缺乏、内部业务流程不规范等问题，中小企业的信息化建设并不乐观，这使得中小企业在信息化大背景下的发展受到制约，给政府实施管理也带来了一定困难与风险。

调查显示，中小企业由于资金不足、缺乏总体规划和长远考虑、人才短缺等问题，真正实现信息化系统的企业在全国7000多万中小企业中所占的比例不足一成。即使信息化建设相对较好的企业，由于整个大环境的影响，也只是信息孤岛，并不能够实现真正的企业信息化进程。随着互联网的发展，企业必须走信息化的道路，方便充分整合、广泛利用企业内外信息资源，提高企业生产、经营和管理水平。企业与企业之间通过移动端产生连接，并完成产业集聚。在云服务环境下，以软件终端为媒介，政府、企业、组织和个人都可以借助云企服提供的 APP 终端，加入到整个云生态当中。

二　云企服的企业信息化服务

云企服以物联网的感知属性、连接属性、融合属性为基础，依靠物联网、大数据、云计算和人工智能等技术来实现场景布局、内容规划、社群组建、移动链接的应用平台。通过在线上集聚企业数据，线下进行工商服务、财税服务、法务服务、互联网服务、投融资服务、孵化加速器等精良服务，载体空间发展"三集"动能，为互联网产业化、服务化、标准化、规范化发展积累和总结经验，扩展新的发展路径和模式。

云企服和战略合作伙伴同时可以提供以下领域的企业信息化服务：（1）企业资源计划管理 ERP，对企业资源进行综合平衡和优化管理，实现资源的全面受控、实时反馈、动态协调、降低成本；（2）供应商关系管理 SRM，覆盖初选、调查、交样到准入、评价等过程的完整管理周期；（3）物流与仓储系统 WMS，能有效控制、优化并跟踪仓库业务的计划、物流和成本管理全过程；（4）企业资产管理 EAM，企业资产全生命周期管理，实现资产管理信息化，更有效地配置生产设备、人员等资源；（5）供应链管理 SCM，统一门户的供应商协同可视化管理方案，覆盖多种采购模式和采购过程。

以供应链系统为例，它可以满足品牌企业分销平台建设、专业市场在线交易平台建设、单品类 B2B 电商平台建设、在线供应链金融平台建设、在线供应链云仓平台建设等，是大中型商贸流通企业依托互联网转型升级的核武器。具有五项核心优势：

1. 交易优势（一单到底、上下协同）

本系统将企业上下游客户及服务商全部在线整合，统一流程、统一标准、协同作业、数据共享。系统以订单为驱动，一单到底贯穿整个业务流程和所有上下游用户，形成交易闭环。

2. 管理优势（系统驱动、自主决策）。订单涉及的所有环节和岗位全部在线操作，系统驱动人、系统管理人、系统考核人、可视化管理、数据化运营。每位在岗人员基于统一的流程和规范，根据业务实际情况自主决策，赋能一线业务人员。

3. 盈利优势（服务盈利、数据盈利）

系统改变了传统以商品价差和场地租金为主的营利方式，基于用户在线构建多种盈利场景，将佣金、货代、保险、金融作为主要营利方式。

4. 技术优势（标准单证、电子签章）

系统集成了电子签章及电子订单技术，集成了支付宝、微信、银联等多种支付工具，集成了APP、微商城、条码商城等多种营销渠道。支持行业化、场景化定制。

5. 产业优势（企业升级、产地升级）

基于供应链系统建立智慧化、协同型产业链，协同生产、协同销售、以销定产、产销联动。在线产销对接联动，促进消费升级驱动产品升级；引导企业依托系统建立互联网化的分销渠道和与之相匹配的自动化、数字化生产车间，推动企业升级；推动产地依托平台建立数字化产地，形成产地大数据，建立数字化展销中心，形成全国交易中心和定价中心，推动产地升级。

三 案例：互联网大厦上网入云实现价值再造

云企服首先进行企业信息化平台搭建，该平台以企业服务为业务核心，一端连接政府，另一端连接金融机构。通过自身领域的业务功能结合政府相关政策及公信力，为企业提供工商注册、财税服务、政府政策查询、互联网服务、政务直播、投融资直播等基础性服务。同时启动入驻企业认证背书程序给入驻企业一个具有较高识别度的标签或身份，提高企业的曝光度。根据一定的数据模型生成入驻企业的标准指数，如金融参数、财税参数、科技参数、诚信公信参数、团队管理参数等，这些参数又能够同时与金融机构共享，方便金融机构为中小企业提供更多更优质的服务。该指数还能记录企业成长，形成企业现有肖像，建立企业公信力链。除了平台内部为企业提供的服务外，各入驻企业之间也能够通过平台提供的社交功能拓宽企业资源获取渠道，构建出企业之间的互通互助平台。在企业集聚达到一定规模后，云企服能够通过积极引导第三方商务服务企业与辖区支柱产业或优势产业融合，建设成全国首个创新性"移动网络加速产业孵化生态体系"基地。

云企服通过打造北京密云互联网大厦实现了智慧社区新突破。云企服改变传统的商业楼宇租赁模式，创新性地将租赁费转变为服务费，将互联网增值服务与商业楼宇租赁服务相结合，实现商务办公信息化，分时租赁，工商、财税、法务、互联网服务等增值服务相融合，综合服务企业 300 余家。其将原有大厦租赁单价 1.5 元/天/平方米，提升至 5 元/天/平方米，是原有租金的 3.3 倍，极大地提升了房屋的租售比，提高了房屋的使用价值。在国家提倡"房屋租赁"的优惠政策下，云企服借助科技力量结合实体商业地产，实践"互联网+商业地产"的新模型。

第二节 企业调研和舆情服务

一 在线调研

云企服与世研智库、问卷网合作，为企业提供多种形式的在线调查服务。随着网络兴起与快速发展，在线调查迅速普及。在线调查是指通过互联网及其调查系统把传统的调查、分析方法在线化和智能化，二者并没有本质的不同。但在样本选择、质量控制等方面依然面临很多新的课题。

由于在线调查的低门槛、低成本和便利性，越来越多的非专业调查机构也开始采用在线调查的方法，造成了调查结果的品质差异巨大和公众认知的混乱。其中，最普遍的是各种商务型网站出于吸引眼球而开展的调查。这些网站利用网络简单编程的方式将问卷生成页面，用户在浏览页面的时候，对问卷进行回答，生成简单的调查结果。无论是谁都可以来参与调查，对调查对象没有甄别，自然也就没有代表性。加之很多网站在设定上，一个人可以多次参与回答，重复率没有排除。这样的调查，有时回答人数在上万或者几十万，但因为背离了调查的科学性，不仅毫无意义，甚至会误导舆情。

在线样本一般可分为概率样本和非概率样本。概率样本库采用随机抽样方式招募样本库成员，可以覆盖不上网人群。在目前的中国国情下，建立概率样本库（Probability - based panels），并以此为基础开展各种不同方式的调研是实施高精度调研的有效途径。首先，概率样本库采用随机抽样方式招募样本库成员，并覆盖不上网人群，能最大限度地保证与实际人口构成的均衡性；其次，概率样本库可以用于网络调查，也可以用于面访，及各种特定条件的调查。为保证最大的成本与效率的最优化，通常可以采用针对网民进行网络调查，而非网民则以面访或提供上网设施来弥补。

云企服调查系统已建立了覆盖到三、四线城市，规模超过百万的概率样本库，总样本库超过660万。其中，概率样本的招募渠道主要有三个方面：（1）实施各类全国性面访调查过程中招募；（2）基于最新人口普查资料的线下招募；（3）以网络用户为对象的线上招募，概率样本的信息全部经过线下核查。

利用这一调查系统，企业可以开展全面的用户调查，如：（1）品牌价值的研究，不仅着眼于品牌的知名度、渗透率，更分析品牌在不同群体中的价值变化；（2）市场份额的研究，不只看重现有的市场排名，更寻找品牌的市场机会；（3）满意度研究，包括产品满意度研究、品牌满意度、忠诚度等。

二 企业网络舆情监测

网络的最大特点是开放性。每个人都有机会自由获取信息，并成为网络信息的发布者。网民可以通过论坛、博客、微博、微信、跟帖、QQ、视频分享等手段发布信息，表达意见和表明态度。由此，人们不仅可以对周边的人和事物表达看法，同样，也会对各种热点事物发表评论。而这种意见、态度和情绪汇集在一起，往往能构成巨大舆论力量。

目前，很多企业在网络舆情工作上监测滞后，品牌口碑、产品市场反馈、消费者行为态度、行业信息、竞争情报等不能及时准确全面掌握，舆情应对能力不足，造成舆情危机处置困难重重，市场决策缺少数据支撑。产生的后果往往是企业形象破坏、品牌价值受损、市场决策失误等，极易给企业发展带来重大负面影响。

云企服舆情系统，专注于为大中型企业提供网络舆情管理解决方案，为企业保持良好声誉形象、维护品牌价值、市场精准营销等提供有力决策支持。具体包括：（1）最新舆情监测，对网络上与企业相关信息进行抓取和收集，通过信息数据统计分析，为品牌传播、产品研发、市场定位、竞品分析、行业竞争、产品销售、客户服务等企业优化产品与服务以及快速决策提供数据基础；（2）行业分析报告，如多形式多维度报告分析、深度分析点评、实时专题报告、竞争性报告等；（3）危机预警，如负面舆情监测，突发事件横截面分析，及时把握网络舆情动向，为危机管理提供服务。

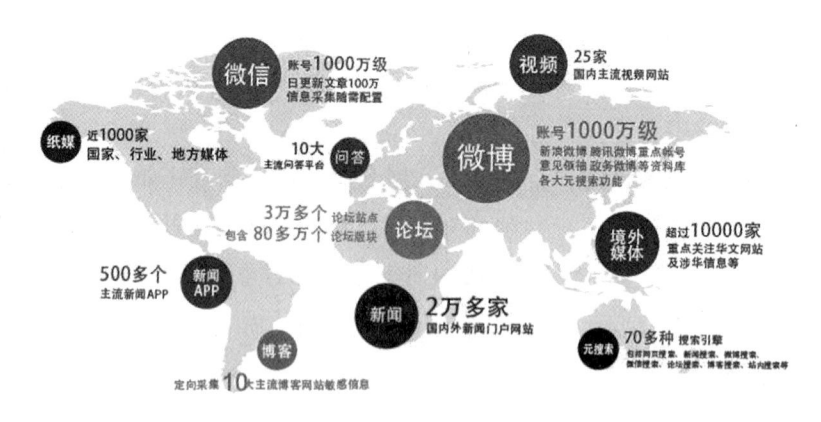

图2　云企服舆情采集系统覆盖范围

第三节　企业营销平台服务

一　新媒体营销

新媒体作为一种革命性力量，它的出现与发展对于世界的意义不亚于纸张和印刷术的发明。它不仅带来了信息传播技术的根本性变革，而且改变了人们的生产活动、生活方式、思维方式、语言表达方式和社会交往方式，对政治、经济和社会生活的各个领域都产生了广泛而深刻的影响，如工作环境、政治体系、文化伦理、地缘政治以及社会团体等。

利用传统媒体投放广告开展大规模影响的模式在新媒体时代逐渐失效，取而代之的是精准营销和互动传播。新媒体的核心是社交媒体或自媒体，自媒体主要可以分为两大类，一类是资讯类自媒体平台，如微博、微信公众号、今日头条、百度百家、腾讯企鹅号、一点资讯、知乎、搜狐自媒体、凤凰号自媒体、UC大鱼号等；另一类是短视频自媒体平台，如抖音、快手、火山、小咖秀、美拍、秒拍等。

新媒体营销是指通过现代化互联网手段，通过利用微信、微博、贴吧等新兴媒体平台工具进行产品宣传、推广和营销的一系列操作。通过策划品牌相关的优质内容和服务，向客户广泛或者精准推送消息，提高参与度和知名度，从而充分利用粉丝经济、网红经济等达到相应经营目的。

新媒体的发展让精准营销成为可能。企业利用新媒体技术进行大数据挖掘，便可分析出用户的年龄、性别、所在地区、消费水平、喜爱偏好等，这些数据便可以帮助企业进行产品定位、精准广告投放以及采取不同的营销组合策略。

新媒体将传统的单一线性销售模式改变为互动交流式的销售模式，同时将消费者也纳入企业盈利的价值链当中，实现了双方合作共赢的局面。同时利用消费者的反馈来进行私人订制、产品升级与产品营销，不仅节约成本，还做到了效果最优化。

二 云商城

云商城为企业提供全渠道电商解决方案，通过自建商城，以及社会化分销平台、营销系统帮助企业搭建新一代的微商城销售体系，快速实现去中心化流量聚合，客户粉丝沉淀。帮企业快速布局全网营销，在稳固传统互联网市场之余，抢占移动电商市场。

云商城提供的服务从网店装修、商品、订单、会员、活动、数据为B2C形成闭环。企业可以利用云商城提供的数据去做电商平台的搭建，拓展线上的渠道。云商城可以提供直播、拼团、限时折扣、分销等营销活动。直播是利用网红效应以及社交传播带来用户的黏性。而分销通过朋友跟朋友之间的社交裂变去做传播。

第四节　供应链金融服务

在 2019 年的政府工作报告中有 12 次提到"小微企业",其中 6 次是关于融资难,可见政府对中小企业发展的关注、对中小企业融资难的关注。中小企业因生命周期短(平均不到 3 年)、信息不透明(90% 无正规财务报表)、缺少银行认可的抵押资产等原因,在正规金融低风险偏好和贷款风险定价未完全市场化的背景下,其融资问题一直得不到有效改善。

在无法完全市场化风险定价的前提下,要想低风险批量服务中小企业,既满足监管考核和指标要求,又要防控不出过高风险,这就需要解决信息不对称、操作成本高、缺乏抵押资产难增信的问题。

以人工智能、区块链、云计算和大数据为代表的金融科技正与传统供应链金融深度融合,形成新一代的智能供应链金融平台。云企服具有智能多方连接、链条企业互信、多级信用穿透、生态风控闭环等特点,可以通过将核心企业信用多级传导和资金闭环运作方式,相对风险可控地批量带动中小企业融资业务发展。

云企服在供应链金融中主要扮演两个角色,一是产业信用的传递者,让信息更为透明,从而将供应链中企业创造的信用进行更高效的传递;二是金融生态的促进者,通过更好的警示风险,并更加便捷连接多方,从而促进资金的流动。

由于中小企业存在信息不对称、贸易真实性难核验等问题,很难被纳入银行服务范畴。云企服运用大数据、区块链、云计算等科技手段,打破了各层级之间的交易壁垒,通过引入终端零售、物流、水电煤、税务、企业主信用等多维数据,对中小企业进行全方位风险画像,实现中小企业风险的精准定价。未来,云企服将全面渗透到企业生产经营的各个环节,创造出供应链融资的新生态。

区块链：一场企业组织与管理革命

吴 桐 李 航[*]

"手推磨产生的是封建主为首的社会，蒸汽机产生的是工业资本家为首的社会。"推而广之，企业组织结构与管理模式作为企业的上层建筑或生产关系，根本上是由以科学技术为代表的生产力所决定的。"蒸汽和机器引起了工业生产的革命，现代大工业代替了工场手工业。"这句《共产党宣言》中的名言在马克思诞辰200周年之际仍然具有极其深刻的现实意义。

第一节 企业组织和管理的两大基本问题

随着现代经济体制的不断完善和社会信息化程度的不断提高，理论界对如何更有效地进行企业组织和管理进行了深入探索。20世纪90年代初，由于提出"科斯定理"获得诺贝尔经济学奖的罗纳德·哈里·科斯（Ronald H. Coase）和由于博弈论的重大进展而获得诺奖的约翰·纳什（John Nash）、约翰·海萨尼（John C. Harsanyi）以及莱茵哈德·泽尔腾（Reinhard Selten）为现代管理学提供了两条重要的研究脉络：一条脉络

---

[*] 原文首发于《中欧商业评论》2018年7月刊，原文题目《区块链将引爆组织与管理革命》。

吴桐，中央财经大学金融学院博士，亚洲区块链学会荣誉顾问，中国财富管理50人论坛青年研究员，荣格财经区块链40人论坛专家成员。李航，中央财经大学法学院博士，中国注册会计师协会会员。

为"博弈论—机制设计—新制度经济学—激励相容",试图解决的中心问题是委托代理问题或激励问题;另一条脉络是"科斯定理—合约理论—产权理论—交易成本理论",试图解决的中心问题是交易成本问题或合约问题(袁煜明、闫思,2018)。两大基本问题和两条理论脉络,勾勒出了现代管理学的基本图景和走向。与两条脉络相关的经济管理理论在1990年后至少获得过11次诺贝尔经济学奖(见表1)。

表1 获得诺贝尔经济学奖的相关理论

获奖年份	获奖人物	主要理论
1991	罗纳德·科斯(Ronald H. Coase)	科斯第一定理、科斯第二定理
1993	道格拉斯·诺斯(Douglass C. North)	产权理论
1994	约翰·纳什(John Nash),约翰·海萨尼(John C. Harsanyi),莱茵哈德·泽尔腾(Reinhard Selten)	博弈论
1996	詹姆斯·莫里斯(James Mirrlees),威廉·维克瑞(WilliamVickrey)	信息经济学、激励理论
2001	迈克尔·斯宾塞(Michael Spence),乔治·阿克尔洛夫(George A. Akerlof),约瑟夫·斯蒂格利茨(Joseph E. Stiglitz)	道德风险、逆向选择
2005	罗伯特·奥曼(robert J. aumann),托马斯·谢林(Thomas C. Schelling)	非合作连续博弈
2007	莱昂尼德·赫维奇(Leonid Hurwicz),埃里克·马斯金(Eric Maskin),罗杰·迈尔森(Roger B. Myerson)	机制设计、激励相容
2009	埃莉诺·奥斯特罗姆(Elinor Ostrom),奥利弗·伊顿·威廉姆森(Oliver·E. Williamson)	社会组织、新制度经济学
2012	埃尔文·罗斯(Alvin E. Roth),罗伊德·沙普利(Lloyd S. Shapley)	分配理论、市场设计
2014	让·梯若尔(Jean Tirole)	新产业组织理论、规制与激励、博弈论
2016	奥利弗·哈特(Oliver Hart),本特·霍姆斯特罗(Bengt Holmstrom)	合约理论

资料来源:袁煜明、闫思:《通证经济学的诺奖理论基础》,2018年5月10日。

当前以人工智能、区块链、云计算、大数据为代表的金融科技（Fintech）方兴未艾，极大地促进了社会生产力的发展。生产力在不断发展的同时，往往又会促成生产关系的变革。企业管理者只有不断适应新兴技术革命，前瞻性地调整企业组织结构和管理模式，才能使企业立于不败之地。相比于人工智能、云计算、大数据等其他金融科技核心技术，区块链作为若干先进信息技术和数学算法的集合，是一种改变万物互联互通方式的技术。如果说人工智能、大数据、云计算着力于解决生产力问题，那么区块链更应该定义为一种重塑生产关系的技术。区块链技术中的分布式记账、Token 激励、智能合约（Smart Contract）等，将深刻改变社会的激励模式和治理机制，引起管理要素的重新匹配和组合，Token 激励将解决"博弈论—机制设计—新制度经济学—激励相容"提出的博弈问题，而智能合约将解决"科斯定理—合约理论—产权理论—交易成本理论"提出的契约问题，进而从根本上带来企业的组织结构和管理模式的新一轮变革（见图 1）。

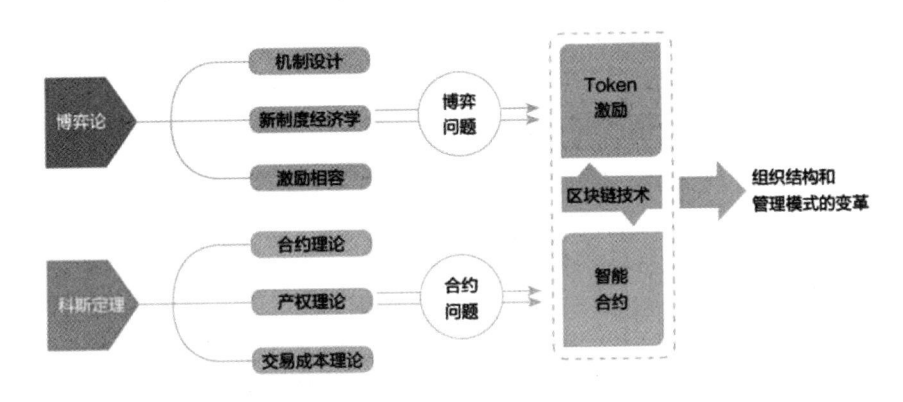

图 1　组织结构和管理模式变革的理论基础

第二节　解决激励制度的"囚徒困境"

在金字塔式的组织结构中，决策权基本上掌握在高级管理人员手中，但是由于企业管理的层级过多，组织内部将耗费大量的成本来进行沟通和协调，这也使得企业在应对市场变化、技术革新时缺乏弹性。互联网技术的推广，使得金字塔式的高长型组织结构向扁平化组织结构逐步演进。组织结构从高长型到扁平化，表面看是组织结构与层级的改变，更深层的是交易成本和信任成本的降低。然而扁平化并没有从本质上消灭层级，更没有彻底解决组织内部交易成本和信任成本问题。

区块链技术的透明度和可靠性可以为企业所有者、管理者和其他利益相关者建立共同的运营标准和合作方式，最大限度地降低信任成本和交易成本，以臻零边际成本社会。"区块链的本质在于，你不需要相信任何人。"区块链正是基于机器信任而实现了"不需要信任人"的划时代技术。当信任成为社会的空气和水时，企业的组织结构和管理模式必将面临股权制以来新的伟大变革。

以区块链为底层技术，构建分布式自治组织结构（DAO）的企业，其高效的执行力和快速的市场反应力将有助于提升企业的核心竞争力。2009年两位诺贝尔经济学奖的得主埃莉诺·奥斯特罗姆（Elinor Ostrom）和奥利弗·伊顿·威廉姆森（Oliver E. Williamson）毕生都在研究市场和政府之外的第三股经济治理的力量，即所谓的自主组织和自主治理。而基于区块链的企业通过"点对点"模式为自治组织的实现提供了无限的可能。

如何从激励制度上给予区块链组织以动力是一个重大命题。而现有的区块链生态提供了这样的激励模式，即Token。在区块链中的Token更多地被翻译成"通证"或"代币"，但这些翻译都还不足以表现Token在区块链组织结构中发挥的巨大激励作用，"可流通的加密数字资产和权益证明"可能才是Token更恰当的翻译。Token作为一种可流通的加密数字资产和权益证明，当前现实世界的各种权益和资产证明（股权、债券、积分、票据等）都可以用Token形式来表达。目前看来，Token至少集股权属性（可增值，长期收益可期，升值空间较大）、物权属性（代表使用权，可交付产品或服务）和货币属性（可流通，至少在生态系统内是硬通货）于一身，Token的分配和流通将为组织发展提供内生的动力。作为组织的价值分配要素，Token将发挥引导员工创造性地工作、合力攻克技术难关以及快速分析市场变化的职能。建立以Token为基本激励单元，以管理成果和市场业绩为导向的 Token 激励机制，对于高阶信息时代的企业而言具有重大意义（见图 2）。

图 2　基于 Token 的组织结构生态圈

传统的激励模式强调企业管理者希望直接指挥员工采取什么样的方法和行为，然后通过一系列的评价标准来验证和考核员工是否按照既定的步骤和标准进行操作，以及行为的结果是否达到了预设的目标，整个激励模式强调的是对员工行为和行为结果的考察与评价。而 Token 激励模式则强调组织的长远目标，鼓励员工创造性地（而非被动）完成企业愿景和业绩目标，因而 Token 管理模式提供的不仅是激励的结果，而且提供激励组织结构发展完善的动力。

就整个区块链生态而言，Token 是区块链组织具有活力和动力的关键制度设计。没有 Token 的区块链只能叫分布式账本，失去了自运营和自组织的原动力，无异于一潭死水。Token 对于区块链组织和生态而言，不仅是一种经济激励的工具或交易媒介，更重要的是 Token 可以促进区块链组织结构生态圈的自我形成、自我发展、自我运营和自我完善，堪称区块链的血液。就像大工业时代的石油一样，Token 在为整个区块链社区提供动力源泉的同时，还可以作为生态硬通货和项目质量的象征。所以合理设计良好运转的 Token 激励系统，将是企业组织结构和管理模式实现成功变革的关键所在。

在传统的组织内部，管理层在执行工作时，由于信任成本和信息不对称的存在，往往会出现互相推诿、邀功请赏等行为。企业的所有者在进行管理决策时，由于沟通成本和信息不对称的存在，也可能出现偏听偏信以及花费大量的时间成本来进行调查研判等行为。区块链技术建立在数学（非对称密码学）原理基础上，通过分布式记账、共享账本、Token 激励等使相关参与者的职责权力、运作规则以及奖惩机制公开透明。在区块链技术的支持下，企业组织结构内部的各个节点之间公开透明地进行信息和价值交换，可以最大限度地减少信任成本和沟通成本，从而达成组织内部的共识和信任，有效解决博弈中的"囚徒困境"。区块链的加密技术则在信息和价值传递中保证其安全性和不可篡改性，实现效率和安全的双重提升。

Token 作为区块链生态中价值的量化，代表所有者积分、会员、投票、资产增值分红等方面的权益，相比当前经济体制中的股权，权利划分更细，权益程度更高。Token 还可以更好地量化考察不同持有者的行为绩效，更有效率地实现"权责匹配"。

2018 年 4 月溪山合投众推项目"权大师"完成 5000 万元 A 轮融资，推出基于区块链技术的"合伙人计划"。"权大师"把经过 20 万案子验证过的高效智能化商标处理后台赋能给每位专业的商标代理人。每一个代理人都将成为"权大师"独立自由的合伙人，合伙人将获得最高 80% 的收益分成，如果推荐其他新合伙人加入，平台还会奖励新合伙人业务收益的 10%。合伙人身份、合同信息以及实际工作量、业绩都将记录在区块链上，"权大师"将根据合伙人的贡献值为合伙人分配额外的收益（Token）。未来"权大师"平台上会支持利用 Token 购买所有的知识产权服务，让 Token 变得实际有价值，后续权大师也会有明确的 Token 发放和回收计划来确保 Token 价值的持续性。

第三节　组织协作：从行政关系到信息关系

传统的组织内部沟通成本较大，员工和组织的利益函数和目标函数可能不完全一致，甚至出现较大的摩擦。同时由于缺乏有效的沟通途径和科学的激励机制，企业管理者和员工之间可能会出现缺乏协作共事的现实基础。分布式记账系统在组织运转的过程中，将变成一个所有的利益相关者节点共同组成的大数据库。系统内部发生的所有决策和行为信息，都可以存储在这个大数据库中。区块链将企业成立以来所有的组织管理相关事项和交易全部记录在数据区块中，同时共识算法和加密技术使得所有的决策和行为都可以被追踪和查询。此外，智能合约将显著降低分工契约的成本，提高分工契约的合意性。智能合约不同于我们传统的合约管理。传统的合约管理直接把纸质版的合约导入到计算机，其仅仅是利用了数字化的存档功能，跟计算机程序的智能执行并没有什么关系，因此谈不上智能化。智能合约则充分利用业务规则的对称性、数据加密技术和共识算法，实时地提供业务项目、岗位、合同和订单等执行的多层级信息，及时实现各个节点数据之间的勾连和比对，自动匹配最优方案并付诸执行。

具体而言，以区块链为底层技术的企业组织和管理模式，可以实现不同节点之间的资源共享、优势相长、相互信任，并通过分布式记账、智能合约等结成的一种平等的合作伙伴关系。这既不同于传统组织内部的行政隶属关系，也不同于组织与外部之间的市场交易关系（见图3）。组织内部人和人、人和组织的协作关系主要表现为：

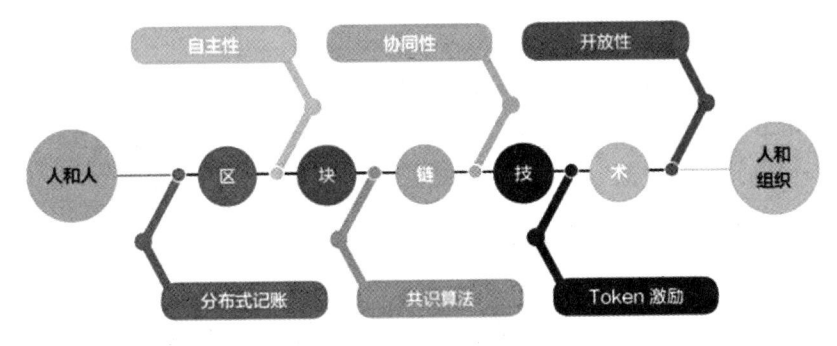

图3 区块链组织内部人和人、人和组织的协作关系示意图

自主性。组织内部人和人、人和组织相互之间的信息沟通和业务往来不再是行政关系所决定，而是遵循平等、自愿、互惠、互利的原则，为彼此的资源禀赋、互补优势和利益共赢（Token 激励）所驱动。组织内部的每个人均拥有自己相对独立的决策权。

协同性。企业内部人和人、人和组织之间是一种利益互补关系。每个组织节点都根据自己的资源优势和才能资质，在 Token 激励机制和智能合约作用下，有效降低沟通成本、摩擦成本和交易成本，进而产生强大的协同效应。同时，每个组织内部成员都可以根据在系统中的贡献获得相应的奖励，这种兼具股权、物权和货币属性的 Token，极大提高了系统节点之间的协同性和利益一致性。

开放性。以区块链为底层技术的企业通常以占领市场、开发技术、实现资源共享和资产交换等为基本动因。如果组织内部的一项使命完成，该项目的组织结构便没有了存在的必要；新的目标出现，企业内部不同的人便会结成新的内部组织结构。因而企业的组织结构和管理过程是持续开放和动态平衡的，相较于传统的组织结构，是一种看似松散，实则更具活力和创造力的形式。

从企业行为来看，以区块链为底层技术的组织结构和管理模式是更具战略性和更为市场化的。传统的组织面对快速变化的市场时，表现出较为强大的惯性，而以区块链为底层技术的企业对瞬息万变的市场可以更快速地做出反应。区块链技术通过革新组织结构和管理模式为企业赋能，打造一个高效、动态、开放的组织和管理体系。OpenBazaar（巴比特）就是这样一个去中心化的允许消费者和商家直接进行交易的市场平台。它是结合了 ebay 与 BitTorrentt 特点的去中心化商品交易市场，使用比特币进行交易，既没有费用，也不用担心受到审查。虽然在这个系统下依然需要一部分第三方中介提供增值服务，但整个交易过程中第三方中介作用大幅降低而且整个交易过程完全免费。

第四节　建立互信关系：告别"一放就乱"

在企业管理模式中，总是存在集权与分权的问题，差别在于是集权多一些还是分权多一些。在以区块链为底层技术的企业组织结构中，集权基本不存在，企业管理人员通过分布式账本、智能合约和 Token 激励机制，实现自动控制和协调生产经营活动，以达到组织的预期目标。

去中心化是区块链的一个重要性能，区块链利用分布式账本取代了传统组织的中心化数据管控模式，将数据所有权和使用权还给员工和用户。这种组织和管理模式将相应的决策权分配到每个业务单元和具体的行动层级，从而最大限度地减少管理幅度、管理成本和沟通成本，并通过直接授权员工，使得企业能够对市场做出更快、更准确的反应。在现有企业组织结构和管理模式下，分权也时有发生，但如何保证分权的效力和效果则成为一大难题。区块链技术通过智能合约可有效解决这一问题。合约在现实世界中的作用不必赘言，整个现代社会都是建立在合约的基石之上。在区块链中，智能合约是一种预先编写、自动运行的计算机代码，基于机器语言按照合约内容自动执行和实现最佳匹配。

此外，区块链可将企业的活动进行合理细分，按照业务线、产品线、研发任务和客户服务等标准进行分类。在每一个业务单元中建立相应的组织结构和管理模式，可避免职能型组织结构导致的复杂性与迟钝性。与此同时，将企业决策层进一步解放，使其可以将时间、精力和资源集中在企业发展方向规划、核心竞争力打造以及形成关键价值链等重大事项上。

物联网时代作为继互联网时代之后，网络边际进一步扩大的跨时代变革。第一代物联网解决方案主要是通过一个中心化的控制中心收集联网设备的数据并做出相应管理。但是这提高了物联网的成本，削弱了物联网的安全性。就像解决了个体与个体之间信任问题一样，区块链技术同样可以解决不同设备之间相互信任的问题。IBM 联合三星针对第一代物联网的缺陷提出了第二代物联网解决方案 ADEPT，通过区块链构建一个分布式的物联网，建立联网设备之间的相互信任以使每个设备实现自我管理的功能。

第五节 结语

以区块链为底层技术的组织结构和管理模式，通过分布式记账、Token 激励、智能合约、共识算法等要件,为解决信息不对称、逆向选择和完善激励模式等传统企业管理难题找到了一条崭新的道路,比较完美地解决了当代管理学理论着力研究的博弈问题和契约问题。分布式记账和智能合约应对契约风险,通过完善契约的条款,并将契约记载在不可篡改的分布式账本中,要求经理人、员工等利益相关者为实现股东利益最大化的目标而努力;智能合约应对监督风险,在协商一致的基础上签订合约并基于机器语言自动执行协议,委托人通过智能合约的方式使管理层的决策和员工的行动不偏离股东利益最大化的目标;Token 激励应对经理人、员工和企业所有者的激励模式,通过利益共享的方式(给予利益相关者 Token)激励经理人、员工和企业所有者采取符合互利共赢目标的行动,从而实现企业的自我发展和完善。